KB262564

Словник Української Розмовної Мови

우크라이나어 회화 사전

최 승 진 지음

보로데메르 카디릴예예프 감수
(Володимир Кадирлєєв)

문 예 림

최승진

약력

- 한국외국어대학교 동유럽대학 폴란드어과 졸업(문학사)
- 한국외국어대학교 일반대학원 동유럽어문학과 졸업(문학석사)
- 국립 바르민스코–마주르스키대학교 동슬라브어대학(Olsztyn, Poland) 문학박사취득
- 우크라이나 가톨릭대학교 신학용어와 번역연구소(ІБТП)연구원
- 한국 동유럽발칸학회 총무간사
- 현재 한국외국어대학교 동유럽 발칸연구소 책임연구원이며 같은 대학 학부생을 대상으로 우크라이나어를 지도하고 있다.

저서 및 논문

- 우크라이나의 젊은 여신들: 현대 시인 50인 선집(도서출판 문예림)
- 현대우크라이나어의 정체(正體)와 혼돈(동유럽발칸연구29권)
- 소비에트 우크라이나 공화국의 문화정책(동유럽발칸학 14권 1호)

감수

보로데메르 카디릴예예프 (Володимир Кадирлєєв)
경희대학교 대학원 동양어문학과 박사과정 졸업예정

책머리에

"언어는 민족의 정신을 낳고 민족의 정신은 민족의 사고방식으로 연결되며, 민족의 사고방식은 민족의 목표이자 행동양식으로 이어진다."라는 우크라이나 사회 언어학자 O.포테브니의 주장이 있다. 이는 정체성의 측면에서 세계 각국어의 중요성을 새삼스럽게 강조한 말일 것이다. 우크라이나의 경우에서도 1991년 독립을 전후로 민족 언어의 위상은 국격에 걸맞게 국내만이 아니라 국제적으로도 높아만 가고 있다. 특히 1989년 자국어를 활성화시키기 위한 T. 셰브첸코 우크라이나어협회가 발촉되고 같은 해 10월 소비에트 대법원이 우크라이나어를 영토에서 주된 공식어로 사용하게 하는 법안을 통과시킴으로써 우크라이나어는 학교, 기관, 기업, 단체는 물론 대중매체에 까지 사용이 가속화되었다.

수교 20주년을 즈음하여 우크라이나와의 교류가 본격적인 확대일로에 있는 이 시점에서 더욱이 우크라이나어 교재의 출간은 의미가 크다고 하겠다. 본서인 「우크라이나 회화사전」은 내용에 앞서 우크라이나어에 대한 간략한 변천과정과 발음법을 소개하였으며 일반인들도 손쉽게 의사소통이 가능하도록 실생활에 유용한 표현들을 각 시추에이션에 맞게 설정, 독음을 표기하고 있는 특징이 있다. 책의 구성에 있어서는 도서출판 문예림의 동의를 얻어 기존에 출간된 몇 권의 언어권별 시리즈와 러시아편을 참조하였음을 밝혀둔다.

「우크라이나어 회화사전」이 해당 언어를 학습하는 학생들이나 여행자 그리고 사업차 방문하는 일반인들, 모두에게 유용한 회화책이 되기를 바라며 마지막으로 우크라이나어를 통하여 우크라이나의 실체를 경험하길 기원한다.

2012년 10월

저자 최 승 진

Contents

I 인사 및 기본 표현

01 말 걸기와 주의 끌기　　16

모르는 사람에게 말 걸기 / 아는 사람 호칭 / 전화 호칭 / 말을 걸었을 때의 대답 / 방문에 대한 반응 / 노크에 대한 대답 / 전화받기

02 인사　　26

기본 인사 / 인사 다음에 하는 말 / 안부 인사에 대한 답변 / 예상치 않게 만났을 때 인사 / 예상한 만남에서 인사 / 작별인사 표현 / 작별 인사 다음에 사용하는 표현 / 작별시 덕담

03 소개　　40

자기소개 / 소개 / 소개 받았을 때 답례인사

04 초대　　45

당신을 초대합니다 / 외출 초대 / 손님 초대 / 극장, 영화관, 음악회 초대 / 회의,강연 초대

05 부탁 · 충고 · 제안　　53

기본 표현 / 의사의 충고 / 선생의 충고 / 엄마의 충고 / 요리 레시피 / 대중교통에서 요망사항 / 모임에서 요청 / 업무 요청 / 공식적인 신청사항

06 부탁과 초청 수락과 거절　　64

부탁과 초청 거절 / 불확실한 답변

Ⅱ 실생활 우크라이나어

Contents

러시아어, 벨로루시어와 함께 동슬라브어군에 속하는 우크라이나어는 오랜 기간동안 민중이 겪었던 질곡의 역사와 긴밀히 연관되어 있으며 다양한 발전 단계를 거쳐 오늘날에 이른다. 먼저 인도 유럽어족에 속하는 슬라브어는 이란어, 아르메니아어, 알바니아어, 발트어 등과 함께 사템어군에 속하며 7가지 격변화 체계, 부정문의 생격 사용, 수사 부문에서 복수 외에도 양수가 사용되는 등 문법구조상의 특징을 가지고 있는데 우크라이나어 역시 이러한 전형적 모습을 보인다.

키예프 루시의 동슬라브인들은 10세기 후반 콘스탄티노플로부터 그리스정교를 받아들여 기독교화되면서 고대 교회슬라브어를 매개로 포교되었다. 교회어는 점차 문자어로 자리잡아 널리 사용되는데 12세기부터는 종교 외에도 각종 공문서나 법령, 증명서 등 세속적인 목적으로도 사용되었다. 13세기까지 각각의 동슬라브어는 오늘날과 같이 구별되지 않았으며 다만 지역적인 방언으로 몇 개가 나눠졌을 뿐 서로는 언어적으로 근소한 차이를 보이는 통일어에 가까웠다.

이런 언어적 발전 경로에 대한 논의는 학자마다 각기 다른 주장이 제기되고 있다. А. 크림스키(Кримський)와 А. 샤흐마토프(Шахматов) 등의 언어학자들은 우크라이나어가 9세기 키예프 루시 이전 이미 여타 동슬라브어와 분화했다고 설명한다. 이는 原 동슬라브어 내지는 고대 러시아어가 아닌 원형 슬라브어로부터 다른 과정을 거치지 않고 우크라이나어가 직접적으로 발전해 나왔다는 이론으로 우크라이나어의 역사성, 독자성을 강조하는 민족주의적 시각에서 비롯된다.

12세기 이후 과거의 찬란한 역사를 지속하지 못하게 된 키예프 루시는 카르파티아지방이 헝가리에게 복속되고 볼린 지역은 리투아니아에게, 갈리치아는 폴란드에게, 부코비나는 14세기 터키 지배하에 있던 모스크바 공국으로 제각기 귀속되었다. 이러한 끊임없는 외세의 지배는 우크라이나어가 민족의 고유 언어로 발전할 기회와 여건을 조성하지 못하고 제한받는 결과를 초래하였다.

1569년 루블린조약에 따라 우크라이나 지역은 당시 연방국이었던 폴란드-리투아니아공국 대공의 영지로 들어갔으며 1596년 브레스트-리토프스크 연합은 우크라이나가 종교적으로 폴란드화를 앞당기게 한 구실이었다. 우크라이나와 벨로루시 지역은 러시아정교로부터 벗어나 로마 가톨릭화의 촉진을 의미한다. 이는 종교만이 아니라 언어 및 생활양식전반에 걸친 동화를 낳게 하였다.

반면에 1654년 페레야슬라브조약은 우크라이나가 다시 러시아와의 결합을 초래한 사건이다. 이후 우크라이나의 동부는 본격적인 러시아의 영향을 받게 되었다. 1721년 표트르 1세의 칙령은 모든 우크라이나어 기록들을 닥치는 대로 없애버렸다. 1863년에는 강도를 높여 우크라이나어의 사용을 반러시아적인 것으로 규정지었으며(발류예프 Волуєьський циркуляр) 1876년에는 엠스칙령(Ємський указ)을 통해 자국어 서적의 출판과 발행을 완전히 제한, 사용을 불법화시켜버렸다.

그러나 이반 코틀라레프스키와 타라스 셰프첸코 등 19세기에 민족운동과 밀접한 관계에 있던 낭만주의가 유행하면서 작가들에 의해 교회어나 러시아어와 구별되는 고유 문자와 정서법이 개발되어 문학어로서 기틀을 마련하였다. 이후 작가, 이반 프랑코(I.Франко, 1856-1916)는 다양한 쟝르의 창작 실험을 통하여 현대 우크라이나어의 수준을 한층 끌어올렸다.

소비에트의 일관된 정책에도 불구하고 1927년 학자들은 하르키우에서 모여 우크라이나어에 대한 새로운 언어적 준거를 채택하게 되는데 조어법과 형태소, 구문 등 재정립을 모색하는 한편 정서법(Правопис) 등의 표준화 과정을 통하여 부자연스러운 외래적 요소들을 제한하였다. 토착 우크라이나어법에 부합하는 신조어가 추가, 러시아어와의 이종적 특성을 한층 부각시켰는데 이러한 주체적 사용은 부르주아적 민족주의로 비판받았으며 1930년대 다시 정부에 의한 러시아어화 작업이 가속되었다.

우크라이나어에 대한 러시아어화 정책은 상황에 따라 변화를 가져왔다. 소비에트 정부는 1960년대에 들어와 이전의 국제주의 노선으로부터 방향을 바꾸고 연방 다민족 국가들에게 언어적 단일화 작업을 추진하면서 연방 내 모든 민족들의 상호 의사소통 수단으로서 러시아어를 한층 강조하였다. 이 정책으로 점차 현지어의 기반은 흔들렸으며 우크라이나어 역시 독창성이 훼손되어 소위 '수르직'(Суржик)이라고 하는 혼합적 형태가 등장하였다. 이는 근대기를 전후로 폴란드어의 직접적 영향을 받았던 우크라이나어가 비교적 짧은 기간 내에 또 다른 형태의 혼돈을 거듭하게 된다.

소비에트 시기를 마감하고 1991년 우크라이나가 독립하면서 우크라이나어는 새로운 국면을 맞게 된다. 1989년 '소비에트 우크라이나의 언어'에 관한 법률에서 우크라이나어는 정부 수준에서 그 지위가 상승, 언어의 발전과 기능

이 보장되었을 뿐만 아니라 1996년 6월 28일부터 헌법 제10항에서 우크라이나어는 우크라이나의 제 1의 공식언어로 우크라이나 영토내 우크라이나어의 사용은 헌법에서 보장하고 있음을 명확히 규정하고 있다.

오늘날 통용되는 우크라이나어의 정서법은 1946년 파블로 티치나, 막심 릴스키 등의 작가들에 의해 정립된 것을 따르고 있는데 재래의 것을 구어체 발음에 접근시키고 예외를 최소화한데 특징이 있다. 이는 언어의 통일성을 기하며 현실감각에 맞게 사용자가 쉽게 배우고 익힐 수 있는 용이성에 우선 순위를 두고 있는 것이다.

■ 우크라이나어의 알파벳

현대 우크라이나어는 모두 **33**개의 문자를 가지고 있다. **10**개의 모음, **22**개의 자음, 그리고 두 개의 기호를 가지고 있다. 우크라이나어 발음 규칙의 핵심은 '하나의 글자는 하나의 음을 나타낸다'는 것이다. 하지만 예외도 존재한다.

인쇄체	필기체	명칭	발음	인쇄체	필기체	명칭	발음
А а	А а	а	[a]	Н н	Н н	ен	[n]
Б б	Б б	бе	[b]	О о	О о	о	[o]
В в	В в	ве	[v]	П п	П п	пе	[p]
Г г	Г г	ге	[h]	Р р	Р р	ер	[r]
Ґ ґ	Ґ ґ	ґе	[g]	С с	С с	ес	[s]
Д д	Д д	де	[d]	Т т	Т т	те	[t]
Е е	Е е	е	[e]	У у	У у	у	[u]
Є є	Є є	є	[ye]	Ф ф	Ф ф	еф	[f]
Ж ж	Ж ж	же	[?]	Х х	Х х	ха	[kh]
З з	З з	зе	[z]	Ц ц	Ц ц	це	[ts]
И и	И и	и	[y]	Ч ч	Ч ч	че	[ch]
І і	І і	і	[i]	Ш ш	Ш ш	ша	[sh]
Ї ї	Ї ї	ї	[yi]	Щ щ	Щ щ	ща	[shch]
Й й	Й й	йот	[y]	Ь ь	Ь ь		[']
К к	К к	ка	[k]	Ю ю	Ю ю	ю	[yu]
Л л	Л л	ел	[l]	Я я	Я я	я	[ya]
М м	М м	ем	[m]				

철자	소리	발음 방법	단어 예시	의미
A a	a[아]	한국어의 '[ㅏ]'	автобус [아우또부스]	'버스'
Б б	бе[베]	한국어의 '[ㅂ]'	базар [바자르]	'시장'
В в	ве[베]	1) 모음 앞 : 영어의 '[v]' 2) 자음 앞, 단어 끝 : 영어의 '[w]'	1) вікно[비끄노] 2) вчора[우초라] любов[류보우]	'창문' '어제' '사랑'
Г г	ге[헤]	X[kh]의 유성음, 우리말의 [ㅎ]과 비슷한 소리이다. X 보다는 목에 힘을 더 주어 소리를 내야한다.	газета[하제따]	'신문'
Ґ ґ	ґе[게]	한국어의 [ㄱ]	ґанок[가녹]	'현관'
Д д	де[데]	한국어의 [ㄷ]	два [드바]	'2'
Е е	е[에]	한국어의 [ㅔ]	вечір[베치르]	'나무'
Є є	є[예]	한국어의 [ㅖ]	Європа[예우로빠]	'유럽'
Ж ж	же[줴]	영어 measure에서 s[zh]와 비슷한 소리. 대체로 [쥐]와 비슷	життя[쥐짜]	'삶'
З з	зе[제]	영어 "zoo"에서 z[z]와 유사한 소리. 한국어의 [ㅈ]	земля[제믈랴]	'땅'
И и	и[의]	한국어 [의]와 비슷하지만 '이'와 '의' 사이의 음. 입모양은 "이"를 발음하듯이 옆으로 당기고, 발음할 때 성대의 소리는 "으"로 함.	ми[믜이]	'우리'
І і	і[이]	한국어 [이]	іспит[이스삗]	'시험'
Ї ї	ї[이-]	й와 і 합쳐진 소리. 영어의 "yeast"에서 yea[yi:]와 같은 음.	їжа[이-좌]	'음식'
Й й	й[요뜨]	영어의 반모음[j]에 해당, 한국어의 [이]를 짧게 발음. 자음이며 항상 모음과 결합함. 자음 뒤에는 절대 오지 않음.	чудовий[쮸도븨]	'멋진'

철자	소리	발음 방법	단어 예시	의미
К к	ка[까]	한국어의 [ㄲ]에 가깝다	кава[까바]	'커피'
Л л	ел[엘]	영어의 [l], 영어 lamp의 l과 같은 발음.	ліс[리스]	'숲'
М м	ем[엠]	한국어의 [ㅁ]	мама[마마]	'엄마'
Н н	ен[엔]	한국어의 [ㄴ]	надія [나지야]	'희망'
О о	о[오]	한국어의 [ㅗ]	озеро[오제로]	'호수'
П п	пе[뻬]	한국어의 [ㅃ]에 가까운 무성음	парк[빠르크]	'공원'
Р р	ер[에르]	영어의 [r]과 비슷하나 혀끝을 윗몸에 대고 진동시켜서 발음	ранок[라녹]	'아침'
С с	ес[에스]	한국어의 [ㅅ],[ㅆ]과 비슷	син[씬]	'아들'
Т т	те[떼]	한국어의 [ㄸ]에 가깝다	текст[떽스트]	'텍스트'
У у	у[우]	한국어의 [ㅜ]와 비슷입을 더 둥글게 하고 앞으로 내밀어 발음.	Україна [우크라이나]	'우크라이나'
Ф ф	еф[에프]	영어의 [f], 윗니의 끝을 아랫입술에 대고 발음	фільм[필름]	'영화'
Х х	ха[하]	우리말의 "ㅎ"과 "ㅋ"의 중간에 위치한 소리로 혀가 뒤로 당겨짐	хліб[흘립]	'빵'
Ц ц	це[쩨]	우리말의 "ㅉ", 영어의 ts와 비슷	ціна[찌나]	'값'
Ч ч	че[체]	우리말의 [ㅊ]과 비슷	час[차스]	'시간'
Ш ш	ша[샤]	영어의 sh	школа[쉬꼴라]	'학교'
Щ щ	ща[쉬챠]	영어의 sh+ch	щирий[쉬취릐]	'정직한'
Ь ь	연음부호	자음 뒤에 붙어 연자음화 시킴, 이를 약하게 발음 또는 해당 자음 뒤에 [j]를 붙여서 발음해줌	низький[늬즈끼이]	'낮은'
Ю ю	ю[유]	한국어의 [ㅠ]	ключ[끌류취]	'열쇠'
Я я	я[야]	한국어의 [ㅑ]	яблуко[야블루꼬]	'사과'
'	경음부호	자음에 사용되면 뒤에 모음과 분리해서 소리냄 다른 음절처럼 떼어서 발음	п'ять[쁘야띠]	'다섯, 오'

우크라이나어에서 모음은 총 10개이다. 경자음을 표시하는 모음 5개, 연자음을 표시하는 모음 5개가 있다.

경자음 표시 모음	A a	E e	И и	O o	У у	
연자음 표시 모음	Я я	Є є	I i		Ю ю	Ï ï

Частина

인사 및 기본 표현

01 말 걸기와 주의 끌기
Звернення та привертання уваги

Пробачте, Вибачте, Будьте так ласкаві, Скажіть
프로바취떼, 비바취떼, 부디떼 탁 라스카비, 스카쥐치

будь ласка
부디 라스카

Дівчино, Молодий чоловіче
디브취노, 모로디이 쵸로비췌

Галя, Галько
할랴, 할코

Петро Іванович
페트로 이바노비취

모르는 사람에게 말 걸기 (Звернення до незнайомця)

실례합니다만,…
Пробачте…
프로바취테

죄송합니다만,…
Вибачте…
비바취테

친절을 베풀어 주세요,…
Будьте ласкаві…
부디떼 라스카비

Будьте
부디떼 류뱌즈니…

말씀 좀 해주세요,…
Скажіть, будь ласка
스카쥐치, 부디 라스카

저기요,…
Послухайте!
포슬루하이떼!

Слухайте!
슬루하이떼!

친구들!
Друзі!
드루지!

친애하는 친구들!
Шановні друзі!
샤노브니 드루지!

여러분!
Панове!
파노베!

신사 숙녀 여러분!
Пані та панове!
파니 타 파노베!

젊은 이!
Молодий чоловіче!
몰로디이 쵸로비췌!

아가씨!
Дівчино!
디브취노!

꼬마야!
Хлопчик!
흘로프춰크!

Дівчинка!
딥췬카!

애들아!
Хлопці!
흘로프찌!

아들아!
Синок!
시노크!

딸아!
Донька!
돈카!

아줌마!
Тітка!
티트카!

아저씨!
Дядько!
댜디코!

할머니!
Бабуся!
바부샤!

할아버지!
Дідусь!
디두시!

아는 사람 호칭 (Звернення до знайомого)

나딸까!
Наталка!
나탈카!

나딸로취까!
Наталочка!
나탈로취카!

삐뜨로!
Петро!
삐뜨로!

삐뜨로! 삐뜨릭!
Петро! Петрик!
삐트로!　　삐트리크!

엄마!
Мама!
마마!

Матуся!
마투샤!

아빠!
Тато!
타토!

Татусь!
타투시!

할머니!
Бабуся(бабця)!
바부샤　　(바브쨔)!

할아버지!
Дідусь!
디두시!

아들아!
Син!
신!

Синок!
시노크!

Синочок!
시노쵸크!

딸아!
Донька!
돈카!

손자!
Внук(онук)!
브누크　(오누크)!

손녀!
Внучка(онука)!
브누취카　　(오누카)!

Степан Степанович!
스떼판　　스떼파노비치!

Марія Петрівна!
마리야　빼뜨리브나!

꼬발렌코씨
Пан Коваленко!
판　코발렌코!

싀도렌코씨
Пані Сидоренко!
파니　싀도렌코!

Коваленко!
꼬발렌코!

Сидоренко!
싀드렌코!

할리나 숙모!
Тітка Галина!
티트카　할리나!

세멘 삼촌!
Дядько Семен!
댜디코　세멘!

애들아!
Хлопці!
흘로프치!

꼬마들아!
Хлопчаки!
흘로프챠키!

Дівчата!
디브챠타!

죄송합니다만(실례합니다만), 유리 뻬뜨로비치….
Вибачте(пробачте), Юрію Петровичу…
비바취떼　(프로바취떼),　유리유　페트로비츄

미안해(카떼리노)
Вибачте, (Катерино)…
비바취떼,　(카떼리노)…

실례해요…
Пробач…
프로바취…

저기 말이야! 저기요!
Слухай…
슬루하이…

Послухай…
포슬루하이…

전화 호칭 (Звернення по телефону)

여보세요
Алло!
알로!

《우크라이나》 극장인가요?
Це кінотеатр 《Україна》?
쩨　키노떼아트르　《우크라이나》?

세르히 마까로비치인가요?
Це Сергій Макарович?
쩨　세르히이　마카로비취?

너구나, 까테리노!
Це ти, Катерино!
쩨　티,　카테리노

이반 뻬뜨로비치?
Іван Петрович?
이반　뻬트로비취?

실례합니다만, 베르낫스키 도서관인가요?
Перепрошую, це бібліотека імені Вернадського?
페레프로슈유,　쩨 비블리오테카　이메니　베르나드스코호?

죄송합니다만 《드니쁘로》 호텔인가요?
Вибачте,це готель 《Дніпро》?
비바취떼,　쩨 호텔　《드니프로》?

말을 걸었을 때의 대답
(Реакція на звернення, на привертання(залучення) уваги)

뭐라구요?
Що?
쉬쵸?

네?
Так?
타크?

그런데요?
А?
아?

무슨 일인가요? 빅또르 미콜라이비치?
Що, Вікторе Миколайовичу?
쉬쵸, 빅토루　　미코라요비츄?

네? 따라스 빼뜨로비치!
Так? Тарасе Петровичу!
타크? 타라스　페트로비츄!

네 괜찮습니다.
Будь ласка.
부디　라스캬.

Так, будь ласка.
타크, 부디　라스캬.

말씀하세요!
Слухаю!
슬루하유!

Слухаю Вас(тебе)!
슬루하유　바스 (떼베)!

Я вас(тебе) слухаю!
야 바스 (떼베)　슬루하유!

제게 말을 거신 건가요?
Ви(ти) до мене звертаєтеся?
비 (티)　도　메네　즈베르타예테샤?

저를 부르셨나요?
Ви мене звете?
비 메네 즈베테?

저요!
Я!
야!

저한테 오신 거예요?
Ви до мене(прийшли)?
비 도 메네 (프리이쉴리)?

저한테 온 거 아닌가요?
Ви(ти) не до мене?
비 (티) 네 도 메네?

제게 볼 일이 있나요?
У вас(тебе) до мене справа?
우 바스(테베) 도 메네   스프라바?

저를 기다리셨나요?
Ви мене чекаєте(ти на мене чекаєш)?
비 메네   췌카예떼 (티 나 메네   췌카예쉬)?

하실 말씀이 있으신가요?
Ви мені хочете(ті мені хочеш)щось сказати?
비 메니 호췌떼 (티 메니 호췌쉬) 쉬쵸스 스카자티?

들어오세요.
Увійдіть!
우비이디트!

Заходьте!
자호드떼!

네-네!
Так-так(так-так-так)!
타크-타크 (타크-타크-타크)!

들어오시지요!
Прошу!
프로슈!

Прошу вас!
프로슈　바스!

기다리세요!
Почекайте(зачекайте), будь ласка!
포췌카이떼　(자췌카이떼),　부디　라스카!

잠깐만 기다리세요!
Зачекайте хвилинку!
자췌카이떼　흐비린쿠!

잠깐만요!
Хвилинку!
흐비린쿠!

Одну хвилинку!
오드누　흐비린쿠!

Хвилиночку!
흐비리노춰쿠!

Одну секунду!
오드누　세쿤두!

Секундочку!
세쿤도춰쿠!

전화받기 (Реакція на телефонний дзвінок та звернення по телефону)

여보세요
Алло!
알로!

Так!
타크!

Слухаю!
슬루하유!

Слухаю Вас!
슬루하유   바스!

Я слухаю!
야 슬루하유!

Я біля телефону!
야 빌랴   텔레포누!

전데요!
Це я!
쩨   야!

네, 접니다!
Так, це я!
타크,   쩨 야!

Це Тарас?
쩨   타라스?

실례지만, 누구신가요?
Вибачте, хто говорить?
비바취떼,   호로 고보리츠?

잘못 거셨습니다.
Ви помилились.
비   포밀릴리시.

Ви не туди потрапили.
비   네 투디   포트라필리.

02 인사
Привітання

기본 인사 (Основні вирази)

환영합니다!
Вітаю!
비타유!

안녕하세요?
Добрий день!
도브릐이　덴!

좋은 아침!
Добрий ранок!
도브릐이　라노크!

З добрим ранком!
즈 도브림　란콤!

좋은 저녁!
Добрий вечір!
도브릐이　베취르!

안녕!
Привіт! Вітаю!
프리비트!　비타유!

건강하세요!
Доброго здоров'я!
도브로호　즈도로뱌!

또 뵙습니다!
Ми вже бачились(з вами, з тобою)!
믜　브제 바취리시　(즈 바미,　즈 토보유)!

아직 인사를 못 드렸습니다.
Я з вами(з тобою) не вітаюся.
야 즈 바미 (즈 토보유)　네　비타유샤.

(~의 이름으로, ~를 대표하여) 환영합니다!

Я вітаю(вас)(від імені…)!

야 비타유 (바스) (비드 이메니…)!

환영인사를 드립니다!

Дозвольте вас привітати!

도즈볼떼　　ˋ 바스 프리비타티!

기쁜 마음으로 환영합니다!

Радий(-а)(вас) вітати!

라드니　(–아)(바스)　비타티!

교육과학기술부를 대표하여 여러분을 환영합니다.

Я вітаю вас від імені Міністерства освіти та науки України.

야 비타유　바스 비드 이메니 미니스테르스트바 오스비티 타 나오키 우크라이늬.

인사 다음에 하는 말
(Вислови, що використовуються вслід за привітанням)

뵙게 되어 (매우) 기쁩니다!

(Дуже) радий(-а) вас(тебе) бачити!

(두제)　　　라디의　(–아) 바스 (떼베)　　바취티!

만나게 되어 얼마나 좋은지요!

Як добре, що я зустрів(-а) вас(тебе)!

야크 도브레,　쉬쵸 야 주스트리우(–아) 바스 (떼베)!

어떻게 지내십니까?

Як ся маєте(як ся маєш)?

야크 샤　마예떼 (야크 샤　마예쉬)?

(Як ви поживаєте(ти поживаєш)?

(야크 비　포쥐바예떼　　(티　포쥐바예쉬)?

일은 어떻게 되고 있나요?

Як ідуть(ваші, твої) справи?

야크 이두츠 (바쉬,　　뜨보이) 스프라비?

건강은 어떠십니까?

Як(ваше, твоє) здоров'я?

야크(바취,　　뜨보예) 즈도로뱌?

Як ви себе почуваєте?
야크 비 세베 포츄바예떼?

사는 건 어떠니?
Як життя?
야크 쥐땨?

일은 잘 되고 있어?
Як успіхи?
야크우스피히?

일은 어때?
Як справи?
야크 스프라비?

뭐 새로운 일 있어?
Що нового?
쉬쵸 노보호?

안부 인사에 대한 답변
(Відповіді на питання про життя, здоров'я, справи)

좋습니다.
Добре.
도브레.

Непогано.
네포하노.

아주 좋습니다.
Прекрасно.
프레크라스노.

Чудово.
츄도보.

Прекрасно.
프레크라스노.

모든 게 순조롭습니다.
Все гаразд(добре).
브세 하라즈드 (도브레).

불평할 게 없습니다.

Не можу поскаржитися.
네 모쥬 포스카르쥐티샤.

Скаржитися нема на що.
포르카르쥐티샤 네마 나 쉬쵸.

Не скаржуся.
네 스카르쥬샤.

정상입니다.

Нормально(добре).
노르말노 (도브레).

괜찮습니다.

Нічого.
니쵸호.

그냥 그래요.

Так собі.
타크 소비.

좋지도, 나쁘지도 않아요.

Ні добре, ні погано.
니 도브레, 니 포하노.

어떻게 이야기해야 할까요?

Як вам сказати?
야크 밤 스카자티?

뭐라 말해야 할지 모르겠습니다.

Не знаю, що і сказати.
네 즈나유, 쉬쵸 이 스카자티.

괜찮은 것 같습니다.

Нібито, нічого.
니비토, 니쵸호.

Здається, нічого.
즈다예쨔, 니쵸호.

Неабияк.
네아비야크.

이전 그대로예요.
Все по-старому.
브세 포-스타로무.

새로운 것 없습니다.
Нічого нового.
니쵸호   노보호.

별 일 없습니다.
Нічого особливого.
니쵸호   오소블리보호.

좋지 않습니다.
Погано.
포라노,

Недобре.
네도브레.

Прикро.
프리크로.

일이 잘 안됩니다.
Погані справи.
포하니   스프라비.

Погані (мої) справи.
포하니   (모이) 스프라비.

일이 안 풀립니다.
З рук геть погано.
즈 루크 헤츠   포하노.

묻지 않는 게 나아.
Краще не питай.
크라쉬체   네 피타이.

생각보다 더 나빠.
Гірше не придумаєш.
히르쉐   네 프리두마예쉬.

더 이상 나쁠 수가 없습니다.
Якнайгірше(гірше нема куди).
야크나이히르쉐 (히르쉐   네마   쿠디).

예상치 않게 만났을 때 인사 (Вирази, що вживаються при несподіваній зустрічі та при візиті)

어쩐 일이야!
Яка несподіванка!
야카   네스포디반카!

이렇게 반가울 수가!
Яка приємна несподіванка!
야카   드리옘나   네스포디반카!

Приємна несподіванка!
프리옘나   네스포디반카!

오래 동안 보지 못했습니다.
Давно ми з вами(з тобою) не бачилися.
다브노   의   즈 바미 (즈 토보유)   네 바춰리샤.

정말 오래만입니다!(깜깜 무소식이었어!)
Тисячу років не бачилися!
티샤츄   로키우   네   바춰리샤!

Сто років не бачив тебе(вас)!
스토   로키우   네   바춰우   떼베(바스)!

영영 못 보는 줄 알았어!
Цілу вічність не бачив(-а)(тебе, вас)!
찌루   비취니스츠   네   바춰브 (−아)(떼베,   바스)!

이게 누구야!
Кого я бачу!
코호   야 바츄!

이렇게 만나다니!
Яка зустріч!
야카   주스트리취!

Яка приємна зустріч!
야카   프리옘나   주스트리취!

Приємна зустріч!
프리옘나   주스트리취!

만나리라고는 기대도 안했는데!

Не чекав (-а)(очікував)(а) вас(тебе) зустріти!

네 체카브 (아) (오취쿠바우) (아) 바스 (떼베) 주스트리티!

만나리라고는 생각도 못했습니다!

Не думав (-а) зустріти вас(тебе).

네 두마브 (―아) 주스트리티 바스 (떼베).

여기서 만날 줄은 생각도 못했습니다!

Не думав (-а), що зустріну вас(тебе) тут!

네 두마브 (―아), 쉬초 주스트리누 바스 (떼베) 투트!

여기 어떻게 왔어요?

Як ви(ти) тут опинилися(ти опинився)?

야크 비 (티) 투트 오피니리샤 (티 오피니우샤)?

Як ви сюди потрапили(попали)?

야크 비 슈디 포트라피리 (포파리)?

만날 것이라고 생각이나 했겠어요?

Не сподівався, що зустріну тебе(вас)(що ми зустрінемося)?

네 스포디바브샤, 쉬초 주스트리누 떼베 (바스)(쉬초 의 주스트리네모샤)?

Не думав(не сподівався) зустріти тебе(вас)?

네 두마브 (네 스포디바브샤) 주스트리티 떼베 (바스)?

이게 누구야? 여기서 만날 줄은 기대도 안했는데.

Кого-кого, але тебе не сподівався зустріти(побачити).

코호―코호, 알레 떼베 네 스포디바브샤 주스티리티 (포바취티).

웬 일이래?

Якими долями?

야키미 도랴미?

오래 보지 못했지?

Щось вас(тебе) давно не було видно?

슈초시 바스 (떼베) 다브노 네 부로 비드노?

어디 숨어 있었어?

Де ти зник?

데 띠 즈니크?

무슨 일 있어요?

Що трапилось?

슈초　트라피로시?

왜 왔습니까?

Чому ви прийшли?

쵸무　　비 프릐이슐리?

왜 이렇게 일찍 왔어요?

Чому ви прийшли так рано?

쵸무　　비 프릐이슐리　타크 라노?

무슨 일로 오셨습니까?

Що привело вас до мене?

슈초 프리베로　　바스 도　메네?

Що змусило вас прийти?

슈초 즈무실로　　바스 프릐이티?

무엇을 도와드릴까요?

Чим можу бути корисним?

첨　　모쥬　　부티　　코리스님?

예상한 만남에서 인사 (Вирази, що використовуються при несподіваній зустрічі, візиті)

당신이 오셔서 좋습니다.

Добре, що ви прийшли(ти прийшов, прийшла).

도브레,　슈초 비 프릐이슐리 (티　프릐쇼브,　　프릐이슐라).

당신이 오셔서 기쁩니다.

Я радий(-а), що ви прийшли(ти прийшов, -а).

야 라듸이 (–아), 슈초 비 프릐이슐리 (티　프릐이쇼브,　–아).

나 왔어!

А ось і я!

아 오시 이야!

드디어 왔구나!

А ось і ти, (ви)!

아 오시 이 티, (비)!

Нарешті(ти) прийшов(-а).
나레쉬티　(티)　프릐이쇼브　(–아).

늦는 게 안 오는 것 보다는 낫다!
Краще пізно ніж ніколи!
크라슈체　비즈노　니쥐　니콜리!

작별인사 표현 (Вислови прощдавання)

안녕히 가세요.
Прощавай(-те).
프로쉬차바이　(–떼).

안녕!
На все добре(всього найкращого)!
나　브세 도브레　(브쇼호　　나이크라쉬쵸호)!

잘 지내길!
Всього найкращого!
브쇼호　　나이그리쉬쵸호!

또 만나자!
До зустрічі!
도　주스트리취!

곧 만나자!
До скорої зустрічі!
도　스코로이주스트리취!

(극장에서, 대학에서) 만나자!
До зустрічі(в театрі, в університеті)!
도　주스트리취 (브 테아트리,　브 우니베르시테티)!

(2시에, 일요일에, 저녁에) 만나자!
До зустрічі(о другій годині, в неділю, вечері)!
도　주스트리취 (오 두르히　　호디니,　　브 네디류,　　　베체리)!

내일 만나자!
До завтра!
도　자브트라!

일요일에 만나자!
До неділі!
도 네딜리!

저녁에 만나자!
До вечора!
도 베쵸라!

명절에 만나자!
До свята!
도 스뱌타!

여름에 만나자!
До літа!
도 리타!

2시에 만나자!
До другої години!
도 두루호이 호디니!

안녕히 주무세요!
На добраніч(добраніч)!
나 도브라니취 (도브라니취)!

Доброї ночі(на добраніч)!
도브로이 노취 (나 도브라니취)!

잘 가!
Щасливо(хай щастить)!
쉬차슬리보 (하이 쉬차스티티)!

안녕!
Всього найкращого !
브쇼호   나이그라쉬초호!

Вітаю(привіт)!
비타유 (프리비트)!

Бувай!
부바이!

헤어지는 것 아닙니다.
Я не прощаюсь(з вами, з тобою).
야 네 프로쉬나유시 (즈 바미,   즈 토보유).

우린 또 볼 겁니다.

Ми ще побачимося.

미　쉬체 포바취모샤.

또 봅시다.

Побачимося.

포바취모샤.

키스!

Цілую!

찌루유!

포옹!

Обнімаю!

오브니마유!

작별 인사 드리겠습니다.

Дозвольте попрощатися.

도즈볼떼　　　포프로쉬차티샤.

물러가겠습니다.

Дозвольте відкланятися.

도즈볼떼　　　비드크라냐티샤.

작별 인사 다음에 사용하는 표현
(Вислови, що використовуються вслід за прощанням)

잊지 마세요.

Не забувайте.

네　자부바이떼.

오세요.

Приходьте.

프리호디떼.

Заходьте.

자호디떼.

Заїжджайте.

자이쥐드쟈이떼.

전화하세요.

Дзвоніть(телефонуйте).

드즈보니티　(텔레포누이떼).

편지 쓰세요.

Пишіть.

피쉬티.

Напишіть.

나피쉬티.

편지 쓰는 것 잊지 마세요.

Не забувай(-те) писати.

네　자부바이　(–떼)　피사티.

근황 알려 주세요.

Дай(-те) про себе знати.

다이　(–떼)　프로　세베　즈나티.

(아내에게) 안부 전하세요.

Передавай(-те) вітання(дружині).

페레다바이　　(–떼)　비탄냐　　(드루쥐니).

아이들에 뽀뽀를!

(По-) цілуй (-те) дітей.

(포–)　찌루이　(–떼)　디테이.

작별시 덕담 (Побажання при прощанні)

좋은 휴가 되길 바랍니다.

Бажаю(вам, тобі) добре відпочити.

바쟈유　(밤,　토비)　도브레　비드포취티.

Бажаю(вам, тобі) гарного відпочинку.

바쟈유　(밤,　토비)　하르노호　　비드포췬쿠.

성공을 바랍니다.

Бажаю(вам, тобі) успіхів.

바쟈유　(밤,　토비)　우스피히브.

Бажаю(вам, тобі) удачі.
바쟈유　(밤,　토비)　브다춰.

행복을 바랍니다.
Бажаю(вам, тобі) щастя.
바쟈유　(밤,　토비)　쉬차스탸.

편안한 여행되길 바랍니다.
Бажаю(вам, тобі) щасливої дороги.
바쟈유　(밤,　토비)　쉬차슬리보이　도로히.

Щасливої дороги.
쉬차슬리보이　도로히.

안녕을 기원합니다.
Бажаю(вам, тобі)всього найкращого.
바쟈유　(밤,　토비)　브쇼호　　나이그라쉬초호.

Бажаю(вам, тобі) всього хорошого(найкращого).
바쟈유　(밤,　토비)　브쇼호　호로쇼호　　(나이크라쉬초호).

유쾌한 여행되길 바랍니다.
Приємної подорожі.
브리엠노이　　포도로쥐.

Вдалої поїздки.
브다로이　포이즈드키.

Приємного відпочинку.
프리엠노호　　　비드포췬쿠.

좋은 시간되세요.
В добру годину.
브 도브루　호디누.

잘 지내세요.
Щасливо залишатися.
쉬차슬리보　자리샤디샤.

아프지 마세요.
Не хворій(-те).
네　흐보리이 (-떼).

쾌차하세요.
Одужуй(-те).
오두쥬이　(-떼)

행복하세요.
Будь(-те) щасливий(-ві).
부디　(-떼)　쉬차슬리븨이(-비).

 소개
Знайомство

자기소개 (Знайомство без посередника)

인사합시다.

Давайте познайомимося.
다바이떼　포즈나이오미모샤.

Будьмо знайомі.
부디모　즈나이오미.

Я хотів(-ла) би з вами познайомитися.
야 호티우 (–라) 브 즈 바미　포즈나이오미티샤.

(Мені) хотілося б з вами познайомитися.
(메니)　호티로샤　브 즈 바미　포즈나이오미티샤.

알고 지내자.

Давай(з тобою) познайомимося.
다바이　(주 토보유)　포즈나이오미모샤.

인사드리도록 하겠습니다.

Дозвольте познайомитися.
도즈볼떼　포즈나이오미티샤.

Дозвольте представитися.
도즈볼떼　프레즈타비티샤.

제 이름은…. 입니다.

Мене звати Михайло.
메네　즈바티　미하일로.

Мене звати Марія.
메네　즈바티　마리야.

Мене звати Михайло Петрович.
메네　즈바티　미하일로　페트로비취.

Мене звати Марія Петрівна.
메네　즈바티　마리야　페트리브나.

제 성은 …. 입니다.
Моє прізвище Петров(-а).
모예　프리즈비쉬체　페트로브　(-아).

저는 …. 입니다.
Я Петров(-а).
야 페트로브　(-아).

Петров(-а).
페트로브　(-아).

Олег Іванов(Ольга Іванова).
올레흐　이바노브 (올레하　이바노바).

Олег(Ольга, Оля).
올레흐 (올레하,　올랴).

당신 이름은 무엇입니까?
Як вас(тебе) звати?
야크 바스 (테베)　즈바티?

Як ваше(твоє) ім'я?
야크 바셰　(트보예)　이먀?

당신 성은 무엇입니까?
Як ваше(твоє) прізвище?
야크 바셰　(트보예)　프리즈비쉬체?

당신의 이름과 부칭은 무엇입니까?
Як ваше(твоє) ім'я та по-батькові?
야크 바셰　(트보예) 이먀　타 포-바츠코비?

(당신) 성은요?
(Ваше) прізвище?
(바셰)　프리즈비쉬체?

(당신) 이름과 부칭은요?
(Ваше) ім'я та по-батькові?
(바셰)　이먀　타 포-바츠코비?

그런데 당신 이름은 무엇입니까?
А як вас звати?
아 야크 바스 즈바티?

А вас?
아 바스?

그런데 당신 성은요?
А як ваше прізвище?
아 야크 바셰   프리즈비쉬체?

А ваше?
아 바셰?

실례지만, 누구세요?
Пробачте, а ви хто?
프로바취테,   아 비   흐토?

Пробачте, з ким я говорю?
프로바취테,   즈 킴   야 고보류?

소개 (Знайомство при допомозі посередника)

인사하시지요.
Познайомтесь(будь-ласка)!
포즈나이옴테시   (부디−라스카)!

Знайомтесь!
즈나이옴테시!

제 친구(동료)와 인사하십시오.
Познайомтеся з моїм товаришем(з моїм колегою).
포즈나이옴테샤   즈 모임   토바릐쉠   (즈 모임   콜레고유).

당신을 소개해 드리겠습니다.
Дозвольте вас познайомити.
도즈볼떼   바스 포즈나이오므틱.

이 회사의 사장님을 소개해 드리겠습니다.
Дозвольте вас познайомити з президентом цієї фірми.
도즈볼떼   바스 포즈나이오므틱   즈 프레(H)덴톰   찌예이 피르미.

우리 대학 학장님을 소개해 드리겠습니다.
Дозвольте вас познайомити з ректором нашого університету.
도즈볼떼   바스 포즈나이오므틱 즈 레크로토롬   나쇼호   우니베르시테투.

새 이사님을 소개해 올리겠습니다.

Дозвольте представити вам нового директора.

도즈볼떼　　　프레즈타비티　　밤　노보호　　디레크토라.

이 분이 (제가 말씀드린) - 입니다.

Це Марія Василівна(про яку я вам говорив(казав).

쩨　마리야　　바실리브나　　(프로　야쿠　야　밤　　호보리우　　(카자우).

이 분이 (당신이 소개받고 싶어 했던) - 입니다.

Це Андрій Миронович(з яким ви бажали познайомитись).

쩨　안드리이　미로노븨취　　(즈　야　큄　바캬리　　포즈나이오믜틔시).

매우 반갑습니다!

Дуже приємно!

두제　　프리엠노!

당신을 알게 되어 매우 기쁩니다.

(Мені) дуже приємно з вами познайомитися.

(메니)　　두제　프리엠노　　즈　바미　　포즈나이오믜틕샤.

(Мені) дуже приємно, що я з вами познайомився(-лась).

(메니)　　두제　　프리엠노,　　쉬초　야　즈　바미　포즈나이오믜브샤　　(-라시).

Я радий(-а) (з вами) познайомитися.

야　라듸이　　(-아) (즈　바미)　　포즈나이오믜틕샤.

당신을 알게 되어 행복합니다.

Я щасливий(-а) з вами познайомитися.

야　쉬차슬릐븨이　　(-아)　즈　바미　　포즈나이오믜틕샤.

우린 이미 아는 사이입니다.

Ми вже знайомі.

미　　브줴　즈나이오믜.

우린 이미 만났었습니다.

Ми вже зустрічалися.

미　　브줴　주스트리챠리샤.

저는 당신을 압니다.

Я вас знаю.

야 바스 즈나유.

어디선가 당신을 본(만난) 적이 있습니다.

Я вас десь бачив(-ла) зустрічав(-ла).

야 바스 데시 바취우 (–라) 주스트리챠우 (–라)

당신에 대해 들은 적이 있습니다.

Я про вас чув(-ла).

야 프로 바스 츄우 (–라).

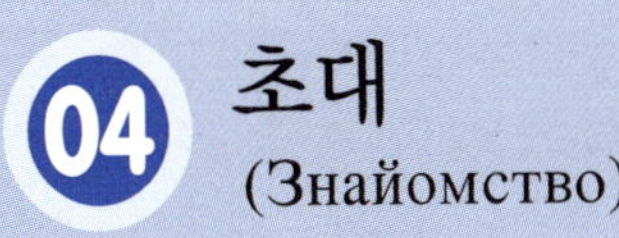 04 초대
(Знайомство)

Із задоволенням. Щиро дякую, але не можу…
즈 자도볼렌냠.　　쉬치로　댜쿠유,　알레 네 모쥬…

당신을 초대합니다 (Вислови запрошення)

당신을 초대합니다.
(Я) запрошую вас(тебе).
(야)　자프로슈유　　바스(떼베).

당신을 초대하고 싶습니다.
(Я) хочу(бажаю) запросити вас(тебе).
(야)　호츄　(바쟈유)　　자프로시티　　바스(떼베).

당신을 초대했으면 합니다.
(Я) хотів би(бажав би) запросити вас(тебе).
(야)　호티우 비 (바쟈우　비)　자프로시티　　바스(떼베).

당신을 초대했으면 합니다.
Мені хотілось би запросити вас(тебе).
메니　호티로시　　비 자프로시티　　바스(떼베).
Нам хотілось би запросити вас(тебе).
남　　호티로시　　비 자프로시티　　바스(떼베).

당신을 초대해도 될까요?
Чи можу запросити вас?
취　모쥬　자프로시티　　바스?

(Чи) можливо(мені) запросити вас?
(취)　모쥐리보　(메니)　자프로시티　　바스?

당신을 초대하도록 허락해 주십시오.

Дозвольте(мені) запросити вас.

도즈볼떼　　(메니)　자프로시티　　바스.

오십시오.

Проходьте.

프로호디떼.

들르십시오.

Заходьте.

자호디떼.

갑시다.

Йдемо.

이데모.

Підемо.

피데모.

함께 가자고 초대할 때 사용하는 표현이다.

Пішли.

피슈리.

Сходимо.

스호디모.

Зайдемо.

청유형 표현이다.

Давай(-те) підемо.

다바이　(–떼)　미데모.

Давай(-те) сходимо.

다바이　(–떼)　스호디모.

와주시길 부탁합니다.

Прошу прийти.

프로슈　　프릐이트.

Прошу приїхати.

프로슈　　프리하트.

Прошу зайти.

프로슈　　자이트.

Прошу заїхати.
프로슈　자이하틱.

Чи ви(не) бажаєте прийти?
취　비 (네)

Чи ви(не) можете зайти (завітати)?

Чи (не) бажаєте прийти?
취　(네)　바쟈예떼　프리이티?

Чи(не) можете зайти (завітати)?
취　(네)　모졔테　자이틱　(자비타틱)?

Чи не погодитесь прийти?
취　네　포호듸테시　프리이틱?

Чи не погодитесь зайти(завітати)?
취　네　포호디테시　자이틱　(자비타티)?

Не зможете прийти?
네　즈모졔테　프리이틱?

Не зможете зайти(завітати)?
제　즈모졔테　자이틱　(자비타틱)?

Чи не бажаєте ви прийти?
취　네　바쟈예데　비 프리이틱?

Чи не згодні ви зайти?
취　네　즈호드니　비　자이틱?

Чи не піти нам?
취　네　피틱　남?

Чи не зайти нам?
취　네　자이틱　남?

Добре б.
도브레　브.

Непогано б.
네포하노　　브.

Час сходити.
챠스　스호딕틔.

Добре було б зайти.
도브레　부로　브 자이틔.

Не погано було б.
네 포하노　부로　브.

오셔야 합니다.
Треба.
트레바.

Слід було б.
스리드 불로　브.

Треба було б сходити.
트레바　불로　브 스호딕틔.

Треба було б зайти.
트레바　불로　브 자이틔.

Потрібно було б.
포드리브노　불로　브.

당신이 오시기를 바랍니다.
Я хочу, щоб ви(ти) прийшли(-шов).
야 호추,　쉬초브 비 (티)　프릐이슐릐(-쇼우).

Мені хочеться, щоб ви(ти) зайшли(-шов).
메니　호쳬티샤,　쉬초브 비 (티)　자이슐릐(-쇼우).

시간을 잘 보내시기를 바랍니다.
Мені хочеться, щоб ви(ти) проводив(-ла) час приємно.
메니　호쳬디샤,　쉬초브 비 (티)　프로보디우 (-라) 냐스 프리옘노.

Добре було б , якщо б ви(ти) зателефонували(-ав).
도브레　불로　브, 야크쉬초 브 비 (티)　자텔레호누바리　　(-아우).

이 프로젝트에 참여하면 좋을 것입니다.
Непогано(було б, якби ви(ти) взяли(-яв) участь у цьому
네포하노　(불로　브, 야크비 비 (티)　보쟐리 (-야우) 우챠스티 브 찌오무

проекті.
프로에크티.

Як ви(ти) дивитесь(-шся) на те, раджу ми пішли на
야크 비 (티) 디비테시 (-슈챠) 나 테, 야크쉬초 미 피슐리 나
природу?
프리로두?

Як ви(ти) ставитесь(-шся) до того, щоб ми сходили до
야크 비 (티) 스타비테시 (-슈챠) 도 토호, 슈초브 미 스호디리 도
театру?
테아트루?

Ви не проти того, щоб(ми) разом сходити на концерт?
비 네 프로티 토호, 쉬초브 라좀 스호디티 나 콘쩨르트?

Чи не будите (-деш) ви(ти) проти того, щоб(ми) разом
취 네 부디떼 (-데쉬) 비 (티) 프로티 토호, 쉬초브 라좀
сходити в кіно?
스호디티 브 키노?

Чи не заперечуєте(-єш) ви(ти), щоб ми поїхали в
취 네 자페레츄예떼 (-예쉬) 비 (티), 쉬초브 미 포이할리 브
суботу за місто?
수보투 자 미스토?

외출 초대 (Запрошення піти куди-небудь)

Ходімо гуляти.
호디모 굴랴티.

점심 먹고 산책하고 싶습니까?

Чи у вас нема бажання погуляти після обіду?

취 우 바스 네마 바쟌냐 포구랴티 피슬랴 오비두?

오늘 스케이트장에 가지 않겠습니까?

Чи не сходити нам сьогодні на ковзанку?

취 네 스호디티 남 시오고드니 나 코브쟌쿠?

숲으로 갑시다.

Підемо до лісу.

피데모 도 리수.

미론에게 가보자. 아프다고 하더라.

Давай провідуємо Мирона, кажуть(говорять), що він

다바이 프로비두예모 미로나, 카쥬츠 (고보랴츠), 쉬초 빈

хворий.

흐보리이.

오늘 소풍을 가길 원하니?

Якщо є бажання підемо(сходимо) сьогодні на екскурсію?

야크쉬초 예 바캰냐 피데모 (스호디모) 시오고드니 나 에크스쿠리시유?

손님 초대 (Запрошення в гості)

당신을 오늘 우리 집에 초대하고 싶습니다.

Я хочу(бажаю) запросити вас сьогодні до мене у гості.

야 호추 (바쟈유) 자프로시티 바스 시오고드니 도 메네 우 고스티.

오늘 우리 집에서 차 한 잔 마시자.

Хочу(бажаю) запросити тебе сьогодні до мене на

호추 (바쟈유) 자프로시 떼베 시오고드니 도 메네 나

філіжанку кави.

필리쟌쿠 카비.

오늘 오세요.

Заходьте сьогодні.

자호디테 시오고드니.

오늘 어떻게든 우리 집에 오렴.

Якось заходь(приходь) до мене.

야코시　자호디　(프리호디)　도 메네.

당신을 극장에 초대하고 싶습니다.

Я хочу запросити вас до театру.

야 호추　자프로시티　바스 도　테아트루.

우리 극장에서 새 연극을 보지 않으시겠습니까?

Чи не бажаєте подивитися(переглянути)нову виставу

취　네 바쟈예테　포디비티샤　(페레흐랴누티)　노부　비스타부

в нашому театрі?

브 나쇼무　테아트리?

오늘 영화관에 가는 것이 좋을 것입니다.

Було б добре сьогодні сходити в кіно.

불로　브 도브레　시오호드니　스호디티　브 키노.

당신을 음악회에 초대하게 해주십시오.

Дозвольте запросити вас на концерт.

도즈볼떼　자프로시티　바스 나 콘쩨르트.

당신을 저녁식사에(점심에) 초대하고 싶습니다.

Я хочу(бажаю) запросити вас(тебе) запросити на

야 호추 (바쟈유)　자프로시티　바스 (떼베)　자프로시티　나

вечерю (обід).

베체류　(오비드).

카페에서 저녁식사에 초대합니다.

Запрошую вас повечеряти в кав’ярні(кафе).

자프로슈유　바스 포베체랴티　브 카뱌르니　(카페).

레스토랑에서 식사하러 갑시다.

Ходімо пообідаємо в ресторані.

호디모　포오비다예모　브 레스토라니.

식당에서 식사합시다.
Давайте пообідаємо в їдальні.
다바이떼　포오비다예모　　브 이달니.

오늘 레스토랑에서 저녁 식사하지 않으시겠습니까?
Чи згодні ви повечеряти сьогодні в ресторані?
취　흐고드니 비 포베쳬랴티　　시오호드니　브 레스토라니?

레스토랑에서 점심 먹는 것을 어떻게 생각하십니까?
Як ви ставитеся до того, щоб пообідати в ресторані?
야크 비　스타비테샤　　도 토호,　쉬초브 포오비다티　　브 레스토라니?

레스토랑에서 식사하고 싶은 마음 없으세요?
Чи є у вас бажання пообідати в ресторані?
취　예 우 바스 바쟌냐　　포오비다티　　브 레스토라니?

카페에 갈까요?
Зайдемо посидимо в кав'ярні(кафе)?
자이데모　　포시디모　　브 카뱌르니　(카페)?

회의, 강연 초대 (Запрошення на збори, лекцію)

오늘 회의가 있습니다. 오세요.
Сьогодні збори, приходьте, будь ласка.
시오호드니　즈보리,　프리오디떼,　　부디 라스카.

내일 재미있는 강연이 있습니다. 강연에 오면 좋을 것입니다.
Завтра буде цікава лекція. Бажано було б вам її відвідати.
자브트라 부데　찌카바　렉찌야.　바쟈노　　불로　브 밤　이 비드비아티.

오늘 강연에 오시길 바랍니다.
Бажано, щоб ви сьогодні були на лекції.
바쟈노,　　쉬초브 비　시오고드니 불리　나 랙짜이.

05 부탁 · 충고 · 제안
Прохання · порада · пропозиція

기본 표현 (Основні вирази)

전화 부탁드립니다.
(Я) прошу(вас тебе) зателефонувати.
(야) 프로슈 (바스테베) 자텔레포누바티.

열심히 공부하라고 충고합니다.
(Я) раджу(вам, тобі) займатися серйозніше.
(야) 로두쥬 (밤, 토비) 자이마틱샤 세리오즈니쉐.

이것을 제안합니다.
(Я) пропоную(вам, тобі) зробити це.
(야) 프로포누유 (밤, 퇴) 즈로비티 쩨.

떠들지 말 것을 부탁하고 싶습니다.
Я просив(-ла) би вас не шуміти(гомоніти).
야 프로시브 (–라) 비 바스 네 슈미티 (호보니티).

담배피지 말라고 충고하고 싶습니다.
Я радив(-ла) би не палити.
야 라디우 (–라) 비 네 파리티.

운동을 하라고 권하고 싶습니다.
Я запропонував(ла) би вам займатися спортом.
야 자프로포누바우 (라) 비 밤 자이마틱샤 스포르톰.

하십시오.
Зроби(зробіть)…
즈보리 (즈보리츠)…

쓰십시오.
Напиши (напишіть)…
나피쉬 (나피쉬츠)…

가져오십시오.
Принеси(принесіть)….
프리네시 　(프리네시츠)….

~해 주십시오.
Будь ласка.
부디 　라스카.

Будьте ласкаві.
부디떼 　라스카비.

Будьте ласкаві, +(зателефонуйте).
부디떼 　라스카비, 　+ (자텔레포누이떼).

Якщо вам(тобі) не важко.
야크쉬초 밤 　(토비) 　네 바쥬노.

수고스럽겠지만, ~해 주십시오.
Зробіть(мені) послугу.
즈로비츠 　(메니) 　포슬루후.

Не відмовте у люб'язності +(зателефонуйте).
네 　비드모우떼 　우 슈뱌즈노스티 　　+ (자텔레포누이떼).

Зробіть люб'язність.
즈로비츠 　슈뱌즈니스츠.

~를 부탁하고 싶습니다.
Я хочу вас(тебе)попросити…
야 호추 　바스 (떼베) 포프로시티…

(Я) хотів би вас(тебе) попросити +(зробити це).
(야) 호티우 비 바스 (떼베) 　포프로시티 　+ (즈로비티 쩨).

죄송합니다만, 이것을 해 주실 것을 부탁드리고 싶습니다.
Пробачте(вибачте), я хотів би попросити вас зробити це.
프로바취테 　(비바취테), 　야 호티우 비 포프로시티 　바스 크로비티 　쩨.

~를 부탁드리고 싶습니다.
Мені хотілось би попросити вас(тебе).
메니 　호티로시 　비 포프로시티 　바스 (떼베).

~를 충고하고 싶습니다.
Мені хочеться порадити(запропонувати) вам(тобі)
메니 　호체츠샤 　포라디티 　(자프로포누바티) 　밤 (토비)

~를 부탁드렸으면 합니다.

Мені хотілось би попросити вас(тебе).
메니　　호티로시　　　비　포프로시티　　　바스(떼베).

~를 해주시지 않으시겠습니까?

Ви(ти) не хочете(не бажаєте).
비 (티)　네 호체테　　(네　바쟈예떼).

Ви(ти) не погодитесь(погодишся).
비 (티)　네 포호디데시　　　(포호디슈샤).

Чи ви(ти) не хотіли б(хотів, -ла) + зробити це.
취　비 (티)　네 호틸리　　브 (호티우, –라)　+ 즈로비티　　쩨.

Чи не бажаєте(-ш) ви(ти).
취　네 바쟈예테　(–슈)　비 (티).

Чи не згодні(згоден) ви(ти).
취　네 즈호드니 (즈호덴)　　비 (티).

정숙 요망!

Прохання… +(дотримувати тишу)!
프로한냐…　　　　+ (도트리무바티　　　티슈)!

~합시다.

Давай(-те) +(заспіваємо).
다바이　(–떼)　+ (자스피바예모).

Давай(-те) +(працювати разом).
다바이　(–떼)　+ (프라쮸바티　　라좀).

내가 ~하게 놔 두어라.

Давай(-те) я сам(сама) +(зроблю).
다바이　(–떼) 야 삼　(사마)　+ (즈로블류).

Дай(-те) мені(самому, самій) +(прочитати).
다이 (–떼) 메니　(사모무, 사미이)　　+ (프로취타티).

그가(그녀가) ~하게 해라.

그들이 ~하게 하라.

Хай він(вона) +(прочитає).
하이　빈 (보나)　　+ (프로취타예).

Хай вони +(прочитають).
하이 보니   +(프로취타유츠).

~해도 될까요?
Можливо.
모쥐리보.

Чи можливо.
취 모쥐리보.

Я можу +(ввійти, зателефонувати)?
야 모쥬   + (비이틱,   자텔레포누바티)?

Чи можу я

~하실 수 있습니까?
Ви не можете?
비 네 모제테?

Чи не могли б ви +(зателефонувати)?
취   네 모글리   비 비 +(자텔레호누바티)?

Чи не важко вам(буде)?
취   네 바쥬코   밤 (부데)?

~하는 것을 부탁해도/제안해도/권해도 될까요?
Чи можна(мені) попросити(попрохати)?
취 모쥬나 (메니)   포프로시티   (포프로하티)?

Чи можна + запропонувати + (зателефонувати)?
취   모쥬나   + 자프로포누바티   + (자텔레포누바티)?

Чи не можу я запропонувати + (книгу)?
취   네 모쥬   야 자프로포누바티   + (크니구)?

Я можу
야 모쥬

정중하고 완곡한 표현이다.
Чи можу я
취 모쥬   야

Чи не можу я
취   네 모쥬   야

공식적인 뉘앙스를 띤다.

Дозвольте + (зателефонувати)?
도즈볼떼 + (자텔레포누바티)?

Дозвольте + (книгу)?
도즈볼떼 + (크니구)?

～하는 게 좋을 것입니다/～할 때 입니다.

Добре(було) б
도브레 (불로) 브

Не погано(було) б +(зателефонувати)
네 포카노 (불로) 브 + (자텔레포누바티)

Пора б
포라 브

당위성의 뉘앙스를 띤다.

Потрібно(було) б вам(тобі) + (зателефонувати)
포트리브노 (불로) 브 밤 (토비) + (자텔레포누바티)

Необхідно було б
네오브히드노 불로 브

～해주실 수 있나요/～없나요?

Можливо ви(ти) + (принесете)?
모쥬리보 비 (티) + (프리네세테)?

Ви(ти) не принесете?
비 (티) 네 프리네세테?

～했으면 합니다.

Ви(ти) + (були на уроці).
비 (티) + (불리 나 우로찌).

대화 금지!

Не розмовляти!
네 로즈모블랴티!

조용!

Тихо!
티호!

정숙!

Тиша!
티샤!

~하는 것을 중단하시오.

Не смій(-те).

네 스티미(-떼).

Припини(-іть) + (заважати).

프리피니   (-이츠) + (자바쟈티).

~를 중단하시오.

Припини(-іть) + (розмови, роботу).

프리피니   (-이츠) + (로즈모비, 로보투).

~하기를 바랍니다 / ~하는 게 좋습니다.

Я хочу, щоб ви(ти)

야 호추,   호브 비 (티)

Мені хочеться, щоб ви(ти)

메니   호체츠샤,   쉬초브 비 (티)

Мені хотілось би, щоб ви(ти) + (провели(провів) час приємно)

메니 호티로시 비, 쉬초 비(티) + (프로베리 (프로비우) 챠스프리옘노)

Добре(було б), якщо б ви(ти)

도브레 (불로 브), 야크쉬초 브 비 (티)

Непогано(було б), якщо б ви(ти)

네포하노   (불로 브), 야크쉬츠 브 비(티)

~하는 것을 어떻게 보십니까/~하는 것을 반대하지 않습니까?

Як ви(ти) дивитесь(дивишся) на те, щоб

야크 비 (티) 디비테시   (디비쉬샤)   나 떼, 쉬초브

Як ви(ти) ставитесь(ставишся) до того, щоб

야크 비 (티) 스타비테시   (스타비쉬샤)   도 토호, 쉬초브

Чи не проти ви(ти), щоб

취 네 프로티 비 (티), 쉬초브

Чи не будете(будеш) ви(ти) проти того, щоб

취네 부데테   (부데쉬)   비 (티) 프로티 포호, 쉬초브

의사의 충고 (Порада лікаря хворому)

이 알약을 하루에 세 번 복용하세요.
Приймайте ці пігулки три рази на день.
프르이마이테 찌 미훌키 트리 라지 나 덴

담배 피우지 마세요.
Не паліть.
네 팔리츠.

더 많이 산책하세요.
Більше гуляйте.
빌쉐 구랴이떼.

과로하지 마세요.
Не перевтомлюйтесь.
네 페레브톰슈이테시.

선생의 충고 (Порада викладача(вчителя) учню)

매일 우크라이나어를 몇 페이지씩 읽으세요.
Читайте кожен день кілька сторінок українською мовою.
취타이테 코젠 덴 킬카 스토리노크 우크라인스코유 모보유.

카세트 테잎을 들으세요.
Слухайте аудіо записи.
슬루하이떼 아우듀 자피시.

가능한 더 많이 말하도록 노력하세요.
Намагайтесь якомога більше говорити.
나마하이테시 야코모하 빌쉐 호보리티.

엄마의 충고 (Порада матері сину)

삐뜨로, 엄마 없을 때 할머니 말씀 잘 들어라.
Петро, без мене слухайся бабусю, будь ласка.
페트로, 베즈 메네 슬루하이샤 바부슈, 부디 라스카.

하루 종일 밖에서 뛰놀지 마.

Не бігай цілими днями вулицею.

네 비하이 찔리미 드냐미 불리쩨유.

외투 안 입고 밖에 나가지 마라, 목도리 두르는 것 잊어버리지 마라.

Не виходь без пальто та не забувай одягнути шарф.

네 비호디 베즈 팔리토 나 네 자부바이 오댜누티 샤르프.

털모자 쓰지 않고 다니지 마라.

Дивись, не ходи без шапки.

디비시, 네 호디 베즈 샤프키.

요리 레시피 (Кулінарні рецепти)

고기를 씻은 다음 작은 조각으로 자른다. 프라이팬에 버터를 두른다.

Промийте м'ясо, наріжте його на маленькі шматочки

프로믜이떼 먀소, 나리쥐떼 이오호 나 마렌키 슈마토취키

та покладіть на пательню з маслом.

타 포클라디치 나 파텔뉴 즈 마슬롬.

약간 익힌 다음 양파, 후추, 소금을 입맛에 맞게 추가한다.

Трішки підсмажте, потім додайте цибулю, перець,

트리슈키 피드스마쥐테, 포팀 도다이테 치불류, 페레찌,

сіль за смаком.

시리 자 스마콤.

스메딴(크림치즈)를 넣고, 약한 불에 완성될 때까지 익힌다.

Залийте сметаною та залиште тушкуватися до готовності

자프이떼 스메타노유 타 자시쉬테 투슈쿠바티샤 도 호토브노스티

на маленькому вогні.

나 말렌코무 보흐니.

대중교통에서 요망사항 (В міському транспорті)

승객 여러분!

Громадяни пасажири!

흐로마댜니 파사쥐리!

문가에 서있지 마시고, 안쪽으로 들어가세요.

Не зупиняйтеся коло дверей, проходьте далі у вагон.

네 주비냐이테샤 콜로 드베레이, 프로호디테 다리 우 바혼.

티켓 잘 보관하세요.

Не забувайте придбати квиток.

네 자부바이테 프리드바티 크히토크.

차비를 잘 내세요.

Своєчасно сплачуйте за проїзд.

스보예챠스노 스프라츄이테 자 프로이즈드.

차표 값을 건네주세요.

Будьте ласкаві, передайте гроші на квиток.

부디떼 라스카비, 페레다이떼 흐로쉬 나 크히토크.

표를 찢으세요.

Будь ласка, відірвіть квиток.

부디 사르카, 비디르비츠 크히토크.

지나가겠습니다.

Дозвольте пройти.

도즈볼떼 프로이틱.

20 흐리브냐를 바꿔 주시겠습니까?

Ви не розміняєте 5 гривень?

비 네 로즈미냐예테 5 흐리벤?

지나가세요.

Проходьте будь ласка.

프로호디떼 부디 라스카.

앉으세요.

Сідайте будь ласка.

시다이떼 부디 라스카.

《룩야니브스키 시장》 역이 어디인지 말씀해 주세요.

Скажіть будь ласка, коли буде зупинка 《Лук'янівський

스카쥐츠 부디 라스카, 코리 부데 주핀카 《루캬니브스킈이

базар》.

바자르》.

모임에서 요청 (На зборах)

연설 부탁드립니다.
Прошу бажаючих виступити.
프로슈　바쟈유취흐　비스투피티.

후보를 추천해 주시기 바랍니다.
Прошу висувати кандидатури.
프로슈　비수바티　칸디다투리.

투표해주십시오.
Прошу голосувати.
프로슈　호로수바티.

한말씀 부탁드립니다.
Прошу слова.
프로슈　슬로바.

제게 발표 시간을 40분 할애해 주시기 바랍니다.
Прошу дати мені 40 хвилин на доповідь.
프로슈　다티　메니　40 흐빌니　나 도포브디.

질문 하세요.
Задавайте питання, будь ласка.
자다바이떼　피탄냐,　부디 라스카.

업무 요청 (Ділові пропозиції)

하차 부탁드립니다,
Прошу звільнити вагон(-и),
프로슈　즈빌니티　바론　(-이),

기차가 더 이상 갈 수 없습니다.
поїзд(потяг) далі не їде.
포이즈드(포탸흐)　다니　네 이데.

업무 후 지체하지 않길 바랍니다.
Прошу вас затриматися після роботи.
프로슈　바스 자트리마티샤　피슬랴 로보티.

마리야 스떼파노브나 대신 수업을 해주시길 부탁드립니다.

Прошу вас провести урок замість Марії Степанівни.

프로슈   바스 프로베스티   우로크 자 미스츠   마리이   스테파니브늬.

당신 논문을 빨리 넘겨주길 권합니다.

Рекомендую вам здати вашу статтю в найближчий час.

레코멘두유   밤 즈다티 바슈   스타투   브 나이블리쥐취이   차스.

공식적인 신청사항 (Заява)

2012년 7월 1일에서 15일까지 휴가를 신청합니다.

Прошу надати мені відпустку з 1 по 15 серпня 2012 року.

프로슈   나다티   메니   비드푸스트쿠 즈 1 포 15 세르프냐 2012 로쿠.

우크라이나어 문학 강사로 저를 채용해 주실 것을 부탁드립니다.

Прошу прийняти мене на роботу в якості викладача

프로슈   프로이냐티   메네   나 로보투   브 야코스티 비클라다챠

української мови та літератури.

우크라인스코이   모비   타 리테라투리.

전직으로 사임을 청합니다.

Прошу звільнити мене з посади у зв'язку з переходом

프로슈   즈빌니티   메네   즈 포사디   우 즈뱌즈쿠   즈 페레호돔

на іншу роботу.

나 인슈   로보투.

06 부탁과 초청 수락과 거절

Згода та відмова на прохання та запрошення
(Згода у відповідь на прохання, запрошення)

좋습니다.
Добре.
도브레.

Гаразд.
하라즈드.

그러지요.
Будь ласка.
부디　라스카.

힘들지 않다면 책을 가져다 줄래요.
Якщо вам не важко, принесіть мені книгу, будь ласка.
야크쉬초 밤　네 바쥬노, 프리네시츠　메니 크니구, 부디 라스카.

그러지요.
Будь ласка.
부디　라스카.

지금요.
Зараз.
자라즈.

잠깐만요.
Хвилинку.
흐빌린쿠.

그러자(그럽시다).
Давай.
다바이.

가자(갑시다)
Пішли(ходімо).
피슐리　(호디모).

Давай(-те) підемо.
다바이 (–떼) 피데모.

갑시다.
Пішли.
피슐리.

가자
Давай підемо.
다바이 피데모.

Давай.
다바이.

기꺼이요.
З великим задоволенням.
즈 벨리킴 자도보렌냠.

З радістю.
즈 라디스튜

Охоче.
오호체.

반드시 ~하겠습니다.
Обов'язково + (прийду, зробимо).
오보캬즈코보 + (프릐이두, 즈로비모).

의심하지 마세요.
Не вагайтесь(-ся).
네 바하이테시 (–샤).

걱정하지 마세요.
Не турбуйтесь(-ся).
네 투르부이테시 (–샤).

어떻게 의심을!
Які можуть бути сумніви!
야키 모쥬츠 부티 수므니비!

안심하세요!
Можете бути спокійні(можеш бути спокійним)!
모제테 부티 스포키이니 (모제쉬 부티 스포키이님)!

믿으세요.

Можете бути упевнені(можеш бути упевнений).

모제테　부티　우페브네니 (모제쉬　부티　우페브네늬이).

기대하세요.

Можете(-ш) на мене розраховувати.

모제테　(–쉬) 나　메네　로즈라호부바티.

반대하지 않습니다.

(Я) не заперечую.

(야) 네　자페레츄유.

(Я) не проти(цього).

(야) 네　프로티　(츠오호).

용의가 있습니다.

Я готовий.

야 호토븨이.

찬성입니다.

Я не проти(заперечую).

야 네　프로티　(자페레뉴유).

Я за!

야 자!

동의합니다.

Згоден (-а).

즈호덴　(–아).

네

Так.

타크.

물론입니다.

Аякже(звичайно).

아야크제 (즈븨챠이노).

컨퍼런스에서 보고서 발표하는 것에 동의하는 거지?

Ти згоден виступити з доповіддю на конференції?

티　즈호덴　비스투피티　즈 도포비드듀　나 콘페렌찌이?

Згоден, звичайно.

즈호덴,　즈비챠이노.

당연하지!
Ще б пак(звичайно)!
쉬체 브 파크 (즈비챠이노)!

이 연극 보러 가고 싶니?
Ти хочеш потрапити на цю виставу?
티 호체쉬 포트라피티 나 츄 비스타부?

물론이지!
Ще б пак(звичайно)!
쉬체 브 파크 (즈비챠이노)!

그러기로 하자!
Домовились!
도모빌리시!

결정!
Вирішено(згода)!
비리셰노 (즈호다)!

그렇게 해야겠지요.
Так і бути.
타키 이 부티.

~해야겠지요.
Прийдеться + (дати).
프리이데츠샤 + (다티).

~할 수밖에 없지.
Що ж робити, прийдеться + (зробити).
쉬초 쥐 로비디, 프리이데츠샤 + (즈보리티).

원하든, 원하지 않던 간에 해야겠지.
Хочеш чи ні, а треба.
호체쉬 치 미, 아 트레바.

어쩌겠어.
Ну що ж(пішли, зроблю).
누 쉬초 쥐 (피슐리, 즈로블류).

그러지, 뭐.
Мабуть.
마부츠.

부탁과 초청 수락과 거절

NO할 이유가 있겠어?

А чому б і ні?

아 쵸무 브 이 니?

부탁과 초청 거절
(Відмова у відповідь на прохання, запрошення)

할 수 없습니다./안되겠습니다.

(Я) не можу.

(야) 네 모쥬.

Ні,(я) не можу.

니, (야) 네 모쥬.

(Я) ніяк не можу.

(야) 니야크 네 모쥬.

죄송하지만, 안되겠습니다.

Вибачте, я не можу.

비바취테,   야 네 모쥬.

죄송하지만, 도저히 할 수가 없습니다.

Пробачте, але я ніяк не можу.

프로바취테,   알레 야 니야크 네   모쥬.

유감스럽지만, 할 수 없습니다.

На жаль,(я) не можу.

나 쟐리,   (야) 네   모쥬.

매우 하고 싶지만 / 거절하는 것이 편치 않지만, 할 수 없습니다.

Охоче.

오호체.

З задоволенням,

즈 자도볼렌냠,

Я б з задоволенням, + але не можу.

야 브 즈 자도볼렌냠,   + 알레 네 모쥬.

(Я) дуже хочу,

(야) 두제   호츄,

(Я) дуже хотів(-а)
(야) 두제　호티우 (–아)

Мені б дуже хотілось,
메니　브 두제　호티로시,

(Мені) шкода,
(메니)　슈코다,

내키지 않습니다.

Не хочеться.
네　호체츠샤.

Щось(мені) не хочеться.
쉬초시 (메니)　네 호체츠샤.

도와줄 수 없습니다.

Я не можу допомогти.
야 네 모쥬　도포모흐티.

도와줄 힘이 없습니다.

Я не в змозі допомогти.
야 네　브 즈모지　도포모흐티.

Я безсилий(-а) допомогти.
야 베즈시릐이　(–아) 도포모흐티.

Не в моїх силах допомогти.
네　브 모이흐 시라흐　도포모흐티.

동의할 수 없습니다.

(Я) не можу погодитись.
(야)　네 모쥬　포호디티시.

거절해야만 합니다.

Я повинен(-а) відмовитись.
야 포비넨　(–아) 비트모비티시.

(Я) вимушений(-а) відмовити вам.
(야)　비무셰늬이　(–아) 비드모비티시　밤.

~를 거절해야만 합니다.

Я повинен(-а) відмовитися + (прийти).
야 포비넨　(–아) 비드모비티샤　+ (프릐이티).

Я вимушений(-а) відмовитися + від(від вашої пропозиції).
야 비무셰닉이   (-아)비트모븨티샤   + 비드(비드 바쇼이 프로포지찌이).

어떤 경우에라도 안 됩니다!
Ні в якому разі!
니 브 야코무   라지!

어떤 상황에서도 안 됩니다!
Ні за яких обставин!
니   자 야키흐 오브스타빈!

단호히 거절합니다!
Рішуче відмовляюся!
리슈체   비드모브랴유샤!

안 돼요, 안 돼요. 또 다시 말해도 안 됩니다!
Ні, ні та ще раз ні!
니, 니 타 쉬체 라즈 니!

절대로!
Ні за що!
니 자 쉬초!

이건 말도 안 됩니다!
(Про це) не може бути і мови!
(프로 쩨) 네 모졔   부티   이 모비!

절대로 이건 안 됩니다!
Це абсолютно виключено!
쩨 아브솔류트노   비클류췌노!

넌 뭐야!
Що ти!
쉬초 티!

불확실한 답변 (Невизначені відповіді)

아마도 가능할 겁니다.
Може бути.
모졔   부티.

Можливо.
모쥐리보.

Вірогідно.
비로히드노.

Напевно(певно).
나페브노　　(페브노).

Не знаю.
네　　즈나유.

Не знаю, чи зможу (прийти).
네　즈나유,　취　즈모쥬　　　(프리이티).

아마도, …할 수 있을 것입니다.
Можливо.
모쥐리보.

Можливо(може) бути.
모쥐리보　　　(모제)　　　부티.

Вірогідно + (допоможу, зайду).
비로히드노　　　+ (도포모쥬,　　　　자이두).

Скоріш за все(мабуть).
스코리쉐　　자　브세 (마부츠).

Навряд чи.
나브랴드취.

아마도 …할 수 없을 것 같습니다.
Можливо + ні(не зможу, не прийду).
모쥬리보　　　+ 니 (네 즈모쥬,　　　네　프리이두).

Може бути.
모제　　　부티.

할 수 없을 까봐 두렵습니다.
Боюся, що не зможу(бо буду зайнятий).
보유샤,　　쉬초 네 즈모쥬　(보 부투　자이냐틔이).

할 수 없을까봐 걱정입니다.
Боюся, що не зможу.
보유샤,　　쉬초 네 즈모쥬.

할 수 없을 것으로 생각됩니다.

Гадаю(думаю), що не можу.

하다유 (두마유), 쉬초 네 모쥬.

생각해 봐야겠습니다. (좀 더 지켜봐야겠습니다)

(Я) подумаю(подивлюся).

(야) 모두마유 (모디브류샤).

Треба подумати(подивитися).

트레바 모두마티 (포디비디샤).

당장 답변을(결정을, 동의를) 할 수 없습니다.

Я відразу не зможу дати відповідь(вирішити, погодитися).

야 비드라주 네 즈모쥬 다티 비드포비디 (비리쉬티, 포호디티샤).

약속 못합니다.

(Я) не обіцяю.

(야) 네 오비챠유.

약속할 수 없습니다.

(Нічого) не можу поки що обіцяти.

(니쵸호) 네 모쥬 포키 쉬초 오비챠티.

힘써 보겠습니다.

(Я) постараюся.

(야) 포스트라유샤.

동의와 반대

Згода та незгода -з думкою співрозмовника

동의와 긍정적인 답변 (Основні вирази вітання)

네
Так
타크

물론입니다.
Звичайно.
즈븨챠이노.

물론 그렇습니다.
Звичайно, так.
즈븨챠이노,   타크.

그렇게 하겠습니다.
Звичайно, так.
즈븨챠이노,   타크.

무조건 네입니다.
Безумовно, так.
베주모브노,   타크.

맞습니다.
Правильно(вірно).
프라빌노   (비르노).

맞습니다.
Вірно(правильно).
비르노   (프라빌노).

사실입니다.
Дійсно.
디이스노.

절대 맞습니다.
(Це) абсолютно вірно.
(쩨) 아브소류트노 비르노.

Це цілком вірно.
체 치르콤 비르노.

물론 맞습니다.
Звичайно вірно.
즈비비챠이노 비르노.

Зрозуміло вірно.
즈로주미로 비르노.

무조건 맞습니다.
Безумовно вірно.
베즈모브노 비르노.

사실 맞습니다.
Дійсно вірно.
디이스노 비르노.

당신이 옳습니다.
Ви(ти) праві(правий, -а).
비 (티) 프라비 (프라븨이, -아)

당신이 절대 옳습니다.
Ви(ти) дійсно праві(правий, -а).
비 (티) 디이스노 프라비 (프라븨이, -아)

다른 의견은 있을 수 없지요!
Інакше і бути не може!
이나크쉐 이 부티 네 모제!

다른 의견이 있을 수 있나요?
А як же інакше?
아 야크 줴 이나크쉐?

바로 그렇습니다.
Це і так зрозуміло.
쩨 이 타크 즈로주미로.

절대 부정할 수 없습니다.
Цього не можна заперечити.
츠오고 네 모쥬나 자페레치티.

동의하지 않을 수 없습니다.

З цим неможливо не погодитися.

즈 침   네모쥐리보   네 모호디티샤.

어떻게 동의하지 않을 수 있나요?

Чи можливо з вами(тобою) не погодитися.

취   모쥬리보   즈 바미   (토보유)   네 포호디티샤.

반대할 수가 없지요.

Проти цього не заперечиш.

프로티   츠오호   네 자페레취쉬.

아무 말도 하지 마세요.

Нічого не скажеш.

니쵸호   네   스카줴쉬.

당신 의견에 동의합니다.

Я згоден(згодна) з вами(тобою).

야 즈호덴   (즈호드나) 즈 바미   (토보유).

이 의견에 동의합니다.

Я згоден(згодна) з цим.

야 즈호덴   (즈호드나) 즈 췸.

당신에게 전적으로 동의합니다.

Я абсолютно погоджуюся з вами(тобою).

야 아브솔류트노   모호드쥬유샤   즈 바미   (토보유).

당신과 의견이 같습니다.

Я розділяю вашу(твою) думку.

야 로즈디랴유   바슈   (토보유) 둠쿠.

당신과 견해가 같습니다.

Я розділяю вашу(твою) точку зору.

야 로즈디랴유   바슈   (트보유) 토츄쿠 조루.

같은 의견을 고수합니다.

(Я) притримуюся такої ж думки.

(야) 프리트리무유샤   타코이 쥬 둠키.

반대하지 않습니다.

(Я) не заперечую.

(야) 네 자페레츄유.

(Я) не проти.
(야) 네 프로티.

(Я) не проти цього.
(야) 네 프로티 츠오호.

그럴 거라고 확신합니다.
(Я) впевнений, що це так.
(야) 브페브레닉이, 쉬초 체 타크.

옳다고 생각합니다.
(Я) гадаю(думаю), що це вірно(правильно).
(야) 하다유 (두마유), 쉬초 체 비르노 (프라빌노).

(Я) важаю, що це вірно(правильно).
(야) 바쟈유, 쉬초 네 비르노 (프라빌노).

당신이 옳은 것 같습니다.
Мені здається, що ви(ти) праві(правий, -a).
메니 즈타례츠샤, 쉬초 비 (티) 프라비 (프라븨이, –아).

그렇습니다.
Це так.
체, 타크.

(이것이) 사실 그렇습니다.
(Це) дійсно так.
(체) 디이스노 타크.

그래요.
Так.
타크.

어느 정도는 당신이 옳습니다.
В деякій мірі ви праві.
브 데야키이 미리 비 프라비.

В деякій мірі це так(вірно, дійсно).
브 데야키이 미리 체 타크 (비르노, 디이스노).

어느 정도는 당신이 올바르게 말씀하십니다.
В деякій мірі те, про що ви(ти) говорите(говориш) вірно.
브 데야키이 미리 떼, 프로 쉬초 비 (티) 호보리테 (호보리쉬) 비르노.

그렇다 합시다.

Припустимо.

프리푸스티모.

당신 생각대로 해보세요.

Хай(нехай) буде по-вашому.

하이 (네하이)　부데　포-바쇼무.

당신 의견에 동의하려고 합니다.

(Я) спробую погодитися з вами(тобою).

(야) 스프로부유　포호디티샤　　즈 바미　(토보유).

Я спробую погодитися з вами(тобою).

야 스프로부유　포호디티샤　　즈 바미　(토보유).

Можливо, що я з вами(тобою) погоджуюся.

모쥐리보,　　쉬초 야 즈 바미　(토보유)　포호드슈유샤.

Допустимо, що я з вами(тобою) погоджуюся.

도푸스티모,　　쉬초 야 즈 바미　(토보유)　포호드쥬유샤.

반대와 부정적인 답변 (Незгода з будь-якою думкою та негативна відповідь на питання)

아뇨.

Ні.

니.

물론 아닙니다.

Звичайно ні.

즈비챠이노　　니.

Зрозуміло ні.

즈로주밀로　　니.

전혀 아닙니다.

Зовсім ні.

조브심　　니.

Ні в якому разі.

니 브 야코무　라지.

무조건 아닙니다.
Безумовно ні.
베주모브노　　　니.

아뇨, 그렇지 않습니다.
Ні, не так.
니,　네 타크.

그게 아닙니다.
Це не так.
쩨　네 타크

이건 절대 그렇지 않습니다.
(Це) зовсім(далеко, ні в якому разі, дійсно, абсолютно)
(쩨)　조브심　(달레코,　니 브 야코무　라지,　디이스노,　아브솔류트노)
не так.
네 타크.

물론 그렇지 않습니다.
Звичайно, не так.
즈비챠이노,　네 타크.

Зрозуміло, не так.
즈로주미로,　네 타크.

옳지 않습니다.
(Неправильно) невірно.
(네프라빌노)　네비르노.

(Невірно) неправильно.
(네비르노)　네프라빌노.

절대 맞지 않습니다.
(Це) абсолютно невірно.
(쩨)　아브솔류트노　네비르노.

물론, 틀립니다.
Звичайно, невірно.
즈비챠이노,　네비르노.

Зрозуміло, невірно.
즈로주밀로,　네비르노.

무조건 옳지 않습니다.
Безумовно, невірно.
베주모브노,   네비르노.

사실이 아닙니다.
Неправда(брехня).
네프라브다   (브레즈냐).

그 반대입니다.
Навпаки.
나브파키.

당신이 옳지 않습니다.
Ви (ти) не праві(не правий, не права).
비 (티) 네 프라비 (네 프라븨이, 네 프라바).

당신이 절대 옳지 않습니다.
Ви (ти)(абсолютно, зовсім, далеко) не праві(не правий,
비 (티) (아브솔류트노,   조브심,   달레코)   네 프라비 (네 프라븨이,
не права).
네 프라바).

그럴 리가 없지요!
Не може бути!
네 모제   부티!

Цього не може бути.
츠오호   네 모제   부티.

그 반대입니다!
Якраз навпаки!
야크라즈 나브파키!

절대 긍정할 수 없습니다.
Цього не можна стверджувати.
츠오호   네 모쥬나   스트베르드쥬바티.

동의 못합니다.
(Я) не згодний(-а).
(야) 네 즈호드드늬이 (-아)

당신 의견에 절대 동의할 수 없습니다.
(Я) (абсолютно, зовсім) не згодний(-а) з вами(тобою).
(야) (아브솔류트노,   조브심)   네 즈호드늬이 (-아)즈 바미   (토보유).

당신에게 절대 동의할 수 없습니다.
З вами не можна погодитися.
즈 바미　네 모쥬나　포호디티샤.

이 의견에 동의할 수 없습니다.
З цим неможливо погодитися.
즈 침　네모쥬리보　포호디티샤.

어떻게 당신 의견에 동의하겠습니까?
Хіба можна з вами(тобою) погодитися?
히바　모쥬나　즈 바미　(토보유)　포호디티샤?

동의하지 않아도 괜찮을지요?
(Я) дозволю собі не погодитися(з вами, з тобою)?
(야) 도즈볼류　소비 네 포호디티샤　(즈 바미,　즈 토보유)?

Дозвольте(мені) не погодитися(з вами, з тобою)?
도즈볼떼　(메니)　네 포호디티샤　(즈 바미,　즈 토보유)?

반대해도 되겠습니까?
Дозвольте(вам, тобі) заперечити?
도즈볼떼　(밤,　토비)　자페레취티?

다른 견해를 피력해도 되겠습니까?
Дозвольте висловити іншу точку зору?
도즈볼떼　비슬로비티　인슈　토취쿠　조루?

Дозвольте висловити іншу думку?
도즈볼떼　비슬로비티　인슈　둠쿠?

그렇지 않다고 확신합니다.
(Я) впевнений(-а), що це не так.
(야) 브페브네늬이　(−아), 쉬초 체 네 타크.

맞지 않다고 생각합니다.
(Я) думаю(гадаю), що це не так.
(야) 두마유 (하다유),　쉬초 체 네 타크.

(Я) думаю(гадаю), що це не вірно.
(야) 두마유 (하다유),　쉬초 체 네 비르노.

이것이 틀릴까봐 걱정입니다.
(Я) важаю, що це не вірно.
(야) 바쟈유,　쉬초 체 네 비르노.

(Я) боюся, що це не вірно.
(야) 보유샤,   쉬초 체 네 비르노.

Боюся, що ви(ти) не праві не правий(-а).
보유샤,   쉬초 비 (티) 네 프라비 네 프라븨이 (–아).

아닐까봐 걱정입니다.
Боюся, що ні.
보유샤,   쉬초 니.

그렇지 않은 것 같습니다.
Мені здається, що це не так.
메니   즈다예스챠,   쉬초 체 네 타크.

그렇다는 확신이 안 듭니다.
(Я) не впевнений(-а), що це так.
(야) 네 브페브네늬이   (–아), 쉬초 네 타크.

이것이 옳다고 생각하지 않습니다.
(Я) не думаю, що це вірно.
(야) 네 두마유,   쉬초 체 비르노.

이건 말하지 않는 게 낫겠어요.
Я б цього не сказав(-а).
야 브 츠오호   네 스카자브 (–아).

이를 믿지 못하겠습니다.
Я не вірю цьому(вам, тобі).
야 네 비류 츠오무 (밤,   토비).

당신 말 한 마디도 믿지 못합니다.
(Я) не вірю жодному вашому слову.
(야) 네 비류   죠드노무   바쇼무   슬로부.

이것을 믿기 어렵습니다.
В це важко повірити.
브 체 바쥬노   포비리티.

그럴 리가!
Навряд чи!
나브랴드   취!

이건 가능하지 않을 듯합니다(옳지 않은 듯합니다).

Навряд чи це можливо(вірно).

나브라드　취　체　모쥐리보　　(비르노).

가능성이 희박한데요.

Це малоймовірно.

체　말로이모비르노.

그렇다는(옳다는, 가능하다는) 확신이 들지 않습니다.

Я не впевнений, що це так(вірно, можливо).

야 네　브페브네늬이,　　쉬초 체　타크 (비르노,　모쥐리보).

이에 대해 확신 있게 말할 수 없습니다.

Про це не можна сказати впевнено.

프로　체　네　모쥬나　　스카자티　　브페브네노.

(그렇다고) 말하기 어렵습니다.

Важко сказати(чи це так).

바쥬코　　스카자티　(취　체　타크).

사과
Вибачення

Вибачте. Пробачте. Нічого. Будь ласка.
비바취테.　　프로바취테.　　니쵸호.　　부디　라스카.

사과의 표현 (Вислови вибачення)

미안합니다.
Вибач(-те).
비바취　(−떼).

Вибач(-те), будь ласка.
비바취　(−떼), 부디　라스카.

죄송합니다.
Пробач(-те).
프로바취　(−떼).

Пробач(-те), будь ласка.
프로바취　(−떼), 부디　라스카.

내 탓입니다.
Винен(винна).
비넨　(빈나).

～에 대해서 죄송합니다.
지각해서 죄송합니다.
걱정을 끼쳐드려 죄송합니다.
갑자기 와서 죄송합니다.
실수에 대해 사과합니다.

Пробач(-те) + за(запізнення, хвилювання, несподіваний
프로바취 (–떼) + 자 (자피즈넨냐,　　흐빌류반냐,　　네스포디반늬이
прихід).
프리히드).

Вибач(-те) помилки).
비바취 (–떼) 포밀키.

당신께 걱정을 끼쳐 드려 죄송합니다.
Вибач(-те) за те, що я турбую вас(тебе).
비바취 (–떼) 자 떼, 쉬초 야 투르부유　바스(떼베).

너무 일찍(늦게) 전화해서 죄송합니다.
Пробач(-те) за те, що я телефоную так рано(пізно).
프로바취 (–떼) 자 떼, 쉬초 야 텔레포누유　　타크 라노　(피즈노).

용서를 구합니다.
Прошу вибачення.
프로슈　　비바췐냐.

걱정을 끼쳐 드린 것에 대해 용서를 구합니다.
Прошу вибачення за хвилювання.
프로슈　　비바췐냐　　　자 흐빌류반냐.

Прошу вибачення за те, що я вас турбую.
프로슈　　비바췐냐　　　자 떼, 쉬초 야 바스 투르부유.

깊은 사과를 드립니다.
Приношу(свої щирі) вибачення.
프로슈　　　(스보이 쉬치리)　비바췐냐.

무례함에 대해 용서를 구합니다.
Прошу вибачення за неввічливість.
프로슈　　비바췐냐　　　자 네비취리비스츠.

당신께 사과를 드려야만 합니다.
Я мушу(повинен(-а) вибачитись перед вами.
야 무슈　(포비넨　　(–아) 비바취티시　　페레드 바미.

(당신의) 용서를 구하고 싶습니다.
Я хочу попросити вибачення(у вас).
야 호츄　포프로시티　　비바췐냐　　(우 바스).

사과를 드리지 않을 수 없습니다.
Я не можу не вибачитися перед вами.
야 네 모쥬 네 비바취티샤 페레드 바미.

당신께 사과를 드리게 해 주십시오.
Дозвольте вибачитися перед вами.
도즈볼떼 비바취티샤 페레드 바미.

Дозвольте попросити вибачення у вас.
도즈볼떼 포프로시티 비바췐냐 우 바스.

Дозвольте принести вибачення(вам).
도즈볼떼 프리네스티 비바췐냐 (밤).

가능하다면, 용서해 주십시오.
Якщо(ви) зможете(ти зможеш) вибачити.
야크쉬초(비) 즈모졔테 (티 즈모줴취) 비바취티.

Якщо(ви) зможете(ти зможеш) пробачити.
야크쉬초(비) 즈모줴테 (티 즈모줴쉬) 프로바취티.

가능하다면, 화 내지 말아 주십시오.
Якщо(ви) зможете(ти зможеш) не сердитися.
야크쉬초(비) 즈모줴테 (티 즈모줴취) 네 세르디티샤.

제게 화 내지 마세요.
Не сердься(на мене).
네 세르디샤 (나 메네).

모임에 참석하지 않은 것에 화 내지 마세요.
Не сердься на те, що ми не були на зборах.
네 세르비샤 나 테, 쉬초 미 네 불리 나 즈보라흐.

늦은 것에 대해 화내지 마세요.
Не сердься за те, що я спізнився(-ась).
네 세르비샤 자 테, 쉬초 야 스피즈니브샤 (–아시).

당신을 화나게 하고 싶지 않습니다.
Я не хочу вас(тебе) образити.
야 네 호추 바스 (테베) 오브라지티.

Мені не хотілося би вас(тебе) образити.
메니 네 호틸로샤 비 바스 (테베) 오브라지티.

당신 앞에 제가 죄인입니다.
(Я) винен(-на) перед вами(тобою).
(야) 비넨 (–나) 페레드 바미 (토보유).

많은 걱정을 끼쳤습니다.

(Я) завдав(-ла)(вам, тобі) стільки клопоту(занепокоєння).

(야) 자브타우 (–라) (밤, 토비) 스틸키 클로포투 (자네포코옌냐).

당신을 힘들게 했을까봐 걱정입니다.

Боюсь, що я втомив(-ла) вас(тебе).

보유시, 쉬초 야 브토믜우 (–라) 바스(테베).

나를 대신해서 미꼴라에게 사과해줘.

Вибачся(вибачтесь) за мене перед Миколою.

비바취샤 (비바취테시) 자 메네 페레드 미콜로유.

사과에 대한 답변 (Відповіді на вибачення)

괜찮습니다.

Будь ласка.

부디 라스카.

Нічого.

Не варто(вибачення).

네 바르토 (비바첸냐).

별 말씀을!

Ну що ви!

누 쉬초 비!

별 일 아닙니다.

Це(такі) дурниці.

쩨 (타키) 두르니치.

Це дрібниця(-і).

쩨 드리브니챠 (–이).

Які дурниці.

야키 두르니치.

Нічого страшного.

니쵸호 스트라쉬노호.

 09 위로&애도
Розрада та співчуття

> **Мені шкода вас. Прийміть мої співчуття.**
> 메니　쉬초타　바스. 프리이미츠　모이　스피브츄트탸.
>
> **Не падайте духом. Не втрачайте витримки.**
> 네　마다이떼　두홈.　네　브트라촤이떼　비트림키.

위로의 표현 (Розрада)

공감합니다.
Я вам(тобі) співчуваю.
야 밤　(토비)　스피브츄바유.

Прийми(-іть) мої співчуття.
프리이미　(−이츠) 모이　스피브츄트탸.

당신이 안 되었습니다.
Мені так шкода вас(тебе).
메니　타크 슈코다　바스 (테베).

Мені так(дуже) шкода вас!
메니　타크 (두제)　슈코다　바스!

Як мені шкода вас!
야크 메니　슈코다　바스!

이런 일이 일어나 유감입니다.
Мені шкода, що так трапилося.
메니　슈코다,　쉬초 타크　트라피로샤.

당신을 이해합니다.
Я вас(тебе) розумію.
야 바스 (테베)　로주미유.

Я так вас розумію!
야 타크 바스 로주미유!

Як я вас розумію!
야크 야 바스 로즈미유!

진정하세요.
Заспокойтеся(заспокойся).
자포코이테샤 　　　(자스포코이샤).

흥분하지 마세요.
Не хвилюйтеся(не хвилюйся).
네 　흐비류이테샤 　(네 　프비류이샤).

걱정하지 마세요.
Не турбуйтеся(не турбуйся).
네 　투르부이테샤 　(네 　투르부이샤).

동요하지 마세요.
Не засмучуйтеся(не засмучуйся).
네 　자스무츄이테샤 　(네 　자스무츄이샤).

실망하지 마세요.
Не засмучуйтеся(не засмучуйся).
네 　자스무츄이테샤 　(네 　자스무슈이샤).

참으세요.
Потерпи(-піть).
포테르비 　(-피츠).

이 일은 잊어버리세요.
Забудьте про це(те що сталося).
자부디테 　프로 체 (테 쉬초 스타로샤).

일어난 일은 생각하지 마세요.
Не думай(-те)про те, що трапилось.
네 　두마이 　(-떼) 프로 떼, 쉬초 트라필로시.

이 일을 다시 떠올리지 마세요.
Не згадуй(-те) цього.
네 　즈하두이 　(-떼) 　츠오호.

Не згадуй(-те) про це.
네 　즈하두이 　(-떼) 프로 쩨.

일어난 일을 다시 떠올리지 마세요.
Не згадуй(-те) про те, що трапилось.
네 즈하두이 (–떼) 프로 떼, 쉬초 트라필로시.

잘 버티세요.
Візьми(-іть) себе в руки.
비즈미 (–떼) 세베 브 루키.

Тримай(-те) себе в руках.
트리마이 (–떼) 세베 브 루카흐.

정신을 놓으면 안됩니다.
Не втрачай(-те) витримки(цілковитого самовладання).
네 브트라촤이 (–떼) 비트림키 (찔코비토호 사모브라단냐).

힘내세요.
Зберіться(зберись) з силами.
즈베리츠샤 (즈베리시) 즈 실라미.

모든 것을 기억에서 지우세요.
Викинь(-те) все з голови.
비키니 (떼) 브세 즈 호로비.

가슴에 담아두지 마세요.
Не приймай(-те) це близько до серця.
네 프리마이 (테) 체 블리즈코 도 세르쨔

마음 쓰지 마세요.
Не піддайтеся(-піддавайся) настрою.
네 피드다이테샤 (–피드다바이샤) 나스트로유.

Не приділяй(-те) цьому уваги.
네 프리딜라이 (테) 찌오무 우바기

이것에 대해 생각해선 안됩니다.
Треба не думати про це.
트레바 네 두마티 프로 쩨.

걱정해선 안됩니다.
Не треба хвилюватись.
네 트레바 흐빌류바티시.

정신을 놓아선 안됩니다.
Не треба турбуватись.
네 트레바 투르부바티시.

Не треба здаватись.
네 트레바 즈다바티시.

Не потрібно втрачати витримки.
네 포르디브노 브트라챠티 비트림키.

이것을 잊어야 합니다.
Треба забути це(про це).
트레바 자부티 쩨 (프로 쩨).

잘 버티셔야 합니다.
Треба взяти себе в руки.
트레바 베야티 세베 브 루키.

잘 되길 바라야 합니다.
Треба сподіватися на краще.
트레바 스포디바티샤 나 크라쉬체.

모든게 잘 될 겁니다.
Все буде добре.
브세 부테 도브레.

모든게 제대로 될 겁니다.
Все буде в порядку.
브세 부테 브 포랴드쿠.

모든게 잘 끝날 것입니다.
Все(це) закінчиться добре.
브세 (쩨) 자킨취츠샤 도브레.

모든게 지나갈 것입니다.
Все(це) обійдеться(минеться).
브세 (쩨) 오비이데츠샤 (미네츠샤).

Все(це) пройде.
브세 (쩨) 프로이데.

모든게 바뀔 것입니다.
Все(це) зміниться.
브세 (쩨) 즈미니츠샤.

모든게 다 그렇지요.
Все буває.
브세 부바예.

살다보면 있는 일입니다.
Всяке буває(в житті).
브샤케 부바예 (브 쥐티).

당신 탓 아닙니다.
Ви(ти) не винні(-ий, -а).
비 (티) 네 빈니　(−의이, −아).

이건 당신 탓 아닙니다.
Це не ваша(твоя) провина.
쩨 네 바샤　(뜨보야) 프로비나.

Ви(ти) тут ні до чого.
비 (티)　투트 니 도 쵸호.

진심으로 애도합니다.
Я вам(тобі) щиро співчуваю.
야 밤　(도비)　쉬치로　스피브츄바유.

애도의 마음을 보냅니다.
Я приношу вам(тобі) свої співчуття.
야 프리노슈　　밤　(또비)　　스보이 스피브츄탸.

저의 진심 어린 애도의 마음을 받아 주십시오.
Прийми(-міть) моє глибоке(щире) співчуття.
프르이미　　(−미츠)　모예 흐리보케　(쉬치레)　스피브츄탸.

저의 슬픔(상실, 불행)에 대한 저의 애도의 마음을 받아 주십시오.
Прийми(-міть) моє співчуття з приводу лиха, що спіткало
프르이미　　(−미츠)　모예 스피브츄탸　　즈 프리보두　　리하,　쉬초 스피트칼로
вас(тебе)(втрати, нещастя).
바스 (떼베)　(브르타리,　제쉬차스탸).

저의 진심 어린 애도의 마음을 표현하게 해 주십시오.
Дозвольте висловити вам свої щирі співчуття.
도즈볼떼　　　비슬로비티　　밤　　스보이 쉬치리 스피브츄탸.

Дозвольте висловити вам свої глибокі співчуття.
도즈볼떼　　　비슬로비티　　밤　　스보이 흘리보키　　스피브츄탸.

당신과 함께 슬퍼합니다.
Я сумую разом з вами(з тобою).
야 수무유　　라좀　　즈 바미 (즈 또보유).

당신의 깊은 슬픔을 함께 합니다.
Я розділяю(розумію) вашу глибоку скорботу(горе,
야 로즈디랴유　(로주미유)　　바슈　　흘리보쿠　　스코르보우 (호레,

нещастя).
네쉬차스탸).

당신이 겪은 슬픔에 충격 받았습니다.
Я пригнічений(-а)(приголомшений, приголомшена)
야 프리흐니취늬이　　(–아)(프리호롬쉐늬이,　　　　프리홀롬쉐나)
горем(лихом), яке спіткало вас(тебе).
호렘　　(리홈),　　　야케 스피트칼로　　바스(떼베).

당신은 중대한 것을 잃었습니다.
Ви(ти) понесли(поніс, понесла) важку(тяжку) втрату.
비 (티)　포네슬리　(포니스,　포네슬라)　　바쥬쿠　(탸쥬쿠)　　브트라투.

당신은 가까운 사람을 잃었습니다.
Ви(ти) втратили(втратив, -а) близьку людину.
비 (티)　브트라틸리　(브트라티우, –아)　블리지쿠　　류디누.

큰 상실을 하셨습니다.
Вас(тебе) спіткала втрата.
바스 (떼베)　　스피트카라　　브트라타.

큰 슬픔을 입었습니다.
У вас(тебе) велике горе(лихо).
우 바스 (떼베)　벨리케　　호레 (리호).

돌이킬 수 없는 불행한 일이 생겼습니다.
У вас(тебе) непоправне нещастя.
우 바스 (떼베)　네 포프라브네　　네쉬차스탸.

얼마나 큰 슬픈 일이 당신에게 일어났는지!
Яке велике горе(лихо) спіткало вас!
야케 벨리케　　호레 (리호)　스피타클로　　바스!

얼마나 큰 불행한 일이 당신에게 일어났는지!
Яке велике непоправне нещастя спіткало вас!
야케 벨리케　　네호흐라브네　　네쉬차스탸 스피트칼로　　바스!

위로의 말이 도움이 될런지요.
Слова розради(втіхи) даремні.
슬로바　로즈라디　(브티히)　다레미.

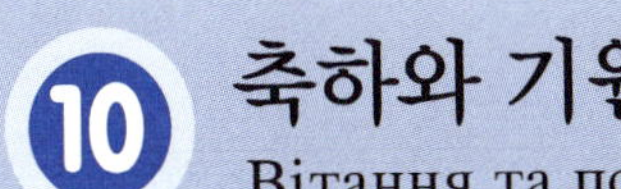

축하와 기원

Вітання та побажання

축하 (Вітання)

(진심으로) 생일 축하합니다.

Від щирого серця поздоровляю(-ємо)(вітаю(-ємо) з
비드 쉬치로호 세르챠 포즈도로블랴유 (–예모) (비타유 (–예모) 즈

Днем народження.
드넴 나로드쳰냐.

명절 축하합니다.

Від щирого серця поздоровляю(-ємо)(вітаю(-ємо) зі
비드 쉬로호 세르챠 포즈도로블랴유 (–예모) (비타유 (–예모) 지

святом.
스뱌톰.

새해 축하합니다.

Від щирого серця поздоровляю(-ємо)(вітаю(-ємо) з
비드 쉬로호 세르쨔 포즈도로블랴유 (–예모) (비타유 (–예모) 즈

Новим роком.
노빔 로콤.

기념일을 축하합니다.

Від щирого серця поздоровляю(-ємо)(вітаю(-ємо) з
비드 쉬로호 세르쨔 포즈도로블랴유 (–예모) (비타유 (–예모) 즈

ювілеєм.
유빌레옘.

명절 축하합니다.

Зі свято.
지 스뱌토.

새해 축하합니다!

З Новим роком!
즈 노빔 로콤!

메리 크리스마스!
З Різдвом!
즈 리즈트봄!

생일 축하합니다!
З Днем народження!
즈 드넴   나로드쳰냐!

제 축하를 받아 주십시오!
Прийміть мої вітання!
프리이미츠   모이 비탄냐!

당신을 환영하고 축하합니다.
Вітаю та поздоровляю вас.
비타유   타 포즈도로블랴유   바스.

(당신께) 축하인사를 보냅니다.
Надсилаю(вам, тобі)(свої) поздоровлення(вітання).
나드실라유   (밤,   또비) (스보이) 포즈도로블렌냐 ·   (비탄냐).

축하드리고 싶습니다.
Я хочу поздоровити(привітати) вас(тебе).
야 호츄   포즈도로비티   (프리비타티)   바스(떼베).

Мені хочеться поздоровити(привітати) вас(тебе).
메니   호췌츠샤   포즈도로비티   (프리비타티)   바스(떼베).

축하인사를 드리게 해 주십시오.
Дозвольте поздоровити(привітати) вас.
도즈볼떼   포즈도로비티   (프리비타티)   바스.

Дозвольте поздоровити(привітати) вас.
도즈볼떼   포즈도로비티   (프리비타티)   바스.

당신 아내에게 제 축하를 전해 주십시오.
Передайте мої поздоровлення(вітання) вашій дружині.
페레다이떼   모이 포즈도로블렌냐   (비탄냐)   바쉬이   드루쥐니.

기원 (Побажання)

(진심으로) 행복을 기원합니다.
(Від щирого серця) бажаю(-ємо)(вам, тобі) щастя.
(비드 쉬치로호   세르쨔)   바쟈유   (–예모) (밤,   또비) 쉬차스탸.

(진심으로) 성공을 기원합니다.
(Від щирого серця) бажаю(-ємо)(вам, тобі) успіхів.
(비드 쉬치로호   세르쨔)   바쟈유   (-예모) (밤,   또비)   우스피히우.

(진심으로) 건강을 기원합니다.
(Від щирого серця) бажаю(-ємо)(вам, тобі) здоров'я.
(비드 쉬치로호   세르쨔)   바쟈유   (-예모) (밤,   또비)   즈도로뱌.

(진심으로) 조속한 쾌유를 기원합니다.
(Від щирого серця) бажаю(-ємо)(вам, тобі) швидкого
(비드 쉬치로호   세르쨔)   바쟈유   (-예모) (밤,   또비)   쉬비드코호
одужання.
오두쟌냐.

(진심으로) 아프지 않기를 바랍니다.
(Від щирого серця) бажаю(-ємо)(вам, тобі) не хворіти.
(비드 쉬치로호   세르쨔)   바쟈유   (-예모) (밤,   또비)   네 흐보리티.

(진심으로) 쾌차하기를 바랍니다.
(Від щирого серця) бажаю(-ємо)(вам, тобі) одужати.
(비드 쉬치로호   세르쨔)   바쟈유   (-예모) (밤,   또비)   오두쟈티.

(진심으로) 합격하기를 바랍니다.
(Від щирого серця) бажаю(-ємо)(вам, тобі) здати іспити
(비드 쉬치로호   세르쨔)   바쟈유   (-예모) (밤,   또비)   즈다티 이스피티
(екзамени).
(에크자메니).

성공을 바랍니다!
Успіхів вам(тобі)!
우스피히우 밤   (또비)!

Хай щастить!
하이   쉬차스티츠!

행복을 바랍니다!
Щастя!
쉬차스탸!

안녕히 다녀오세요!
Щасливої дороги!
쉬차슬리보이   도로히!

아프지 마세요.
Не хворій(-те).
네   흐보리이 (–떼).

쾌차하세요.,
Одужуй(-те).
오두쥬이   (–떼).

Видужуй(-те).
비두쥬이   (–떼).

저의 진심 어린 기원의 인사를 받아 주십시오.
Прийміть мої(теплі, гарячі, щирі) побажання.
프릐이미츠   모이 (테플리,   하랴취,   쉬치리) 포바쟌냐.

성공을/행복을 기원하도록 해 주십시오.
Дозвольте побажати(вам) успіхів.
도즈볼떼   포바쟈티   (밤)   우스피히우.

Дозвольте побажати(вам) щастя.
도즈볼떼   포바쟈티   (밤)   쉬차스탸.

편안한 밤 되세요.
На добраніч.
네   도브라니취.

좋은 꿈꾸세요.
Приємного сну.
프리옘노호   스누.

맛있게 드세요.
Смачного.
스마취노호.

잘 해내!(시험 잘 봐!)
Хай щастить!
하이   쉬차스티츠!

건강을 위하여!
За(ваше, твоє) здоров'я!
자 (바쉐,   뜨보예) 즈도로뱌!

성공을 위하여!
За(ваші, твої) успіхи!
자 (바쉬,   뜨보이) 우스피히!

행복을 위하여!
За щастя!
자 쉬차스탸!

명절을 위하여!
За свято!
자 스퍄토!

여주인을 위하여!
За господиню будинку!
자 호스포디뉴 부딘쿠!

손님을 위하여!
За гостей!
자 호스테이!

당신을 위하여!
За вас!
자 바스!

신혼부부를 위하여!
За наречених!
자 나레췌니흐!

우리 우정을 위해 건배를 제안합니다.
Я пропоную тост за нашу дружбу.
자 프로포누유 토스트 자 나슈 드루쥐부.

협력강화를 위해 건배를 제안하고 싶습니다.
Я пропоную тост за зміцнення співпраці.
야 프로포누유 토스트 자 즈미츠넨냐 스피브프라쯔!

우리 만남을 위해 건배를 제안하고 싶습니다.
Я хочу запропонувати тост за нашу зустріч.
야 호츄 자프로포누바티 토스트 자 나슈 주스트리춰.

우리를 위해 건배합시다.
Давайте вип'ємо за нас.
자바이떼 비폐모 자 나스.

성공을 위해 건배합시다.
Я підіймаю келих за успіх.
야 미디이마유 켈리흐 자 우스피흐.

감사
Вдячність. Подяка

Дякую. Щиро дякую. Нема за що. Не варто.
댜쿠유.　　쉬치로　댜쿠유.　네마　　자 쉬초. 네　바르토.

Будь ласка.
부디　　라스카.

감사합니다.
Дякую.
다쿠유,

대단히 감사합니다.
Щиро дякую.
쉬치로　　댜쿠유.

도와주셔서 감사합니다.
Дякую(спасибі)(вам, тобі) за допомогу.
댜쿠유　　(스파시비)　(밤, 또비)　　　카 도포모구.

Дякую(спасибі)(вам, тобі) за те, що допомогли мені.
댜쿠유　　(스파시비)　(밤,　　또비)　자 떼, 쉬초 도포모흘리　　　메니.

신경 써주셔서 감사합니다.
Дякую за увагу.
댜쿠유　　자 우바후.

도움 감사합니다.
Дякую(спасибі)(вам, тобі) за допомогу.
댜쿠유　　(스파시비)　(밤,　　또비)　자 도포모구.

지원 감사합니다.
Дякую(спасибі)(вам, тобі) за підтримку.
댜쿠유　　(스파시비)　(밤,　　또비)　자 피드트림쿠.

도움 주셔서 감사합니다.

Дякую(спасибі)(вам, тобі) за те, що надали мені допомогу.
댜쿠유 (스파시비) (밤, 또비) 자 떼, 쉬초 나달리 메니 도포모구.

기회를 주셔서 감사합니다.

Дякую(спасибі)(вам, тобі) за те, що дали мені шанс
댜쿠유 (스파시비) (밤, 또비) 자 떼, 쉬초 달리 메니 샨스
(можливість).
(모쥐리비스츠).

충고(대단히)감사합니다.

Я вам(тобі) дуже вдячний(-на) за пораду.
야 밤 (또비) 두제 브댜취늬이 (–나) 자 포라두.

도와주셔서 감사합니다.

Я вам(тобі) вдячний(-на) за допомогу.
야 밤 (또비) 브탸 최니이 (–나) 자 도포모구.

축하해 주셔서 (대단히) 감사합니다.

Я вам(тобі) вдячний(-на) за привітання
야 밤 (또비) 브댜최늬이 (–나) 자 프리비탄냐.

제게 유용한 충고를 해주신 것에 대해 감사합니다.

Я вам вдячний(-на) за те, що ви надали мені корисну
야 밤 브댜취늬이 (–나) 자 떼, 쉬초 비 나달리 메니 코리스누
пораду.
포라두.

따뜻한 환대에 대한 제 감사의 마음을 받아 주십시오.

Прийміть мою вдячність за теплу гостинність.
프리이미츠 모유 브댜취니스츠 자 테플루 호스틴니스츠.

우리 대표단을 따뜻하게 맞아주신 것에 대한 제 감사의 마음을 받아 주
십시오.

Прийміть мою вдячність за, що ви тепло приймали нашу
프리이미츠 모유 브댜취니스트 자, 쉬초 비 데플로 프리이말리 나슈
делегацію.
델리하찌유.

도와주신 것에 대해 감사드릴 말이 없습니다.

Мені бракує слів, щоб віддячити вам за допомогу.
메니 브라쿠예 슬리우, 쉬초브비댜취티 밤 자 도포모후.

성원에 대해 감사의 마음을 표현할 말이 없습니다.

Мені бракує слів, щоб висловити(вам)(мою) вдячність
메니　브라쿠예 슬리우, 쉬초브 비슬로비티　(밤)　(모유)　브댜취니스트
за підтримку.
자　피드트림쿠.

도와주신 것에 대한 감사를 표현할 말이 부족합니다.

Мені бракує слів, щоб віддячити вам за допомогу.
메니　브라쿠예 슬리우,　쉬초브비댜취티 밤　자 도포모후.

성원해주신 것에 대한 감사를 표현할 말이 부족합니다.

Мені бракує слів, щоб висловити(вам)(мою) вдячність
메니　브라쿠예 슬리우, 쉬초브 비슬로비티　(밤)　(모유)　브댜취니스츠
за те, що ви підтримали мене.
자　떼, 쉬초 비 피드트리말리　메네.

얼마나 감사한지!

Як я вам(тобі) вдячний(-а)!
야크 야 밤　(또비)　브야취늬이 (–아)!

제가 얼마나 감사하고 있는지 모르실 겁니다.

Ви не уявляєте, як я вам(тобі) вдячний(-а).
비네 우야블랴예떼,　야크 야 밤　(또비)　브댜취늬이 (–아).

Якби ви знали(знав, знала, як я вам(тобі) вдячний(-а).
야크비 비 즈나리 (즈나우, 즈날라,　야크 야 밤　(또비)　브댜취늬이 (–아).

한없이 고마워하고 있습니다.

Моя вдячність не знає меж.
모야　브댜취니스츠　네 즈나예 메쥐.

도와주신 것에 대해 감사드리고 싶습니다(감사드려야 합니다).

Я хочу подякувати за допомогу.
야 호츄　포댜쿠바티　자 도포모후.

Мені хочеться подякувати за те, що ви допомогли мені.
메니　호췌츠샤　포댜쿠바티　자 떼, 쉬초 비 도포모흘리　메니.

Я хотів(-а) би подякувати за те, що ви допомогли мені.
야 호티후 (–아) 비 포댜쿠바티　자 떼, 쉬초 비 도포모흘리　메니.

Я повинен(-на) подякувати за те, що ви допомогли мені.
야 포비넨　(–나) 포댜쿠바티　자 떼, 쉬초 비 도포모흘리　메니.

도와주신 것에 대해 감사를 표현하게 해주십시오.

Дозвольте висловити вам вдячність за допомогу.

도즈볼떼　　비슬로비티　　밤　브댜취니스츠　자 도포모후.

Дозвольте висловити вам вдячність за те, що ви допомогли

도즈볼떼　　비슬로비티　　밤　　브댜취니스트 자 떼, 쉬초 비 도포모흘리

мені.

메니.

당신은 매우 친절하십니다.

Ви дуже люб'язні.

바　듀제　류블랴즈니.

당신은 사려가 깊습니다.

Ви дуже уважні.

비　두제　우바쥬니.

당신은 통찰력이 있습니다.

Ви дуже передбачливі.

비　두제　페레드바취리비.

당신의 관심(친절)에 감동받았습니다.

Я зворушений(-а) вашою увагою(вашою люб'язністю).

야 즈보루쉐늬이　　(–아) 바쇼유　우바호유 (바쇼유　슈블랴니스튜).

당신의 친절(관심, 통찰력)이 저를 감동시킵니다.

Ваша люб'язність(увага, передбачливість) мене зворушує.

바샤　류블랴즈니스츠 (우바하, 페레드바취리비스츠)　　메네　즈보루슈예.

당신의 친절(관심)에 신세 많이 졌습니다.

Ваша люб'язність(увага) мене до багато чого спонукає

바샤　슈블랴즈니스츠 (우바하) 메네　도 바하토　쵸호　스포누카예

(зобов'язує).

(조보뱌주예).

당신은 매우 자애롭습니다.

Це дуже люб'язно з вашого(твого) боку.

쩨 두제　류블랴노　　즈 바쇼호　(뜨보호)　보쿠.

당신이 저를 구했습니다.(살렸습니다)

Ви мені допомогли(ти допоміг).

비 메니　도포모흘리　　(티 도포미흐).

미리 감사드립니다.

Заздалегідь дякую вам(тобі).

자즈달레히디　댜쿠유　밤　(또비).

Заздалегідь вам вдячний.

자즈달레히디　밤　블랴취늬이.

저를(마리야, 뻬뜨라 미로보노비취) 대신해서 감사드려 주세요.

Віддяч(-те) за мене(Марію, Петра Мироновича).

비댜취　(-떼) 자 메네 (마리유,　뻬뜨라　미로노비챠).

천만예요!

Будь ласка!

부디　라스카!

Нема за що!

네마　자 쉬초!

Не варто!

네　바르토!

감사할 필요 없습니다.

Не варто подяки.

네　바르토　포댜키.

Не треба дякувати.

네　트레바　댜쿠바티.

감사 받을 일 아닙니다.

Не варто подяки.

네　바르토　포댜키.

언제든지 당신 부탁이라면!

Завжди до ваших послуг!

자브츄디　도 바쉬흐　포슬루흐!

당신을 도울 수 있어서 매우 기뻤습니다.

Мені було дуже приємно допомогти вам(тобі).

메니　불로　두제　프리엠노　도포모흐티　밤　(또비).

제가 감사를 드려야지요.

Це я повинен(-а)вам(тобі) дякувати.

쩨야　포비넨　(-아) 밤　(또비)　댜쿠바티.

잘 먹을게요!
На здоров'я!
나 즈도로뱌!

무슨 말씀을!
Ну що ви(ти)!
누 쉬초 비 (티)!

별일도 아닌데, 무슨 말씀을!
Ну що ви(ти), які дурниці!
누 쉬초 비 (티), 야키 두르니찌!

칭찬
Комплімент

칭찬과 찬사의 표현 (Комплімент та схвалення)

당신은 아름답습니다.
Ви(ти) гарні(гарний, гарна).
비 (티) 하르니 (하르늬이, 하르나).

당신은 훌륭합니다.
Ви(ти) прекрасні(прекрасний, прекрасна).
비 (티) 프레크라스니 (프레크라스늬이, 프레크라스나).

당신은 매력적입니다.
Ви(ти) приваблива.
비 (티) 프리바블리바.

당신은 지혜롭습니다.
Ви(ти) розумні(розумний, розумна).
비 (티) 로줌니 (로줌늬이, 로줌나).

당신이 이렇게 아름다울 수가!
Ви такий(така) гарний(-а)!
비 타킈이 (타카) 하르늬이(–아)!

얼마나 아름다운지!
Яка(-ий) гарна(красива)(гарний)(красивий)!
야카 (–의이) 하르나 (크라시바) (하르늬이) (크라시븨이)!

당신은 훌륭한 전문가입니다.
Ви(ти) гарний фахівець.
비 (티) 하르늬이 파히베찌.

당신은 훌륭한 음악가입니다.
Ви(ти) гарний музика(музикант).
비 (티) 하르늬이 무지카 (무지칸트).

당신은 훌륭한 선생님입니다.
Ви(ти) гарний вчитель.
비 (티) 하르늬이 브춰텔리.

당신은 훌륭한 사람입니다.
Ви(ти) гарна людина.
비 (티) 하르나 류디나.

당신은 자기 집 손님을 융숭하게 대접합니다.
Ви(ти) гостинний(-а) господар(господиня).
비 (티) 호스티늬이 (-아) 호슬포다르 (호스포디냐).

당신은 지혜로운 사람입니다.
Ви(ти) розумна людина.
비 (티) 로줌나 류디나.

당신은 선한 사람입니다.
Ви(ти) добра людина.
비 (티) 도브라 슈디나.

당신은 동정심이 많은 사람입니다.
Ви(ти) чуйна людина.
비 (티) 츄이나 류디나.

당신은 세심한 사람입니다.
Ви(ти) чуйна людина.
비 (티) 츄이나 류디나.

당신은 아주 훌륭한 전문가입니다.
Ви такий(дуже) гарний фахівець.
비 다킈이 (두제) 하르늬이 파히베찌.

정말 착한 사람이구나!
Яка добра людина!
야카 도브라 류디나!

좋아 보입니다.
Ви(ти) добре виглядаєте(-єш).
비 (티) 도브레 비흘랴다예떼 (-예쉬).

아주 좋아 보입니다.
Ви(ти) прекрасно виглядаєте(-єш).
비 (티) 프레크라스노 비흘랴다예테 (-예쉬).

젊어 보입니다.

Ви(ти) молодо виглядаєте(-єш).

비 (티) 몰로도　　비흘랴다예테　(–예쉬).

정말 좋아 보이네요!

Ви так(дуже) добре виглядаєте(-єш)!

비　타크 (두제)　도브레　비흘랴다예테　(–예쉬)!

Як ви добре виглядаєте!

야크 비 도브레　비흘랴다예테!

변하지 않으셨어요.

Ви(ти) не змінюєтеся(не змінюєшся).

비 (티) 네　즈미뉴예테샤　　(네　즈미뉴예쉬샤).

Ви(ти)змінилися(не змінився, не змінилася).

비 (티) 즈비니리샤　　(네　즈미니브샤,　네　즈미니라샤).

늙지 않으셨어요.

Ви(ти) не старієте(-єш).

비 (티) 네　스타리예테 (–예쉬).

여전하시군요!

А ви(ти) все такий(-а) же!

아 비 (티)　브세 타킈이　(–아) 줴!

더 젊어지셨어요!

А ви(ти) все молодієте(-єш)!

아 비 (티)　브세 모로디예테　(–예쉬)!

세월이 당신을 비켜가는군요.

Час вас(тебе) щадить(не бере).

챠스　바스 (테베)　쉬차디츠　(네　베레).

노래를 잘(아주 잘) 하시네요.

Ви(ти) гарно(прекрасно) співаєте(-єш).

비 (티)　하르노 (프레크라스노)　스피바예테 (–예쉬).

춤을 잘(아주 잘) 추시네요.

Ви(ти) гарно(прекрасно) танцюєте(-єш).

비 (티)　하르노 (프레크라스노)　탄츄예테　(–예쉬).

기타 연주를 잘(아주 잘) 하시네요.

Ви(ти) гарно(прекрасно) граєте(-єш) на гітарі.

비 (티)　라흐노 (프레크라스노)　흐라예테 (–예쉬) 나　히타리.

미소가 아름답습니다.
У вас(тебе) гарна посмішка.
우 바스 (떼베) 하르나 포스미슈카.

체격이 좋습니다.
У вас(тебе) гарна статура.
우 바스 (떼베) 하르나 스타투라.

눈이 아름답습니다.
У вас(тебе) гарні(красиві) очі.
우 바스 (떼베) 하르니 (크라시비) 오취.

머릿결이 좋습니다.
У вас(тебе) гарне(красиве) волосся.
우 바스 (떼베) 하르네 (크라시베) 볼로샤.

손이 아름답습니다.
У вас(тебе) красиві руки.
우 바스 (떼베) 크라시비 루키.

용모 단정합니다.
У вас(тебе) гарний вигляд.
우 바스 (떼베) 하르늬이 비흘랴드.

건강한 용모입니다.
У вас(тебе) здоровий вигляд.
우 바스 (떼베) 즈도로븨이 비흘랴드.

신선한 용모입니다.
У вас(тебе) свіжий вигляд.
우 바스 (떼베) 스비쥐이 비흘랴드.

성격이 좋습니다.
У вас(тебе) гарний характер.
우 바스 (떼베) 하르늬이 하라크테르.

성격이 부드럽습니다.
У вас(тебе) м'який характер.
우 바스 (떼베) 먀킈이 하라크테르.

강인한 성격입니다.
У вас(тебе) вольовий характер.
우 바스 (떼베) 볼로븨이 흐라크테르.

당신 머리는 비상합니다.
У вас(тебе) гострий розум.
우 바스(떼베)　호스트릐이　로줌.

당신 머리는 명민합니다.
У вас(тебе) тонкий розум.
우 바스(떼베)　톤킈이　로줌.

당신 머리는 샤프합니다.
У вас(тебе) критичний розум.
우 바스(떼베)　크리티취늬이　로줌.

유머 감각이 좋습니다.
У вас(тебе) добре почуття гумору.
우 바스(떼베)　도브레　포츄탸　후모루.

유머 감각이 있습니다.
У вас(тебе) є почуття гумору.
우 바스(떼베)　예 포츄탸　후모루.

미소가 당신을 젊게 보이게 합니다. (아름답게 합니다.)
Вас(тебе) омолоджує(прикрашає) посмішка.
바스(떼베)　오몰로드쥬예　(프리크라솨예)　포스미슈카.

짧은 머리가 당신을 젊게 보이게 합니다. (아름답게 합니다)
Вас(тебе) омолоджує(прикрашає) коротка зачіска.
바스(떼베)　오몰로드쥬예　(프리크라샤예)　코로트카　자취스카.

이 모자가 당신을 젊게 보이게 합니다. (아름답게 합니다.)
Вас(тебе) омолоджує(прикрашає) цей капелюх.
바스(떼베)　오몰로드쥬예　(프리크라샤예)　쩨이 카펠류흐.

나이대로 보이지 않습니다. / 나이대로 볼 수 없습니다.
Ви(ти) не виглядаєте(-єш) на свої роки.
비 (티)　네 비흘랴다예테　(-예쉬) 나 스보이 로키.

이 옷이 잘 어울립니다.
Вам(тобі) личить(пасує) ця сукня.
밤 (또비)　리취츠　(파수예)　쨔 수크냐.

이 머리가 잘 어울립니다.
Вам(тобі) личить(пасує) ця зачіска.
밤 (또비)　리취츠　(파수예)　쨔 자취스카.

이 색깔이 잘 어울립니다.
Вам(тобі) личить(пасує) цей колір.
밤　(또바)　리취츠　(파수예)　쩨이 코리르.

웃는 게 어울립니다.
Вам(тобі) личить(пасує) посміхатися.
밤　(또비)　리취츠　(파수예)　포스미하티샤.

머리를 짧게 자른 것이 어울립니다.
Вам(тобі) личить(пасує) коротко стригтися.
밤　(또비)　리취츠　(파수예)　코로트코　스트리티샤.

밝은 톤으로 옷을 입는 게 어울립니다.
Вам(тобі) личить(пасує) одягатися у світлі тони.
밤　(또비)　리취츠　(파수예)　오댜가티샤　우 스비플리 토니.

이 블라우스가 얼굴에 잘 어울립니다.
Вам(тобі) личить(пасує) ця блуза.
밤　(또비)　리취츠　(파수예)　챠 블루자.

이 색깔이 얼굴에 잘 어울립니다.
Вам(тобі) личить(пасує) цей колір.
밤　(또비)　리취츠　(파수예)　쩨이 코리르.

옷을 아름답게 입으셨군요.
Ви(ти) гарно вдягнуті(-тий).
비 (티)　하르노　브댜흐누티 (-틔이).

당신은 옷을 우아하게 입습니다.
Ви(ти) одягаєтеся(-єшся) елегантно.
비 (티)　오댜하예테샤　(-예슈샤)　엘레한트노.

당신은 옷을 유행에 맞춰 입습니다.
Ви(ти) одягаєтеся(-єшся) модно.
비 (티)　오댜하예테샤　(-예슈랴)　모드노.

Ви(ти) одягаєтеся(-єшся) по моді.
비 (티)　오댜하예테샤　(-예슈샤)　포 모디.

당신은 옷 입는 감각이 있습니다.
Ви(ти) одягаєтеся(-єшся) зі смаком.
비(티)　오댜하예테샤　(-에슈샤)　지 스마콤.

유행에 맞춰 옷을 잘 입으셨군요!
Ви так(дуже) модно вдягнуті!
비타크 (두제) 모드노 브댜흐누티!

아주 감각 있게 옷을 입으셨어요!
Ви вдягнуті з таким смаком!
비 브댜흐누티 즈 타킴 스마콤!

아주 패셔너블하게 옷을 입으셨어요!
Як ви модно вдягнуті!
야크 비 모드노 브댜흐누티!

옷을 정말 센스입게 입으셨군요!
З яким смаком ви одягаєтеся!
즈 야킴 스마콤 비 오댜하예테샤!

당신과 사귀게 되어 재미있습니다.
З вами(тобою) цікаво спілкуватися.
즈 바미 (또보유) 치카보 스필쿠바티샤.

당신과 대화하는 것이 유쾌합니다.
З вами(тобою) цікаво розмовляти.
즈 바미 (또보유) 치카보 로즈모블랴티.

당신과 말하는 것이 흥미롭습니다.
З вами(тобою) цікаво говорити.
즈 바이 (또보유) 치카보 호보리티.

당신과 거래를 하는 것이 유쾌합니다.
З вами(тобою) приємно мати справу.
즈 바미 (또보유) 프리엠노 마티 스프라부.

당신을 만나서 유쾌합니다.
З вами(тобою) приємно зустрічатися.
즈 바미 (또보유) 프리엠노 주스트리샤티샤.

당신 성격은 세상 살기에 편한 성격입니다!
З вашим(твоїм) характером легко жити!
즈 바쉼 (뜨보임) 하라크테롬 레흐코 쥐티!

아이가 너무 예쁘군요!
(Яка) у вас(тебе) чарівна дитина!
(야카) 우 바스(떼베) 촤리브나 디티나!

남편이 정말 멋지세요!
(Який) у вас(тебе) прекрасний чоловік!
(야크이) 우 바스(떼베) 프레크라스늬이 쵸로비크!

부모님이 젊으시네요.(좋으시네요)!
(Які) у вас(тебе) молоді(гарні) батьки!
(야키) 우 바스(떼베) 몰로티 (하르니) 바츠키!

행동 잘 하셨습니다.
Ви(ти) гарно(добре) вчинили(-в, -ла).
비 (티) 하르노 (도브레) 브취니리 (−우, −라).

올바르게 하셨어요.
Ви(ти) вірно зробили(-в, -ла).
비 (티) 비르노 즈로빌리 (−우, −라).

바른 말씀 하셨어요.
Ви(ти) вірно сказали(-в, -ла).
비 (티) 비르노 스카자리 (−우, −라).

좋습니다!
Добре!
도브레!

멋집니다!
Чудесно!
츄데스노!

아주 잘 했어요!
Прекрасно!
프레크라스노!

신통하다! 장하다!
Молодець!
모로데츠!

똑똑해!
Розумник/Розумниця!
로주므니크/ 로주무니챠!

감사합니다.
Дякую.
댜쿠유.

칭찬 감사합니다.

Дякую за комплемент.

댜쿠유　자 콤플레멘트.

과찬이세요.

Це тільки комплемент.

쩨　틸키　　콤플레멘트.

칭찬을 해주시는 군요.

Ви мені робите комплемент.

비　메니　로비테　　콤플레멘트.

듣기 좋으라고 하시는 말씀이죠.

Ви(ти) мені лестите(лестиш).

비 (티)　메니　레시테　　(레스티쉬).

무슨 말씀을!

Ну що ви(ти)!

누　쉬초 비 (티)!

제가 당신에게 하려던 이야긴데요.

Я повинен(повинна) також сказати про вас.

야 포비넨　　(포빈나)　　타코쥐　스카자티　프로 바스.

Я також можу сказати про вас(тебе).

야 타코쥐　모쥬　스카자티　프로 바스 (테베).

당신 마음에 들어서 기쁩니다.

Я радий(-а), що вам(тобі) сподобалося.

야 라드닉이(–아), 쉬초 밤　(또비)　스포도바로샤.

비난과 질책
Несхвалення і докір

비난과 질책의 표현 (Вирази несхвалення і докору)

좋아 보이지 않습니다.
Ти(ви) не зовсім добре виглядаєш(-єте).
티 (비) 네 조브심　도브레　비흘랴다예쉬　(−예테).

안 좋아 보입니다.
Ти(ви) погано виглядаєш(-єте).
티 (비) 포하노　비흘랴다예쉬　(−예테).

아주 안 좋아 보입니다.
Ти(ви)(дуже) погано виглядаєш(-єте).
티 (비) (두제)　포하노　비흘랴다예쉬　(−예떼).

아주 안 좋아 보이네요!
Як ти погано виглядаєш!
야크 티　포하노　비흘랴다예쉬!

약간(많이) 변하셨네요.
Ти(ви) трохи(дуже) змінився(-лась, -лись).
티 (비) 트로히 (두제)　즈비니브샤 (−라시,　−리시).

약간(많이) 늙으셨네요.,
Ти(ви) трохи(дуже) постарів(-ла, -ли).
티 (비) 트로히 (두제)　포스타리우 (−라,　−리).

약간(많이) 마르셨네요.
Ти(ви) трохи(дуже) схуд(-а, -ли).
티 (비) 트로히 (두제)　스후드(−아,　−리).

약간(많이) 수척해지셨네요.
Ти(ви) трохи(дуже) зблід(-ла, -ли).
티 (비) 트로히 (두제)　즈블리드(−라,　−리).

이렇게 (아주) 변하다니!
Ти так (дуже) змінився!
티 타크 (두제) 즈미니브샤!

너무 말이 많네요.
Ти(ви) занадто багато говориш(-те).
티 (티) 자나드토 바하토 호보리쉬 (–떼).

말 수가 (너무) 많이 적네요!
Ти так дуже багато говориш!
티 타크 두제 바하토 호보리쉬!

어쩜 말이 이렇게 많을 수가!
Як ти багато говориш(-те)!
야크 티 바하토 호보리쉬 (–떼)!

교양이 없네요.
Ти(ви) невихований(-на).
티 (비) 네비호반늬이 (–나).

예의가 없네요.
Ти(ви) не ввічливий.
티 (비) 네 비췰리븨이.

이렇게 (아주) 교양이 없다니!
Ти такий(така) невихований(-на)!
티 타킈이 (타카) 네비호바늬이 (–나)!

정말 교양이 없구나!
Який(-а) ти невихований(-на)!
야킈이 (–아) 티 네비호반늬이 (–나)!

안색이 안 좋아요.
В тебе нездоровий колір обличчя.
브 떼베 네즈도로븨이 콜리르 오블리챠.

용모가 단정치 못하군요.
Ти(ви) маєш поганий вигляд.
티 (비) 마예쉬 포하늬이 비흘랴드.

성격이 나쁘군요.
В тебе(вас) поганий характер.
브 떼베 (바스) 포하늬이 하라크테르.

붙임성이 없는 성격이군요.
В тебе(вас) незлагідний характер.
브 떼베 (바스) 네즐라히드늬이 하라크테르.

성격이 더럽군요.
В тебе(вас) поганий характер.
브 떼베 (바스) 포하늬이 하라크테르.

취향이 낮군요.
В тебе(вас) поганий смак.
브 떼베 (바스) 포하늬이 스마크.

유머 감각이 없네요.
В тебе(вас) нема відчуття гумору.
브 떼베(바스) 네마 비드츄탸 후모루.

이 옷이 어울리지 않습니다.
Тобі(вам) не личить ця сукня.
또비 (밤) 네 리취츠 챠 수크냐.

이 색깔이 어울리지 않아요.
Тобі(вам) не пасує цей колір.
또비 (밤) 네 파수예 쩨이 콜리르.

이 옷은 당신 얼굴에 어울리지 않아요.
Тобі(вам) не пасує ця сукня.
또비 (밤) 네 파수예 챠 수크냐.

머리 짧은 게 얼굴에 어울리지 않습니다.
Тобі(вам) не личить так коротко стригтися.
또비 (밤) 네 리취츠 타크 코로트코 스트리흐티샤.

당신과 대화하기 힘듭니다.
З тобою(вами) так важко розмовляти.
즈 또보유 (바미) 타크 바쥬코 로즈모브랴티.

당신과 일하기 힘듭니다.
З тобою(вами) важко працювати.
즈 또보유 (바미) 바쥬코 프라츄바티.

당신과 거래하기 힘듭니다.
З тобою(вами)важко мати справу.
즈 또보유 (바미) 바쥬코 마티 스프라부.

당신 성격으로는 세상 살기 어렵겠어요!

З твоїм(вашим) характером не легко жити!
즈 뜨보님 (바쉼)　　　흐라크테롬　　네 레흐코　쮜티!

З твоїм(вашим) характером важко жити!
즈 뜨보임 (바쉼)　　　하라크테롬　　바쥬코　쮜티!

왜 오지 않은 거야!

Чому ж ти не прийшов(-ла)!
쵸무　　쮜 티 네 프릐이쇼우　(–라)!

왜 하지 않은 거야!

Чому ж ти не зробив(-ла) це!
쵸무　　쮜 티 네 즈보비우　(–라) 쩨!

왜 가져오지 않은 거야!

Чому ж ти не приніс(принесла)!
쵸무　　쮜 티 네 프릐니스 (프릐네슬라)!

무슨 꼴이야!

Який вигляд!
야킈이　비흘랴드!

무슨 행동이야!

Яка поведінка!
야카　포베딘카!

무슨 매너야!

Які манери!
야키　마네리!

나쁜 행동을 했어요.

Ти(ви) погано вчинив(-ла, -ли).
티 (비)　포하노　브취니우 (–라, –리).

올바르지 못하게 했어요.

Ти(ви) невірно зробив(-ла, -ли).
티 (비)　네비르노　즈로비우 (–라, –리).

행실이 나쁩니다.

Ти(ви)погано чиниш(вчиняєте).
티 (비) 모하노　취늬쉬 (브취냐예테).

잘못 하고 있습니다.

Ти(ви)погано робиш(-те).

티 (비) 포하노　로비쉬　(-테).

정말 잘못 행동 했군요!

Ти так(дуже) погано вчинив!

티　타크(두제)　포하노　브취늬우!

Як ти погано вчинив!

야크 티 포하노　브취늬우!

그렇게 행동하는 것은 좋지 않습니다.

Не добре так чинити.

네　도브레　타크 취늬틔.

그렇게 하는 것은 옳지 않습니다.

Невірно так робити.

네비르노　타크 로비티.

그렇게 말하는 것은 나쁩니다.

Погано так говорити.

포하노　타크 호보리티.

당신이 그렇게 행동하는 것은 좋지 않습니다.

Недобре, що ти(ви) так чиниш(вчиняєте).

네도브레,　쉬초 티 (비) 타크 취니쉬　(브취냐예테).

당신이 그렇게 말하는 것은 나쁩니다.

Погано що ти(ви) так говориш(-те).

포하노　쉬초 티 (비)　타크 호보리쉬　(-테).

당신이 그렇게 생각하는 것은 옳지 않습니다.

Невірно що ти(ви) так думаєш(-те).

네비르노　쉬초 티 (비)　타크 두마예쉬 (-테).

당신이 나를 그릇된 입장에 놓이게 했어요.

Ти(ви)поставив мене в незручне становище.

티 (비) 포스타비우메네　브 네즈루취네　스타노비쉬체.

당신이 나를 모욕했어요.

Ти(ви) скривдив(-ла, -ли) мене.

티 (비) 스크리브디우 (-라, -리) 메네.

당신이 나를 헷갈리게 했어요.

Ти(ви) засмутив(-ла, -ли) мене.

티 (비) 자스무티우 (–라, –리) 메네.

당신이 나를 슬프게 하네요.

Ти(ви) засмутив(-ла, -ли) мене.

티 (비) 자스무티우 (–라, –리) 메네.

난 당신에게 화가 납니다.

Я ображений(-а) на тебе(вас).

야 오브라제늬이 (–아) 나 떼베 (바스).

Я гніваюсь на тебе(вас).

야 흐니바유시 나 떼베 (바스).

당신 행동에 낙담했습니다.

Я засмучений(-а) твоєю поведінкою.

야 자스무췌늬이 (–아) 뜨보예유 포베딘코유.

당신에게 화가 났습니다.

Я на тебе(вас) образився(-лась).

야 나 떼베 (바스) 오브라지브샤 (–라시).

당신에게 주의를 줘야만 합니다.

Я повинен(мушу) зробити тобі(вам)зауваження.

야 포비넨 (무슈) 즈로비티 또비 (밤) 자우바젠냐.

야단을 안 칠 수가 없네요.

Я не можу сварити(лаяти) тебе(вас).

야 네 모쥬 스바리티 (라야티) 떼베 (바스).

어떻게 그런 행동을 할 수가 있나요?

Як ти(ви) можете(-ш) так чинити?

야크 티 (비) 모졔테 (–쉬) 타크 취니티?

어떻게 그런 일을 했나요?

Як ти(ви) міг(могла, -ли) так зробити?

야크 티 (비) 미흐 (모흘라, –리) 타크 즈로비티?

어떻게 그런 말을 할 수 있나요?

Як ти(ви)посмів(-ла, -ли) так казати?

야크 티 (비) 포스미우 (–라, –리) 타크 카자티?

어떻게 감히 그런 생각을 하나요?
Як ти(ви) смієш(-те) так думити?
야크 티 (비) 스미예쉬(–떼) 타크 두미티?

정말 부끄럽지도 않나요?
Як тобі(вам) не соромно?
야크 또비 (밤)   네 소롬노?

그런 행동을 하다니 정말 부끄럽지도 않나요?
Як тобі(вам) не соромно так чинити?
야크 또비 (밤)   네 소롬노   타크 취니티?

그런 일을 하다니 정말 부끄럽지도 않나요?
Як тобі(вам) не соромно так робити?
야크 또비 (밤)   네 소롬노   타크 로비티?

그런 말을 하다니 정말 부끄럽지도 않나요?
Як тобі(вам) не соромно так казати?
야크 또비 (밤)   네 소롬노   타크 카자티?

왜 그런 일을 했니?
Навіщо ти це зробив(-ла)?
나비쉬초   티 체 즈로비우 (–라)?

왜 그런 말을 했니?
Навіщо ти це сказав(-ла)?
나비쉬초   티 쩨 스카자우 (–라)?

왜 그런 행동을 했니?
Навіщо ти так вчинив(-ла)?
나비쉬초   티 타크 브취니우 (–라)?

비난과 질책에 대한 변명 (Виправдання у відповідь на докір)

당신을 화나게 할 생각은 아니었습니다.
Я не думав(-ла) тебе(вас) образити.
야 네 두마우 (–라) 떼베 (바스) 오브라지티.

Я не хотів(-ла)(бажав(-ла)) тебе(вас) образити.
야 네 호티우 (–라) (바쟈우 (–라)) 떼베 (바스) 오브라지티.

그렇게 한 것은 우연입니다(고의가 아니었습니다).
Я випадково(ненароком) зробив(-ла) це.
야 비파드코보 (네나로콤) 즈로비우 (–라) 쩨.

유쾌하지 않습니다.
Мені прикро.
메니 프리크로.

아주 기분이 좋지 않습니다.
Мені так(дуже) неприємно.
메니 타크 (두제) 네프리엠노.

고치려고 노력하겠습니다.
Я намагатимусь виправитися.
야 나마하티무시 비프라비티샤.

금연하려고 노력하겠습니다.
Я спробую не палити.
야 스프로부유 네 팔리티.

(더 이상) 이것을 안 하려고 노력하겠습니다.
Я спробую не робити цього(більше).
야 스프로부유 네 로비티 츠오고 (빌 쉐).

화를 내지 마세요.
Не ображайся.
네 오브라쟈이샤.

아뇨, 이건 당신이 옳지 않습니다.
Ні, це ти(ви) не правий (-і, -а).
니, 쩨 티 (비) 네 프리아 (–이, –아).

당신 자신의 잘못입니다.
Ти(ви) сам(сама) винний(-на).
티 (비) 삼 (사마) 빈늬이 (–나).

바로 당신이 잘못했습니다.
Це ти(ви) винний(-на).
쩨 티 (비) 빈늬이 (–나).

이건 제 잘못이 아니고, 당신 잘못입니다.
Це не я, а ти винний(-на).
쩨 네 야, 아 티 빈늬이 (–나).

당신이 무엇 때문에 저를 야단하는지 이해가 안갑니다.
Не розумію, за що ти(ви) мене свариш(-те).
네 로주미유,   자 쉬초 티 (비) 메네   스바리쉬 (-테).

당신이 무슨 일로 저를 비난하는지 모르겠습니다.
Не знаю, в чому ти мене докоряєш.
네 즈나유, 브 쵸무   티 메네   도코랴예쉬.

영문을 모르겠습니다.
Не можу зрозуміти в чому справа.
네 모쥬   즈로주미티   브 쵸무   스파라바.

기가 막혀서…
З подивом…
즈 포디봄…

참 속상하군요!
Як прикро!
야크 드리크로!

정말 불쾌합니다!
Яка неприємність!
야캬   네프리옘니스츠!

제 잘못으로 속상하게!
Мені дуже шкода за свою помилку!
메니   두제   슈코다 자 스유   포밀쿠!

 공항
Аеропорт

검역 (Карантин)

예방접종 증명서를 보여 주십시오.
Покажіть, будь ласка, сертифікат про щеплення.
포카쥐츠, 부디 라스카, 세르티피카트 프로 쉬테플렌냐.

여기 있습니다.
Будь ласка.
부디 라스카.

에이즈 검사는 받으셨나요?
А ви пройшли перевірку на СНІД?
아 비 프로이쉴리 페레비르쿠 나 스니드?

네, 여기 에이즈 검사중입니다.
Так, це моя довідка на СНІД.
타크, 쩨 모야 도비드카 나 스니드.

다 좋습니다. 여권 검사대로 가십시오.
Все гаразд. Проходьте до паспортного контролю.
브세 하라즈드. 프로호디떼 도 파스포르트노호 콘드롤류.

여권검사 (Паспортний контроль)
(파스포르트늬이 콘트롤리)

안녕하세요.
Вітаю.
비타유.

여권을 보여 주십시오.
Дозвольте ваш паспорт.
도즈볼떼 바쉬 파스포르트.

Покажіть, будь ласка, ваш паспорт.
포카쥐츠,　　　부디　라스카,　바쉬　파르포르트.

Ваш паспорт, будь ласка.
바쉬　파스포르트, 부디　라스카.

비자가 있습니까?
У вас є віза?
우　바스　예　비자?

여행 목적이 무엇입니까?
Яка мета вашої поїздки?
야카　메타　바쇼이　포이즈트키?

출장 여행입니다.
Я приїхав(-ла) у відрядження.
야　프리하우　(−라)　우　비드랴드젠냐.

유학 왔습니다.
Я приїхав(-ла) на навчання.
야　프리하우　(−라)　나　나브챤냐.

연수 왔습니다.
Я приїхав(-ла) на стажування.
야　프리하우　(−라)　나　스타쥬반냐.

우리나라에 처음 오신 겁니까?
Ви вперше в нашій країні?
비　브페르셰　브 나쉬이　크라이니?

네, 처음입니다.
Так, вперше.
타크,　브페르쉐.

아니요, 왔었습니다. 이번 여행이 두 번째입니다.
Ні, вже був(-а). Ця друга моя поїздка.
니,　브줴　부우 (−아). 챠　드루하　모야　포이즈드카.

우리나라에 며칠 머무르실 건가요?
Скільки днів ви пробудете в нашій країні?
스킬키　　　드니우 비 프로부데테　　브 나쉬이　크라이니?

우리나라에 얼마나 머무르실 건가요?
Як довго будете в нашій країні?
야크 도브호 부데테　　브 나쉬이　크라이니?

약 일주일요.
Приблизно тиждень.
프리블리즈노   티쥐뎬.

다 잘 되었습니다. 여권 받으십시오. 편안한 여행 되시길!
Все гаразд, візьміть ваш паспорт, будь ласка.
브세 하라즈드, 비즈미츠   바쉬 파스포르트, 부디   라스카.

통과하십시오.
Проходьте.
프로호비테.

감사합니다.
Дякую.
댜쿠유.

세관 검사 (Митний контроль)

세관신고 물품이 있습니까?
Чи маєте ви речі, які необхідно вносити до декларації?
취   마예테 비 레취, 야키 네오브히트노   브노시티   도 데클라라찌이?

아뇨, 신고할 물건 없습니다.
Ні, мені немає чого вказувати(вносити) до декларації.
니, 메니   네마예   쵸호   브카주바티   (브노시티)   도 데클라찌이.

Мені нема чого декларувати.
메니   네마   쵸호   데클라루바티.

저는 신고를 할 게 있습니다.
Мені потрібно щось внести до декларації.
메니   포트리브노   쉬초시   브네스티   도   데클라라찌이.

이것은 신고를 해야 하나요?
Це треба декларувати?
쩨   트레바   데클라루바티?

당신 수화물을 보여 주십시오.
Покажіть, будь ласка, ваш багаж.
포카쥐츠,   부디 라스카,   바쉬 바하쥐.

이게 제 수하물입니다.
Ось мій багаж.
오시 미이 바하쥐.

수하물이 몇 개입니까?
Скільки у вас багажу?
스킬키 우 바스 바하쥬?

전부 세 개입니다.
Всього у мене три місця.
브소호 우 메네 트리 미스챠.

이 손가방에는 무엇이 들어 있나요?
Що у вас в цій валізі?
쉬초 우 바스 브 치이 발리지?

개인 소지품만 들어 있습니다.
Тут у мене тільки речі особистого користування.
투트 우 메네 틸키 레취 오소비토호 코리스투반냐.

검사를 위해 가방을 열어 주십시오.
Відкрийте, будь ласка, валізу для огляду.
비드크리이테, 부디 라스카, 발리주 들랴 오흘랴두.

그러지요.
Добре.
도브레.

관세 부가 물건을 소지하고 있습니까?
У вас є речі, котрі обкладаються митом?
우 바스 예 레취, 코트리 오브클라다유츠샤 미톰?

아뇨, 기념품과 담배 한 보루가 있습니다.
Ні, у мене з собою сувеніри та блок цигарок.
니, 우 메네 즈 소보유 수베니리 타 블로크 찌하로크.

친구들을 위한 선물입니다.
Це подарунки для друзів.
쩨 포다룬키 들랴 드루지우.

외환 소지하고 있습니까?
Чи є у вас валюта?
취 예 우 바스 발류타?

네, 있습니다.
Так, є.
타크, 예.

어떤 화폐입니까?
У яких купюрах?
우 야키흐 쿠퓨라흐?

유로화입니다.
В євро.
브 예브로.

얼마나 소지하고 있습니까?
Скільки у вас євро?
스킬키   우 바스 예브로?

2천 유로입니다.
Дві тисячі євро.
드티 티샤취   예브로.

이것에 대한 관세를 물어야 하나요?
Чи треба сплачувати за це мито?
취   트레바   스플라츄바티   자 쩨 미토?

모든 게 제대로입니다. 검사 끝났습니다. 가십시오.
Все гаразд. Огляд закінчено. Проходьте, будь ласка.
브세   하라즈드. 오흘랴드 자킨체노.   프로호디떼,   부디   라스카.

감사합니다.
Дякую.
댜쿠유.

편안한 여행 되시길!
Нехай щастить вам!
네하이   쉬차스티츠   밤!

안녕히 계세요.
До побачення.
도   포바첸냐.

Діалог 1: Паспортний контроль

Контролер: Дозвольте ваш паспорт.
콘트롤레르: 도즈볼떼　　　바쉬　파스포르트.

Пан Лі: Будь ласка, ось мій паспорт.
이 선생님: 부디　라스카,　오시 미이 파스포르트.

Контролер: Яка мета вашої поїздки?
콘트롤레르: 야카　메타　바쇼이　포이즈드키?

Пан Лі: Я приїхав у відрядження.
이 선생님: 야 프리하우　우 비드랴드젠냐.

Контролер: На чиє запрошення?
콘트롤레르: 나　취예　자프로셴냐?

Пан Лі: На запрошення КНУ.
이 선생님: 나　카프로셴냐　　　키네우.

Контролер: Ви вперше в нашій країні?
콘트롤레르: 비　브페르쉐　브 나쉬이　크라이니?

Пан Лі: Так, вперше.
이 선생님: 타크　브페르쉐.

Контролер: Як довго ви пробудете в нашій країні?
콘트롤레르: 야크 도브호　비　프로부데테　　브 나쉬이　크라이니?

Пан Лі: Тиждень.
이 선생님: 티쥐덴.

Контролер: Добре! Все гаразд, візьміть свій паспорт,
콘트롤레르: 도브레!　브세 하라즈드,　비즈미츠　스비이 파스포르트,

будь ласка. Проходьте.
부디　라스카.　프로호디테.

Пан Лі: Дякую.
이 선생님: 댜쿠유.

심사원: 여권 주십시오.
이선생: 여기 있습니다.
심사원: 여행 목적이 무엇입니까?
이선생: 출장 왔습니다.
심사원: 어디 초청인가요?
이선생: 키예프 국립대학교 초청입니다.
심사원: 첫 방문인가요?
이선생: 네, 처음입니다.
심사원: 얼마나 머물 예정인가요?
이선생: 일주일요.
심사원: 됐습니다. 통과하십시오.
이선생: 감사합니다.

Діалог 2: Митний контроль

Контролер: 콘트롤레르:	Митну декларацію та паспорт, будь 미트누 데클라라찌유 타 파스포르트, 부디 ласка, 라스카.
Пан Лі: 이 선생님:	Ось. 오시.
Контролер: 콘트롤레르:	Чи є у вас речі для декларування? 취 예 우 바스 레취 들랴 데클라루반냐?
Пан Лі: 이 선생님:	Мені нема чого декларувати. 메니 네마 쵸호 데클라루바티.
Контролер: 콘트롤레르:	Покажіть, будь ласка, ваш багаж. 포카지츠, 부디 라스카, 바쉬 바하쥐.
Пан Лі : 이 선생님:	Ось мій багаж. 오시 미이 바하쥐.
Контролер: 콘트롤레르:	Що у вас в цій валізі? 쉬초 우 바스 브 치이 발리지?
Пан Лі : 이 선생님:	Тут у мене тільки речі особистого 투트 우 네메 틸키 레취 오소비스토호 користування. 코리스트반냐.
Контролер: 콘트롤레르:	Відкрийте, будь ласка, валізу для огляду. 비드크리이테, 부디 라스카, 발리주 들랴 오흘랴두.
Пан Лі : 이 선생님:	Добре. 도브레.
Контролер: 콘트롤레르:	Чи маєте ви валюту? 취 마예테 비 발류투?
Пан Лі : 이 선생님:	Так, маю 1,000 євро. 타크, 마유 티시치 예브로.
Контролер: 콘트롤레르:	Все гаразд. Огляд закінчено(завершено). 브세 하라즈드. 오흘랴드 자킨체노 (자베르쉐노).

Частина **Ⅱ**

공항

Пройдіть, будь ласка.
포이디츠, 부디 라스카.

Пан Лі: Дякую.
이 선생님: 댜쿠유.

심사원: 세관신고서와 여권 주십시오.
이선생: 여기 있습니다.
심사원: 신고할 물건 있습니까?
이선생: 아뇨, 없습니다.
심사원: 당신 짐을 보여주세요.
이선생: 여기 제 짐입니다.
심사원: 이 가방에 무엇이 있습니까?
이선생: 여기엔 제 개인 소지품이 들어 있습니다.
심사원: 검사를 위해 가방을 열어 보세요.
이선생: 알겠습니다.
심사원: 외화를 소지하고 있습니까?
이선생: 네, 1000유로를 소지하고 있습니다.
심사원: 됐습니다. 검사 끝났습니다. 통과하십시오.
이선생: 감사합니다.

숙박
Готель

숙박시설 정보 (Інформація про готель)

어디에 보딩 하우스가 있나요?
Де пансіонат?
데 판시오나트?

어디에 캠핑 장소가 있나요?
Де кемпінг?
데 켐핀그?

어디에 호텔이 있나요?
Де готель?
데 호텔?

어디에 모텔이 있나요?
Де мотель?
데 모텔?

어디에(빌릴) 방이 있나요?
Де кімната(для оренди)?
데 킴나타 (들랴 오렌디)?

어디에 유스 호스텔이 있나요?
Де хостел?
데 호스텔?

어디에 대학 기숙사가 있나요?
Де гуртожиток для студентів?
데 후로쥐토크 들랴 스토덴티우?

그런데 여기에 캠핑 장소가 있나요?
Чи тут є кемпінг?
취 투트 예 켐핀그?

그런데 여기에 유스 호스텔이 있나요?
Чи є тут хостел?
취 예 투트 호텔?

그런데 여기에 대학 기숙사가 있나요?
Чи є тут гуртожиток для студентів?
취 예 투트 후르토쥐토크 들랴 스투덴티우?

어디 싼 곳을 추천해 주시겠어요?
Чи можете ви запропонувати щось не дороге?
취 모제테 비 자프로포누바티 쉬초시 네 도로헤?

어디 럭셔리한 곳을 추천해 주시겠어요?
Чи можете ви запропонувати щось розкішне?
취 모제테 비 자프로포누바티 쉬초시 로즈키쉬네?

여기서 가까운 곳을 추천해 주시겠어요?
Чи можете ви запропонувати щось не далеко звідси?
취 모제테 비 자프로포누바티 쉬초시 네 달레코 즈비드시?

어디 로맨틱한 곳을 추천해 주시겠어요?
Чи можете ви запропонувати щось романтичне?
취 모제테 비 자프로포누바티 쉬초시 로만티취네?

좋은 호텔을 추천해 주시겠습니까?
Чи не могли б ви порекомендувати гарний готель?
취 네 모흘리 브 비 포레코멘두바티 하르늬이 호텔?

싼 호텔을 추천해 주시겠습니까?
Чи не могли б ви порекомендувати недорогий готель?
취 네 모흘리 브 비 포레코멘투바티 네도로희이 호텔?

민박집을 추천해 주시겠습니까?
Чи не могли б ви порекомендувати приватний пансіон?
취 네 모흘리 브 비 포레코멘두바티 프리바트늬이 판시온?

어디 일반 가정에서 방을 렌트할 수 있을까요?
Де можна орендувати кімнату в приватній квартирі?
데 모쥬나 오렌두바티 킴나투 브 프리바트니이 크바르티리?

시내에서 가깝습니까?
Це близько від центру?
쩨 블리지코 비드 첸트루?

해변에서 가깝습니까?
Це близько від пляжу?
쩨 블리지코 비드 플랴쥬?

그곳은 조용합니까?
Це тихе місце?
쩨 티헤 미스쩨?

빈방 있음.
Вільні місця.
비리니 미스쨔.

빈방 없음.
Місць немає.
미스치 네마예.

욕실 완비.
Ванна.
반나.

객실 전화 예약 (Бронювання за телефоном)

여보세요! 객실을 예약하려 하는데요.
Алло! Я хочу замовити номер.
알로! 야 호추 자모비티 노메르.

빈 방이 있습니까?
Чи є у вас вільні номери?
취 예 우 바스 빌니 노메르?

네 있습니다.
Так, є.
타크, 예.

언제 숙박을 원하십니까?
Коли ви бажаєте номер?
콜리 비 바쟈예테 노메르?

내일입니다.
Я бажаю номер на завтра.
야 바쟈유 노메르 나 자브트라.

Який номер ви бажаєте?

야킈이 노메르 비 바쟈예테?

Номер на одного.

노메르 나 오드노호.

На жаль, у нас тільки великий номер на двох.

나 쟐리, 우 나 틸키 벨릐킈이 노메르 나 드보흐.

Скажіть, будь ласка, скільки коштує номер на двох?

스카쥐츠, 부디 라스카 스킬키 코슈투예 노메르 나 드보흐?

Сто двадцять євро на день.

스토 드바드챠츠 예브로 나 덴.

Добре. Замовте, будь ласка, номер на двох на ім'я

도브레. 자모브테, 부디 라스카, 노메르 나 드보흐 나 이먀

Семена Ковальчука.

세메나 코발츄카.

Ваш номер замовлено.

바쉬 노메르 자모브레노.

Скажіть, будь ласка, ваш номер телефону.

스카쥐츠, 부디 라스카, 바쉬 노메르 텔레포누.

Мій телефон – 932-20-56.

미이 텔레폰 – 932-20-56.

Дякую.

댜쿠유.

저는 1인실을 예약했습니다.

Я замовив(забронював) одномісний номер.

야 자모비우　(자브로뉴바우)　오드노미스늬이　노메르.

제 성은 이입니다.

Моє прізвище Лі.

모예　프리즈비쉬체　리.

오늘 빈 방 있습니까?

Скажіть, будь ласка, чи є у вас вільний номер на сьогодні?

스카쥐츠,　부디 라스카,　취 예 우 바스 빌늬이　노메르　나 스오호드니?

하루 밤 묵을 방 있나요?

Скажіть, будь ласка, чи є у вас вільний номер на одну
ніч?

스카쥐츠,　부디 라스카,　취 예 우 바스 빌늬이　노메르　나 오드누
니취?

이틀 밤 묵을 방 있나요?

Скажіть, будь ласка, чи є у вас вільний номер на дві ночі?

스카쥐츠,　부디 라스카,　취 예 우 바스 빌늬이　노메르　나 드비 노취?

일주일 머무를 방 있나요?

Скажіть, будь ласка, чи є у вас вільний номер на тиждень?

스카쥐츠,　부디 라스카,　취 예 우 바스 빌늬이　노메르　나 티쥐덴?

유감스럽게도 방이 없습니다.

На жаль, немає.

나 쟐리,　네마예.

네, 있습니다. 1인실과 2인실 중 어떤 방을 원하십니까?

Так, є. Який номер вам потрібен–на одного чи на двох?

타크, 예. 야킈이 노메르 밤　포트리벤–나　오드노호 취 나 드보흐?

네, 있습니다. 1인실과 2인실 중 어떤 방을 원하십니까?

Є, який номер ви бажаєте(хочете)?

예, 야킈이 노메르　비 바쟈예테　(호체테)?

저는 1인실을 원합니다.

Я б хотів(-ла) одномісний номер.

야 브 호티우 (–라) 오드노미스늬이　노메르.

저는 2인실을 원합니다.

Я б хотів(-ла) двомісний номер.

야 브 호티우 (–라) 드보미스늬이 노메르.

저는 조용한 방을 원합니다.

Я б хотів(-ла) тихий номер.

야 브 호비우 (–라) 틔희이 노메르.

저는 샤워 시설이 갖추어진 방을 원합니다.

Я б хотів(-ла) номер з душем.

야 브 호티우 (–라) 노메르 즈 두솀.

저는 욕실이 구비된 방을 원합니다.

Я б хотів(-ла) номер з ванною.

야 브 호티우 (–라) 노메르 즈 반노유.

저는 발코니가 있는 방을 원합니다.

Я б хотів(-ла) номер з балконом.

야 브 호티우 (–라) 노메르 즈 발코놈.

저는 창이 정원으로 나있는 방을 원합니다.

Я б хотів(-ла) номер з вікном у двір.

야 브 호티우 (–라) 노메르 즈 비크놈 우 드비르.

저는 바다 전경이 보이는 방을 원합니다.

Я б хотів(-ла) номер з видом на море.

야 호티우 (–라) 노메르 즈 비돔 나 모레.

저는 호수 전경이 보이는 방을 원합니다.

Я б хотів(-ла) номер з видом на озеро.

야 브 호티우(–라) 노메르 즈 비돔 나 오제로.

우리 호텔 전 객실은 편의시설을 완비하고 있습니다.

У вас всі номери зі зручностями.

우 나브 브시 노메리 지 즈루취노스탸미.

저는 무선인터넷이 되는 1인실을 원합니다.

Мені(треба) потрібно одномісний номер, та бажано,

메니 (트레바) 토드리브노 오드노미스늬이 노메르, 타 바쟈노,

з бездротовим Інтернетом.

즈 베즈드로토빔 인테르네톰.

얼마나 투숙하실 겁니까?

Як довго ви пробудете тут?
야크 도브호　비 프로부데테　투트?

하루 만요.

Тільки добу.
틸키　도부.

2주일이요.

Два тижні.
드바　티쥐니.

이틀입니다.

Скоріш за все два дні.
스코리쉬　자　브세 드바 드니.

Я збираюся пробути тут два дні.
야 즈비라유샤　프로부티　투트 드바 드니.

바다 전망이 보이는 객실을 부탁했는데요.

І ще б я хотів би попросити номер з видом на море.
이 쉬체 브 야 호티우 비 포프로시티　노메르　즈 비돔　나 모레.

바다가 보이는 방이 있나요?

Чи маєте ви номер з видом на море?
취　마예테 비 노메르　즈 비돔　나 모레?

네, 지금 성수기가 아니라 바다가 보이는 방이 있습니다.

Добре. Зараз не сезон, ви маєте номер з видом на море.
도브레. 자라즈 네 세존,　비 마예테 노메르 즈 비돔　나 모레.

방을 볼 수 있을까요?

Чи можу я оглянути номер?
취　모쥬　야 오흐랴누티　노메르?

다른 방도 볼 수 있을까요?

Чи можу я оглянути другий номер?
취　모쥬　야 오흐랴누티　드루희이 노메르?

다른 방 있습니까?

Чи маєте ви інші номери?
취　마예테　비 인쉬　노메리?

이 방으로 하겠습니다.

Я беру цей номер.

야 베루 이 노메르.

방에 침대 하나를 더 넣어 줄 수 있겠습니까?

Чи не могли б ви поставити друге ліжко в номер?

취 네 모흐리 브 비 모스타비티 드루헤 리쥐코 브 노메르?

객실요금은 얼마입니까?

Скільки коштує номер?

스킬키 코슈투예 노메르?

1인실은 객실 요금이 어떻게 됩니까?

Скільки коштує одномісний номер?

스킬키 코슈투예 오드노미스늬이 노메르?

하루 밤 얼마입니까?

Скільки коштує за ніч?

스킬키 코슈투예 자 니취?

2인실은 얼마입니까?

Скільки коштує на двох?

스킬키 코슈투예 나 드보흐?

일주일 숙박비는 얼마입니까?

Скільки коштує за тиждень?

스킬키 코슈투예 자 틱쥐덴?

조식이 포함된 객실 요금은 얼마입니까?

Скільки коштує номер зі сніданком?

스킬키 코슈투예 노메르 지 스니단콤?

조식과 석식이 포함된 객실 요금은 얼마입니까?

Скільки коштує номер зі сніданком та вечерею?

스킬키 코슈투예 노메르 지 스니단콤 다 베체레유?

세 끼 식사가 모두 제공되는 객실 요금은 얼마입니까?

Скільки коштує номер з повним пансіоном?

스킬키 코슈투예 노메르 즈 노브님 판시오놈?

하루 숙박비가 150유로입니다.

150 євро на добу.

150 에브로 나 도부.

매우 비쌉니다.
Ціна дуже висока.
찌나 두제 비소카.

어떻게 결제하시겠습니까? 현금인가요? 신용카드인가요? 여행자 수표인가요?
Як будете платити? Готівкою, кредитною карткою або
야크 부데테 플리티티? 호티브코유, 크레디드노유 카르트코유 아보
дорожнім чеком?
도로쥐님 췌콤?

신용카드로 결제하겠습니다.
Я буду платити кредитною карткою.
야 부두 플라티티 크레디트노유 카르트코유.

선금을 내야 하나요?
Чи треба сплачувати аванс(задаток)?
뉘 트레바 스플라츄바티 아반스 (자다토크)?

미리 결제해야 하나요?
Чи треба сплачувати наперед?
취 트레바 스플라츄바티 나페레드?

신용카드로 결제해도 되나요?
Чи можливо розрахуватися кредитною карткою?
취 모쥐리보 로즈라후바티샤 크레디트노유 카르트코유?

직불카드로 결제해도 되나요?
Чи можливо розрахуватися дебетною карткою?
취 모쥘리보 로즈라후바티샤 데베트노유 카륵트코유?

여행자 수표로 계산해도 되나요?
Чи можливо розрахуватися дорожнім чеком?
취 모쥐리보 로즈라후바티샤 도로쥐님 췌콤?

좋습니다. 영수증 받으시지요.
Добре, будь ласка. Це квитанція.
도브레, 부디 라스카. 쩨 크비탄찌야.

숙박부를 기재해 주십시오.
Заповніть, будь ласка, анкету для людей, що приїжджають.
자포브니츠, 부디 라스카, 안케투 드랴 류데이, 쉬초 프리쥐드쟈유츠.

Заповніть, будь ласка, реєстраційний лист.
자포브니츠, 부디 라스카, 레예스트라찌이늬이 리스트.

여권을 주십시오.
Ваш паспорт, будь ласка.
바쉬 파스포르트, 부디 라스카.

신분증을 주십시오.
Ваше посвідчення особи, будь ласка.
비쉐 포스비드췌냐 오소비, 부디 라스카.

그런데 열쇠는 언제 받을 수 있나요?
А коли можна отримати ключ?
아 코리 모쥬나 오트리마티 클류취?

지금 바로 드립니다. 여기 객실 열쇠입니다.
Прямо зараз. Ось ключ від номеру.
프랴모 자라즈. 오시 클류취 비드 노메루.

객실 열쇠입니다.
Ось ключ від номеру
오시 클류취 비드 노메루.

당신의 방은 3층에 있습니다.
Ваша кімната на третьому поверсі.
바샤 킴나타 나 트레츠오무 포베르시.

엘리베이터를 이용하십시오.
Можете піднятися ліфтом.
모졔테 피드냐티샤 리프톰.

제 짐을 방에 갖다 주십시오.
Прошу принести мій багаж в номер.
프로슈 프리네스티 미이 바하쥐 브 노메르.

어디에 주차할 수 있습니까?
Де можна поставити автомобіль(машину)?
데 모쥬나 포스타비티 아브토모빌 (마쉬누)?

우리 호텔 차고에요.
У нашому гаражі.
우 나쇼무 하라쥐.

우리 호텔 주차장에요.
На нашій стоянці.
나 나쉬이 스토얀찌.

서비스 문의 (Прохання і запитання)

언제 조식이 시작되나요?
Коли розпочинається сніданок?
콜리 로즈포취나예츠샤 스니다노크?

언제 중식이 제공되나요?
Коли подається обід?
콜리 모다예츠샤 오비드?

언제 석식이 제공되나요?
Коли подається вечеря?
콜리 포다예츠샤 베체랴?

어디에 식당이 있습니까?
Де їдальня?
데 이달냐?

어디에서 조식이 제공되나요?
Де подається сніданок?
데 포다예츠샤 스니타노크?

수건을 갖다 주십시오.
Принесіть, будь ласка, рушник.
프리네시츠, 부디 라스카, 루슈니크.

비누를 갖다 주십시오.
Принесіть, будь ласка, мило.
프리네시츠, 부디 라스카, 밀로.

담요 한 장 더 갖다 주십시오.
Принесіть, будь ласка,(ще) одну ковдру.
프리네시츠, 부디 라스카, (쉬체) 오드누 코브드루.

24호 입니다.
Номер двадцять чотири, будь ласка.
노메르 드바드챠츠 쵸티리, 부디 라스카.

제 앞으로 메모가 남겨져 있나요?
На моє ім'я є кореспонденція?
나 모예 이먀 예 코레스폰덴찌야?

여기 어디 마실 곳이 있나요?
Де тут можна попити?
데 투트 모쥬나 포피티?

여기 어디서 자동차를 렌트할 수 있나요?
Де тут можна взяти на прокат автомобіль(машину)?
데 투트 모쥬나 베야티 나 프로카트 아브토모빌 (마쉬누)?

여기 어디서 전화통화 할 수 있나요?
Де тут можна подзвонити по телефону?
데 투트 모쥬나 포드즈보니티 포 텔레포누?

귀중품을 보관해 주시겠습니까?
Чи можна вам віддати цінні речі на зберігання до сейфу?
취 모쥬나 밤 비드다티 찌니 레취 나 즈베르한냐 도 세이푸?

짐을 여기에 놔둬도 되나요?
Чи можна тут залишити багаж?
취 모쥬나 투트 자리쉬티 바하쥐?

온수는 하루 종일 나옵니까?
Чи цілий день буває гаряча вода?
취 찌리의 덴 부바예 하랴챠 보다?

부엌을 사용해도 됩니까?
Чи можна користуватися кухнею?
취 모쥬나 코리스투바티샤 쿠흐네유?

세탁장을 사용해도 됩니까?
Чи можна користуватися пральнею?
취 모쥬나 코리스투바티샤 프랄네유?

전화를 사용해도 됩니까?
Чи можна користуватися телефоном?
취 모쥬나 코리스투바티샤 텔레포놈?

엘리베이터가 있습니까?
Чи є у вас ліфт?
취 예 우 바스 리프트?

세탁장이 있습니까?

Чи є у вас пральня?

취 예 우 바스 프랄냐?

금고가 있습니까?

Чи є у вас сейф?

취 예 우 바스 세이프?

위성 TV가 있습니까?

Чи є у вас супутникове телебачення?

취 예 우 바스 수푸트니코베 텔레바쳬냐?

욕조가 있습니까?

Чи є у вас басейн?

취 예 우 바스 바세인?

여기서 환전할 수 있습니까?

Чи можна тут обміняти гроші?

취 모쥬나 투트 오브미냐티 흐로쉬?

관광을 할 수 있나요?

Чи можна тут приєднатися до екскурсії?

취 모쥬나 투트 드리예드나티샤 도 에크스쿠르시?

저한테 메시지 없나요?

Мені передавали?

메니 페레다발리?

메시지 좀 전달해 주시겠어요?

Чи можете ви передати комусь?

취 모제테 비 페레다티 코무시?

방에 열쇠를 놔두고 왔습니다.

Я забув(-а) ключ в номері.

야 자부브 (-아) 클류취 브 노메리.

불편사항 (Скарги)

방이 너무 환합니다.

У кімнаті дуже яскраво.

우 킴나티 두제 야스크라보.

방이 춥습니다.
У кімнаті холодно.
우 캄나티   홀로드노.

방이 어둡습니다.
У кімнаті темно.
우 킴나티   템노.

방이 시끄럽습니다.
У кімнаті шумно.
우 킴나티   슘노.

방이 좁습니다.
У кімнаті тісно.
우 킴나티   티스노.

오늘 제 방이 청소가 안 되어 있습니다.
Сьогодні мій номер неприбраний.
시오호드니   미이 노메르   네프리브라늬이.

이 베게가 더럽습니다.
Ця подушка брудна.
쨔   포두슈카   브루드나.

에어컨이 작동하지 않습니다.
Кондиціонер не працює.
콘디씨오네르   네 프라쮸예.

난방이 되지 않습니다.
Опалення не працює.
오팔렌냐   네 프라쮸예.

화장실이 고장 났습니다.
Вбиральня(туалет) не працює.
브비랄냐   (투아레트) 네 프라츄예.

수도가 샙니다.
Кран протікає.
크란   프로티카예.

온수가 나오지 않습니다.
Гаряча вода відсутня.
하랴챠   보다   비드수트냐.

변기가 막혔습니다.
Вбиральня(туалет) засмічена(-ий).
브비랄냐 　　　(투알레트) 자스미체나 　(느이).

배수구가 막혔습니다.
Раковина засмічена.
라코비나 　　　자스미체나.

수리 소음 땜에 잠을 잘 수가 없습니다.
Ремонт заважає мені(нам) спати.
레몬트 　　자바쟈예 　메니 (남) 　스파티.

방을 바꾸고 싶습니다.
Я хотів би змінити номер.
야 호티우 　비 즈미늬틔 　　노메르.

호텔 종업원과의 대화 (Розмова з адміністратором)

301호가 어디인지 말씀해 주세요.
Скажіть, будь ласка, де триста перший номер.
스카쥐츠, 　　부디 라스카, 데 트리스타 페르싀이 　노메르.

제가 모셔다 드리겠습니다.
Я проводжу вас.
야 프로보드쥬 　　　바스.

여기 왼쪽 첫 번째 문입니다.
Перші двері наліво.
페르쉬 　드베리 　나리보.

여기가 고객님 방입니다.
Ось ваш номер.
오시 바쉬 노메르.

여기가 욕실입니다.
Це ванна.
쩨 바나.

전화와 컴퓨터는 책상에 있습니다.
Телефон та комп'ютер на столі.
텔레폰 　　　타 콤퓨테르 　　　나 스톨리.

필요한 것이 있으시면, 프런트로 전화하세요.

Якщо вам буде щось потрібно, то зателефонуйте
야크쉬초 밤 부데 쉬초시 포트리브노, 토 자텔레포뉘테

адміністратору.
아드미니스트라토루.

알겠습니다. 고맙습니다.

Добре, дякую.
도브레, 댜쿠유.

양복과 와이셔츠를 다림질해야 하는데요.

Мені треба попрасувати костюм та сорочки.
메니 트레바 포프라수바티 코스튬 타 소로취키.

제가 가져가겠습니다. 1시간 후에 갖다 드리겠습니다.

Я візьму їх. Все буде готове за годину.
야 비지무 이흐. 브세 부데 호토베 자 호디누.

지금 저는 시내에 나가려 합니다. 누가 저에 대해 물으면 저녁 9시 이후
에 돌아온다고 말씀해 주십시오.

Зараз я іду до міста. Якщо хтось буде запитувати мене,
자라즈 야 이두 도 미스타. 야쉬초 흐로시 부데 자피투바티 메네,

то скажіть, що я буду після дев'ятої години вечора.
토 스카쥐츠, 쉬초 야 부두 피슬랴 데뱌토이 호디니 베쵸라.

알겠습니다. 그렇게 전하겠습니다. 또 다른 시키실 일 없으십니까?

Добре, я передам. Будуть ще які-небудь доручення?
도브레, 야 페레담. 두비츠 쉬체 야키-네부디 도루췌냐?

없습니다. 그게 다인 것 같아요. 감사합니다.

Ні, здається все. Дякую.
니, 즈다예츠샤 브세. 댜쿠유.

여기는 301호입니다.

Тут номер триста перший.
투트 노메르 트리스타 페르쉬이.

내일 7시 반에 깨워 주십시오.
Завтра розбудіть мене в половині восьмого, дякую.
자브트라 로즈부디츠　메네　브 포로비니　보싀모호,　댜쿠유.

알겠습니다. 내일 아침 7시 반에 깨워 드리겠습니다.
Добре. Завтра вранці в половині восьмого розбуджу вас.
도브레.　자브트라 브란치　브 폴로비니　보시모호　로즈부드쥬　바스.

체크아웃 (Від'їзд)

저는 오늘 저녁 떠납니다.
Я поїду сьогодні по обіді.
야 포이두　시오호드니 포　오비디.

내일 아침 열 시에 떠납니다.
Я поїду завтра вранці о 10 годині.
야 포이두　자브트라 브란찌　오 10 호디니.

지금 체크아웃 합니다.
Я зараз від'їжджаю.
야 자라즈　비디쥬드쟈유.

Ми зараз від'їжджаємо.
미　자라즈　비디쥬드쟈예모.

몇 시까지 체크아웃 해야 하나요?
До котрої години треба звільнити номер?
도　코트로이 호디니　트레바　즈빌니티　노메르?

계산서를 준비해 주세요.
Підготуйте рахунок, будь ласка.
피드호투이테　라후노크,　부디　라스카.

계산이 잘못 되었습니다.
Мене обрахували.
메네　오브라후발리.

신용카드를 받으시겠습니까?
Ви приймаєте кредитні картки?
비　프릐이마예테　크레디트니　카르트키?

택시를 예약해 주십시오.
Замовте для мене таксі, будь ласка.
자모브테 들랴 메네 탁시, 부디 라스카.

11시에 택시가 필요합니다.
Мені потрібне таксі на одинадцять годин.
메니 포트리브네 탁시 나 오비나드챠츠 호딘.

여기 짐을 나둬도 됩니까?
Тут можна залишати багаж?
투트 모쥬나 자리샤티 바하쥬?

제가 선금 맡긴 것을 주십시오.
Віддайте, будь ласка, мій аванс(задаток).
비다이테, 부디 라스카, 미이 아반스 (자다토크).

제 여권을 주십시오.
Віддайте, будь ласка, мій паспорт.
비다이테, 부디 라스카, 미이 파스포르트.

제 귀중품을 주십시오.
Віддайте, будь ласка, мій коштовності.
비다이테, 부디 라스카, 미이 코슈토브노스티.

3일 후 월요일에 돌아오겠습니다.
Я повернуся через три дні в понеділок.
야 포베르누샤 췌레즈 트리 드니 브 포네티로크.

감사합니다. 아주 잘 묵었습니다.
Дякую. Відмінно провів(-вела) час.
댜쿠유. 비드미노 프로비우 (–벨라) 챠스.

모든 것에 대단히 감사합니다. 안녕히 계십시오.
Щиро дякую. До побачення.
쉬치로 댜쿠유. 도 포바췌냐.

Діалог: В готелі 《Україна》

Готель 《Україна》 знаходиться недалеко від вул. Хрещатик.
호텔　　　《우크라이나》 즈나호디츠샤　　 네달레코　　　비드 불. 흐레쉬차티크.

Це новий приватний готель. Він не великий: всього сорок
쩨 노븨이 프리바트늬이 호텔.　　 빈 네 벨릐키이: 브시오호 소로크

номерів.
노메리우.

Адміністратор: 호텔 직원:	Вітаю. Ви замовляли номер? 비타유.　비　자모브랴리　　노메르?
Майк: 마이크:	Так, замовляв. 타크,　자모블랴우.
Олеся: 올레샤:	Це копія факсу, в котрому ви 쩨　코피야　팍수,　　브 코트로무　　비 підтверджуєте, що замовлення прийнято. 피드트베르드쥬예테, 쉬초 자모블레냐　　프릐이냐토.
Адміністратор: 호텔 직원:	Добре. Ваш паспорт, будь ласка. 도브레.　바쉬 파스포르트, 부디　라스카.
Олеся: 올레샤:	Ось він. 오시 빈.
Адміністратор: 호텔 직원:	Ви зможете його отримати завтра 비 즈모졔테　　이오호 오트리마티　자브트라 вранці. 브란찌.
Майк: 마이크:	Скажіть, будь ласка, чи є в номері 스카쥐츠,　　부디　라스카,　쉬 예 브 노메리 телевізор? 텔레비조르?

Адміністратор:
호텔 직원:
Звичайно. П'ять каналів працюють
즈비챠이노. 퍄츠 카나리우 프라쥬유츠
на українській мові. Та ще один канал,
나 우크라인시키이 모비. 타 쉬체 오딘 카날,
по якому можна дивитися передачі
포 야코무 모쥬나 디비티샤 페레다취
Сі-Ен-ЕН. Вони транслюються впродовж
시–엔–엔(CNN). 보니 트란슬류유츠샤 브프로도브쥬
(протягом) дня англійською мовою.
(프로탸홈) 드냐 안흘리스코유 모보유.

Майк:
마이크:
Чи знаєте ви, коли транслюються
취 즈나예테 비, 코리 트란슬류유츠샤
(передають) новини?
(페레다유츠) 노비니?

Адміністратор:
호텔 직원:
Вибачте, мене, але точно не пам'ятаю.
비바취테, 메네, 알레 토츄노 네 파먀타유.
Але вся інформація наявна в номері
알레 브샤 인포르마찌야 나야브나 브 너메리
українською та англійською мовою.
우크라인스코유 타 안흘리스코유 모보유.

Майк:
마이크:
Дякую. А де можна тут попрати речі?
댜쿠유. 아 데 모쥬나 투트 포프라티 레취?
Чи є тут хімчистка?
취 예 투트 힘치스트카?

Адміністратор:
호텔 직원:
Якщо ви дасте речі, які треба попрати
야크쉬초 비 다스테 레취, 야키 트레바 포프라티
та почистити до 12 години дня, вони
타 포취스티티 도 12 호디니 드냐, 보니
будуть готові до 8 години ранку
부두츠 호토비 도 8 호디니 란쿠
наступного дня.
나스투프노호 드냐.

Майк:
마이크:
Чудово! Що ще? Трохи не забув! Чи
츄도보! 쉬초 쉬체? 트로히 네 자부우! 취

маєте ви які-небудь англійські або
마예테 비 야키-네부디 안글리시키 아보

американські газети?
아메리칸스키 하제티?

Адміністратор: Так. Ми отримуємо англійську 《Тайм》
호텔 직원: 타크. 미 오트리무예모 안흐리이시쿠 《타임》

та американську 《Нью-Йорк Геральд
타 아메리칸시쿠 《뉴-요르크 헤랄드

Трібьюні》. Але вони надходять до нас
트리뷰니》. 알레 보니 나드호댜츠 도 나스

на два дні пізніше.
나 드바 드니 피즈니쉐.

Майк: Як працює ваш ресторан? Коли він
마이크: 야크 프라츄예 바쉬 레스토란? 콜리 빈

відчинений?
비드췌네늬이?

Адміністратор: У нас немає ресторану. Але тут за
호텔 직원: 우 나스 네마예 레스토라누. 알레 투트 자

рогом, зовсім близько, є (наявний)
로홈, 호브심 블리지코, 예 (나야브늬이)

ресторан.
레스토란.

Майк: А де можна поснідати?
마이크: 아 데 모쥬나 포스니다티?

Адміністратор: У нас є буфет з легкими закусками і
호텔 직원: 우 나스 예 부페트 즈 세흐키미 자쿠스카미 이

піцою на другому поверсі. Меню наявне
미초유 나 드루호무 포베르시. 메뉴 나야브네

в вашому номері. Якщо бажаєте, то
브 바쇼무 호메리. 야크쉬초 바쟈예테, 토

можете замовити сніданок прямо в
모제테 자모비티 스티다노크 프랴모 브

номер.
노메르.

Майк: Дякую. Ви дуже допомогли мені.
마이크: 댜쿠유. 비 두제 도포모흘리 메니.

호텔 《우크라이나》는 흐레쉬차틱에서 멀지 않은 곳에 위치하고 있다. 새로운 개인 호텔이다. 객실이 전부 40호인 작은 호텔이다.

호텔직원: 안녕하세요? 예약하셨나요?

마이크:　네, 예약했습니다.

　　　　여기 예약 접수를 컨폼한 팩스 사본입니다.

호텔직원: 좋습니다. 여권을 주세요.

마이크:　여기 있습니다.

호텔직원: 감사합니다. 내일 아침에 돌려 드리겠습니다.

마이크:　객실에 TV가 있나요?

호텔직원: 물론입니다. 우크라이나 채널 5개가 있고, CNN 방송을 보실 수 있습니다. 하루 종일 영어로 방송합니다.

마이크:　뉴스는 언제 방송하는지 아시나요?

호텔직원: 죄송합니다. 정확히 기억 못합니다. 하지만 우크라이나어와 영어로 된 모든 정보책자가 객실에 비치되어 있습니다.

마이크:　감사합니다. 여기서 세탁은 어떻게 하나요? 드라이클리닝 하는 곳이 있나요?

호텔직원: 세탁할 물건을 정오 전에 맡기시면, 다음 날 아침 8시까지 준비 됩니다.

마이크:　좋습니다. 그래요. 뭔가 잊어버린 것 같은데! 영국신문이나 미국 신문 없습니까?

호텔직원: 있습니다. 우리 호텔은 영국신문 《타임즈》와 미국신문 《뉴욕 헤랄드 트리뷴》을 받아 봅니다. 그런데 이틀 늦게 우리 호텔에 배달됩니다.

마이크:　레스토랑은 어디 있습니까? 언제 여나요?

호텔직원: 우리 호텔에는 레스토랑이 없습니다. 근처 코너 아주 가까운 곳에 레스토랑이 있습니다.

마이크:　그러면 어디에서 아침 식사를 하죠?

호텔직원: 우리 호텔 2층에 가벼운 스낵과 피자 뷔페가 있습니다. 메뉴는 손님 객실에 비치되어 있고요. 원하시면 아침 식사를 룸서비스 받으실 수 있습니다.

마이크:　감사합니다. 당신이 많은 도움이 되었습니다.

만남
Зустріч

말 걸기 (Звернення до незнайомого)

안녕하세요!
Вітаю!
비타유!

Доброго дня.
도브로호　　드냐.

당신 일은 어떠세요?
Як ваші справи?
야크 바쉬　스프라비?

매우 반갑습니다.
Дуже приємно.
두제　　프리엠노.

저는 여기서 휴가 중입니다.
Я тут відпочиваю.
야 투트　비드포취바유.

저는 사업상 여기 왔습니다.
Я тут в справах.
야 투트 브 스프라바흐.

뭐 좀 마시겠어요?
Чи бажаєте ви випити?
취　바쟈예테　비 비피티?

담배 한 대 피우시겠어요?
Бажаєте цигарку?
바쟈예테　찌하르쿠?

당신 이름은 무엇입니까?
Як вас звати?
야크 바스 즈바티?

저는 스테빤입니다.
Мене звати Степаном.
메네   즈바티   스테파놈.

당신은 어디 출신입니까?
Ви звідки?
비   즈비드키?

저는 한국 출신입니다.
Я з Кореї.
야 즈 코레이.

저는 캐나다 출신입니다.
Я з Канади.
야 즈 카나디.

저는 일본 출신입니다.
Я з Японії.
야 즈 야포니.

저는 중국 출신입니다.
Я з Китаю.
야 즈 키타유.

저는 미국 출신입니다.
Я з США.
야 즈 스샤.

저는 오스트레일리아 출신입니다.
Я з Австралії.
야 즈 아브스트라리.

저는 프랑스 출신입니다.
Я з Франції.
야 즈 프란찌.

저는 영국 출신입니다.
Я з Англії.
야 즈 안흐리.

당신은 우크라이나인입니까?

Ви українець(-ка)?

비 우크라이네치 (-카)?

네 , 우크라이나인입니다.

Так. Я українець(-ка).

타크 야 우크라이네치 (-카).

아뇨, 우크라이나인이 아닙니다.

НІ. Я не українець(-ка).

니. 야 네 우크라이네치 (-카).

저는 한국인입니다.

Я кореєць(кореянка).

야 코레예치 (코레얀카).

저는 일본인입니다.

Я японець(японка).

야 야포네치 (야폰카).

저는 중국인입니다.

Я китаєць(китаянка).

야 키타예치 (키타얀카).

저는 미국인입니다.

Я американець(американка).

야 아메리카네치 (아메리칸카).

저는 영국인입니다.

Я англієць(англійка).

야 안그리예치 (안그리이카).

응용회화

Діалог: Знайомство

Андрій: Вітаю. Я Андрій Миронович Бровка. А ви хто?

안드리: 비타유. 야 안드리이 미로노비취 브로브카. 아 비 흐토?

Ольга: А мене звати Ольга Петрівна Коваль. Я українка.

올하: 아 메네 즈바티 올하 페트리브나 코발. 야 우크라인카.

А ви росіянин?
아 비　로시야닌?

Андрій: Ні, я не росіянин. Та і не українець, і не татарин.
안드리:　니, 야 네 로시야닌.　타 이 네 우크라이네치, 이 네 타타린.

Ольга: А яка у нас національність?
올하:　아 야카　우 나스　나치오날니스치?

Андрій: Я білорус. Народився я в Мінську. А ви звідки?
안드리:　야 비로루스.　나로디브샤　야 브 민스쿠.　아 비 즈비드키?

Ольга: Я зі Львову. А зараз проживаю в м. Києві.
올하:　야 지 류보부.　아 자라즈 프로쥐바유　브 므. 크녜비.

Працюю у банку.
프라츄유　우 반쿠.

А де ви працюєте?
아 데　비　프라츄예테?

Андрій: Я? Я працюю в університеті. Викладаю
안드리:　야? 야 프라츄유　브 우니베르시테티.　비클라다유

українську мову.
우크라인시쿠　모부.

Ольга: Наразі виходить, що я бухгалтер, а ви викладач.
올하:　나라지　비호디츠,　쉬초 야 부흐할테트,　아 비　비클리다취.

А хто ця молода людина?
아 흐토 챠 몰로다　류디나?

Андрій: Це Майк. Він мій новий студент. Він
안드리:　쩨 마이크.　빈　미이 노븨이　스투덴트.　빈

американець. Вів вивчає українську мову.
아메리카네치.　비우 비브챠예 우크라인스쿠　모부.

Майк! Йдіть сюди! Це Майк. Майк, це Ольга
마이크! 이이트　슈디!　쩨 마이크.　마이크, 체 올하

Петрівна. Вона працює у банку.
페트리브나.　보나　프라츄예　우 반쿠.

Ольга: Дуже приємно.
올하:　두제　프리엠노.

Андрій: Я дуже радий познайомитися з вами.
안드리:　야 두제　라듸이　포즈나이오미티샤　즈 바미.

안드리: 안녕하세요? 저는 안드리 미로비치 브로브까입니다. 누
　　　　구십니까?
올하:　 저는 올하 뻬뜨리브나 꼬발입니다. 저는 우크라이나인
　　　　입니다. 당신은 러시아인이세요?
안드리: 아뇨, 러시아인 아닙니다. 우크라이나인도 아닙니다. 타
　　　　타르인도 아니고요.
올하:　 국적이 어디세요?
안드리: 저는 백러시아인입니다. 민스끄에서 태어났습니다. 당
　　　　신은 어디 출신이세요?
올하:　 저는 르비우 출신입니다. 지금은 여기 키예프에 살아요.
　　　　은행에서 일해요. 당신은 어디에서 일하세요?
안드리: 저요? 저는 대학에서 일합니다. 우크라이나어 강의를
　　　　합니다.
올하:　 그러니까, 저는 회계원이고, 당신은 강사군요... 그런데
　　　　이 젊은 사람은 누구인가요?
안드리: 마이크입니다. 제 새로운 학생입니다. 미국인입니다. 우
　　　　크라이나어를 공부하고 있어요. 마이크! 이리로 와 보세
　　　　요! 마이크입니다. 이분은 올하 뻬뜨리브나 이고, 은행
　　　　에서 일합니다.
마이크: 매우 반갑습니다.
올하:　 만나게 되어 매우 기쁩니다.

나이 (Про вік)

당신은 몇 살입니까?
Скільки вам(тобі) років?
스킬키　　　밤 (또비)　로키우?

저는 20세입니다.
Мені 20 років.
메니　　20 로키우.

당신 딸은 몇 살입니까?
Скільки вашій дочці(доньці) років)?
스킬키　　　바쉬이　도취치 (돈치)　　　로키우?

당신 아들은 몇 살입니까?
Скільки вашому синові років?
스킬키　　바쇼무　　시노비　　로키우?

두 살입니다.
Йому(їй) 2 роки.
이오무　(이이)2 로키.

다섯 살입니다.
Йому(їй) 5 років.
이오무　(이이)5 로키우.

11살입니다.
Йому(їй) 11 років.
이오무 (이이) 11　로키우.

당신은 나이보다 젊어 보입니다.
Ви виглядаєте молодше за свої роки.
비　비흘랴다예테　몰로드췌　　자 스보이 로키.

당신이 저보다 세 살 어립니다.
Ви молодші за мене на три роки.
비　몰로드쉬　　자 메네　　나 트리 로키.

당신이 저보다 세 살 많습니다.
Ви старші за мене на три роки.
비　스타르쉬 자 메네　　나 트리 로키.

직업 (Про професії)

당신 직업은 무엇입니까?
Ким ви(ти) працюєте(-єш)?
킴　　비 (티)　프라츄예테　(−예쉬)?

저는 회계사 입니다.
Я бухгалтер.
야 부흐할테르.

저는 비즈니스맨입니다.
Я бізнесмен.
야 비즈네스멘.

저는 교사입니다.
Я вчитель.
야 브취텔.

저는 컴퓨터 프로그래머입니다.
Я комп'ютерний програміст.
야 콤퓨테르늬이   프로흐라미스트.

저는 엔지니어입니다.
Я інженер.
야 인제네르.

저는 대학생입니다.
Я студент(-ка).
야 스투덴트   (-카).

저는 의사입니다.
Я лікар.
야 리카르.

저는 간호사입니다.
Я медсестра.
야 메데스트라.

저는 기자입니다.
Я журналіст.
야 쥬르나리스트.

저는 통역사입니다.
Я перекладач.
야 페레클라다취.

저는 변호사입니다.
Я адвокат.
야 아드보카트.

저는 컨설턴트입니다.
Я консультант.
야 콘술탄트.

당신은 어디에서 일하십니까?
Де ви(ти) працюєте(-єш)?
데   비 (티)   프라츄예테   (-예쉬)?

저는 《삼성》 회사에서 일합니다.
Я працюю в компанії 《Самсунг》.
야 프라츄유　브 콤파니　　《삼순그》.

저는 관공서에서 일합니다.
Я працюю на державній службі.
야 프라츄유　나 데르쟈브니이　슬루쥬비.

저는 은행에서 일합니다.
Я працюю у банку.
야 프라츄유　　반쿠.

저는 마케팅 일을 합니다.
Я працюю у відділі маркетингу.
야 프라츄유　우 비디리　마르케틴후.

저는 대학에서 일을 합니다.
Я працюю в університеті.
야 프라츄유　브 우니베르시테티.

저는 연금수혜자입니다.
Я на пенсії.
야 나　펜시이.

저는 개인 사업체를 갖고 있습니다.
У мене власний бізнес.
우 메네　블라스니이 비즈네스.

저는 실업자입니다.
Я безробітний(-a).
야 베즈로비트니이　(–아).

어디에서 공부하십니까?
Де ви навчаєтесь?
데　비　나브챠예테시?

저는 학교를 다닙니다.
Я навчаюся у школі.
야 나브차유샤　우 슈콜리.

저는 대학을 다닙니다.
Я навчаюся в університеті.
야 나브차유샤　브 우니베르시테티.

저는 단과대학을 다닙니다.
Я навчаюся в інституті.
야 나브챠유샤　브 인스티투티.

저는 대학원을 다닙니다.
Я навчаюся в аспірантурі.
야 나브챠유샤　브 아스피란투리.

무엇을 공부하십니까?
Що ви вивчаєте?
쉬초　비　비브챠예테?

저는 우크라이나어를 공부합니다.
Я вивчаю українську мову.
야 비브챠유　우크라인스쿠　모부.

저는 인문학을 공부합니다.
Я вивчаю гуманітарні науки.
야 비브챠유　후마니타르니　나우키.

저는 경제를 공부합니다.
Я вивчаю економіку.
야 비브챠유　에코노미쿠.

저는 역사를 공부합니다.
Я вивчаю історію.
야 비브챠유　이스토리유.

저는 자연과학을 공부합니다.
Я вивчаю природничі науки.
야 비브챠유　프르로드느치　나우키.

저는 수학을 공부합니다.
Я вивчаю математику.
야 비브챠유　마테마티쿠.

저는 생물학을 공부합니다.
Я вивчаю біологію.
야 비브챠유　비오로히유.

저는 화학을 공부합니다.
Я вивчаю хімію.
야 비브챠유　히미유.

Я вивчаю біоінженерію.
야 비브챠유   비오인졔네리유.

Діалог

Андрій: Галино Семенівно, а ви зразу стали викладачем
안드리:　하리노　세메니브노,　아 비 즈라주 스타리 비클리쳄

англійської мови?
안흐리이시코이　모비?

Галина: Ні, не зразу. Спочатку, після закінчення
할리나:　니, 네 즈라주.　스포챠트쿠,　니스랴　자킨췌냐

університету я працювала в редакції.
우니베르시테투　야 프라슈발라　브 레다크찌이.

Андрій: Чому ви звільнилися з редакції. Вам не
안드리:　죠무　비 즈빌니리샤　즈 레타크찌이.　밤　네

подобалася ваша робота?
포도발라샤　바샤 로보타?

Галина: Мені подобалася моя робота. Одного разу група
할리나:　메니 포도발라샤　모야 로보다.　오드노호 라주 흐루파

співробітників попросила мене позайматися
스피브로비트니키우　포프로실라　메네　포자이마티샤

з ними англійською мовою. Так я й почала
즈 니미　안히이시코유　모보유.　타크 야 이 포촤라

викладати. Моя нова робота захопила мене.
비클라다티.　모야　노바 로보다　자호필라　메네.

Я зрозуміла, що викладання мені більше до
야 즈로주밀라,　쉬초 비클라다냐　메니 빌쉐　도

душі, і я перейшла до університету.
두쉐,　이 야 레페이쉬라　도 우니베르시테투.

Андрій: І не шкодуєте?
안드리:　이 네 슈코두예테?

Галина: Ніскільки.
할리나:　　 니스킬키.

안드리: 할리나 새매니브나, 당신은 처음부터 영어 강사를 했습니까?
할리나: 아뇨, 처음부터는 아니에요. 대학 졸업 후 처음에는 출
　　　　판사에서 일했어요.
안드리: 왜 출판사를 그만 두셨나요? 일이 마음에 안 들었나요?
할리나: 일은 마음에 들었어요. 어느 날 출판사 직원 그룹이 영
　　　　어 공부를 함께 하자고 했어요. 그래서 가르치기 시작했
　　　　지요. 새로운 일이 나를 사로잡기 시작했고, 가르치는
　　　　일이 나한테 더 맞는다는 것을 알았지요.
안드리: 후회하지 않습니까?
할리나: 전혀요.

가족 관계 (Сімейні стосунки)

(남자에게) 결혼하셨습니까?
Ви жонаті?
비　죠나티?

기혼입니다.
Так, я жонатий.
타크,　야 죠나티이.

미혼입니다.
Ні, я не жонатий.
니,　야 네　죠나티이.

(여자에게) 결혼하셨습니까?
Ви у шлюбі?
비　우 슈류비?

기혼입니다.
Так, я у шлюбі(заміжня).
타크,　야 우 슈류비　(자미쥬냐).

미혼입니다.
Ні, я не у шлюбі(не заміжня).
니,　야 네　우 쉬류비　(네 자미쥐냐).

별거 중입니다.
Я не живу з жінкою(з чоловіком).
야 네 쥐부　　즈 쥔코유　　(즈 쵸로비콤).

독신입니다.
Я неодружений(-а).
야 네오드루졔늬이　　(-아).

가족관계가 어떻게 되나요?
Яка у вас(тебе) родина(сім'я)?
야카 우 바스 (떼베)　로디나　　(시먀)?

대가족입니다.
У мене велика родина(сім'я).
우 메네　　벨리카　　로디나　　(시먀).

가족이 그다지 많지 않습니다.
У мене не велика родина(сім'я).
우 메네　　네 벨리카　　로디나　　(시먀).

소가족입니다.
У мене мала родина(сім'я).
우 메네　　말라　　로디나　　(시먀).

부모님이 생존해 계십니다.
У мене є батьки.
우 메네　　예 바츠키.

형(오빠)이 있습니다.
У мене старший брат.
우 메네　　스타르쉬이　　브라트.

남동생이 있습니다.
У мене молодший брат.
우 메네　　모로드쉬이　　브라트.

누나(언니)가 있습니다.
У мене старша сестра.
우 메네　　스타르샤　　세스트라.

여동생이 있습니다.
У мене молодша сестра.
우 메네　　몰로드샤　　세스트라.

У вас є діти?

우 바스 예 디티?

아이들이 있습니다.

У мене є діти.

우 메네　예 디티.

딸이 둘입니다.

У мене дві дочки.

우 메네　드비 도취키.

아들이 있습니다.

У мене син.

우 메네　신.

아이가 없습니다.

У мене немає дітей.

우 메네　네마예　디테이.

부모님은 자식 둘을 두셨습니다.

У моїх батьків двоє дітей.

우 모이흐 바츠키우　드보예 디테이,

우리 가족은 세 명입니다.

Наша родина складається з трьох людей.

나샤　로디나　스크라다예츠샤　즈 트르보흐 류데이.

우리는 저와 아내, 딸 이렇게 세 식구입니다.

Нас троє – дружина, я та дочка.

나스 트로예 – 드루쥐나,　야 타 도츄카.

응용회화

Діалог 1: Скільки років вашій дочці?

Тетяна:　У вас велика родина(сім'я)?

테쨔나:　우 바스 벨리카　로디나 (시먀)?

Сергій:　Ні, нас четверо – дружина, я дочка та син.

세르히:　니, 나스 췌트베로–드루쥐나,　야 도츄카 타 신.

Тетяна: Скільки років вашій дочці?
테쨔나: 스킬키 로키우 바쉬이 도취치?

Сергій: Їй п'ятнадцять років.
세르히: 이 퍄트나드챠츠 로키우.

Тетяна: Я не думала, що у вас така велика дочка.
테탸나: 야 네 두말라, 쉬초 우 바스 타카 벨리카 도취카.

А скільки років синові?
아 스킬키 로키우 시노비?

Сергій: Десять.
세르히: 데샤츠.

Тетяна: На кого вони схожі?
테탸나: 나 코호 보니 스호쥐?

Сергій: Дочка схожа на матір, а син на мене.
세르히: 토쮸카 스호쟈 나 마티르, 아 신 나 메네.

떼짜나: 당신 집은 대가족인가요?
세르히: 아뇨, 네 식구입니다. 아내와 저, 아들, 딸이 있습니다.
떼짜나: 딸이 몇 살이에요?
세르히: 15살이에요.
떼짜나: 당신한테 그렇게 큰 딸이 있으리라고는 생각도 못했어
　　　요. 아들은 몇 살인가요?
세르히: 10살입니다.
떼짜나: 아이들이 누구를 닮았나요?
세르히: 딸은 엄마를, 아들은 저를 닮았어요.

Діалог 2: Родина(сім'я)?

Остап: Марія Петрівно, у вас велика родина(сім'я)?
오스땊: 마리야 페르티브노, 우 바스 벨리카 로디나 (시먀)?

Марія: Та як сказати. У моїх батьків було троє дітей:
마리야: 타 야크 스카자티. 우 모이흐 바츠키우 불로 트로에 디테이:

я, брат та сестра. Багато хто зараз вважає, що
야, 브라트 타 세스트라. 바하토 흐토 자라즈 바쟈예, 쉬초

сім'я, де троє дітей-велика.
시먀, 데 트로예 디테이-벨리카.

Остап: Які були батьки у вас?
오스땊: 야키 불리 바츠키 우 바스?

Марія: Дуже суворими! Вимогливими. Батько любив
마리야: 두제 수보리미! 비모흐리비미. 바츠코 류비우

порядок всюди. Він був військовим офіцером.
포랴도크 브슈디. 빈 부브 비시코빔 오리쩨롬.

Я думаю(вважаю), що мій тато дав мені дуже
야 두마유 (바쟈유), 쉬초 미이 타토 다브 메니 두제

багато.
바하토.

Остап: А мати?
오스땊: 아 마티?

Марія: Вона по професії вчитель, але працювала не
마리야: 보나 포 프로페찌이 브취텔, 알레 프라츄발라 네

довго. Після народження мого брата звільнилася
도브호. 피슬랴 나로드젠냐 모호 브라타 즈빌니라샤

з роботи, займалася будинком та нами.
즈 로보티, 자이마라샤 부딘콤 타 나미.

오스땊: 마리야 뻬뜨리브나, 당신 집은 대가족인가요?
마리야: 어떻게 말해야 하나? 우리 부모님은 삼남매를 두셨어
　　　 요. 저와 남동생 그리고 여동생이요. 요즘엔 많은 사람
　　　 들이 자식이 셋이면 대가족이라 생각하더군요.
오스땊: 당신 부모님은 어떤 분이셨지요?
마리야: 매우 엄격하셨어요. 요구사항도 많으셨고요. 아버지는
　　　 모든 면에서 질서 정연한 것을 좋아하셨어요. 군장교이
　　　 셨거든요. 아버지가 제게 많은 것을 주었다고 생각해요.,
오스땊: 어머님은요?
마리야: 어머니는 교사였어요. 오래 직장 생활은 하지 않으셨어
　　　 요. 남동생을 낳으시고 직장을 그만 두시고 가사에 전념
　　　 하셨어요.

외모와 성격

Зовнішній вигляд і риси вдачі(характеру)

외모 (Зовнішній вигляд)

그는(그녀는) 서른 살쯤 되었습니다.
Йому(їй) біля тридцяти років.
이오무 (이) 빌랴   트리드챠티   로키우.

그는(그녀는) 서른이 넘지 않았습니다.
Йому(їй) не більше тридцяти років.
이오무 (이) 네 빌쉐   트리드챠티   로키우.

그는(그녀는)) 서른이 넘었습니다.
Йому(їй) за тридцять.
이오무 (이) 자 트리트챠츠.

그는(그녀는) 오십 살 무렵입니다.
Йому(їй) під п'ятдесят.
이오무 (이) 피드 퍄트데샤트.

그는(그녀는) 중년입니다.
Він(вона) середніх років.
빈 (보나)   세레드니흐   로키우.

그는(그녀는) 키가 큽니다.
Він(вона) високого зросту.
빈 (보나)   비소코호   즈로스투.

그는(그녀는) 중간 키 입니다.
Він(вона) середнього зросту.
빈 (보나)   세레드노호   즈로스투.

그는(그녀는) 중간 키보다 큽니다.
Він(вона) вище середнього зросту.
빈 (보나)   비쉬체 세레드뇨호   즈로스투.

그는(그녀는) 키가 작습니다.
Він(вона) малого зросту.
빈 (보나) 말로호 즈로스투.

그는(그녀는) 키가 크지 않습니다.
Він(вона) не великого зросту.
빈 (보나) 네 벨리코호 즈로스투.

그는(그녀는) 나보다 머리 하나 더 큽니다.
Він(вона) на голову вище мене
빈 (보나) 나 호로부 비쉬체 메네.

그는(그녀는) 얼굴이 잘 생겼습니다(예쁩니다).
У нього(неї) гарне обличчя.
우 노호 (네이) 하르네 오블리챠.

그는(그녀는) 얼굴이 검습니다.
У нього(неї) смугляве обличчя.
우 노호 (네이) 스무흘랴베 오블리챠.

그는(그녀는) 얼굴이 하얗습니다.
У нього(неї) бліде обличчя.
우 노호 (네이) 블리데 오블리챠.

그는(그녀는) 얼굴색이 좋습니다.
У нього(неї) хороший(гарний) колір обличчя.
우 노호 (네이) 호로쉬이 (하르늬이) 콜리르 오블리챠.

그의(그녀의) 코에는 주근깨가 있습니다.
У нього(неї) веснянки на носі.
우 노호 (네이) 베스냔키 나 노시.

그의(그녀의) 얼굴은 깁니다.
У нього(неї) довге обличчя.
우 노호 (네이) 도브헤 오블리챠.

그의(그녀의) 얼굴은 작습니다.
У нього(неї) вузьке обличчя.
우 노호 (네이) 부치케 오블리챠.

그의(그녀의) 얼굴은 큽니다.
У нього(неї) широке обличчя.
우 노호 (네이) 쉬로케 오블리챠.

그의(그녀의) 얼굴은 둥급니다.
У нього(неї) кругле обличчя.
우 노호 　(네이) 크루흐레 　오블리챠.

그의(그녀의) 이목구비는 반듯 합니다.
У нього(неї) правильні риси обличчя.
우 노호 　(네이) 프라빌니 　　리시 　오블리챠.

그의(그녀의) 이목구비는 반듯하지 않습니다.
У нього(неї) не правильні риси обличчя.
우 노호 　(네이) 네 프라빌니 　　리시 　오블리챠.

그의(그녀의) 눈은 파랗습니다.
У нього(неї) голубі очі.
우 노호 　(네이) 호루비 　오취.

그의(그녀의) 눈은 푸른색입니다.
У нього(неї) сині очі.
우 노호 　(네이) 시니 　오취.

그의(그녀의) 눈은 검은색입니다.
У нього(неї) чорні очі.
우 노호 　(네이) 쵸르니 　오취.

그의(그녀의) 눈은 밤색입니다.
У нього(неї) карі очі.
우 뇨호 　(네이) 카리 　오취.

그의(그녀의) 눈은 회색입니다.
У нього(неї) сірі очі.
우 노호 　(네이) 시리 　오취.

그의(그녀의) 눈은 초록색입니다.
У нього(неї) зеленуваті очі.
우 노호 　(네이) 젤레누바티 　　오취.

그의(그녀의) 눈은 큽니다.
У нього(неї) великі очі.
우 노호 　(네이) 벨리키 　오취.

그의(그녀의) 눈은 크지 않습니다.
У нього(неї) не великі очі.
우 노호 　(네이) 네 벨리키 　오취.

그의(그녀의) 눈은 둥급니다.
У нього(неї) круглі очі.
우 노호　(네이) 크루흘리 오취.

그의(그녀의) 눈은 빛납니다.
У нього(неї) блискучі очі.
우 노호　(네이) 블리스쿠취　오취.

그의(그녀의) 눈은 표정이 풍부합니다.
У нього(неї) виразні очі.
우 노호　(네이) 비라즈니　오취.

그의(그녀의) 눈은 진지합니다.
У нього(неї) серйозні очі.
우 노호　(네이) 세리오즈니　오취.

그의(그녀의) 눈은 생각에 잠긴 눈입니다.
У нього(неї) задумливі очі.
우 노호　(네이) 자두므리비　오취.

그의(그녀의) 눈은 영악해 보입니다.
У нього(неї) хитрі очі.
우 노호　(네이) 히트리 오취.

그의(그녀의) 눈은 머리는 깁니다.
У нього(неї) довге волосся.
우 노호　(네이) 도브헤　볼로샤.

그의(그녀의) 눈은 머리는 짧습니다.
У нього(неї) коротке волосся.
우 노호　(네이) 코로트케　볼로샤.

그의(그녀의) 눈은 머리는 직모입니다.
У нього(неї) пряме волосся.
우 뇨호　(네이) 프랴메　볼로샤.

그의(그녀의) 머리는 곱슬머리입니다.
У нього(неї) кучеряве волосся.
우 노호　(네이) 쿠췌랴베　볼로샤.

У нього(неї) хвилясте волосся.
우 노호　(네이) 흐비랴스테　볼로샤.

그의(그녀의) 머리는 윤이 납니다.
У нього(неї) гладке волосся.
우 노호 (네이) 흘라드케 볼로샤.

그의(그녀의) 머리는 북슬북슬 합니다.
У нього(неї) пишне волосся.
우 노호 (네이) 피쉬네 볼로샤.

그의(그녀의) 머리는 숱이 많습니다.
У нього(неї) густе волосся.
우 노호 (네이) 후스테 볼로샤.

그의(그녀의) 머리는 숱이 없습니다.
У нього(неї) рідке волосся.
우 노호 (네이) 리드케 볼로샤.

그의(그녀의) 머리색은 밝습니다.
У нього(неї) світле волосся.
우 노호 (네이) 스비틀레 볼로샤.

그의(그녀의) 머리색은 어둡습니다.
У нього(неї) темне волосся
우 노호 (네이) 템네 볼로샤.

그의(그녀의) 머리는 검은 색입니다.
У нього(неї) чорне волосся.
우 노호 (네이) 쵸르네 볼로샤.

그의(그녀의) 머리는 회색입니다.
У нього(неї) сиве волосся.
우 노호 (네이) 시베 볼로샤.

그의(그녀의) 머리는 붉은 색입니다.
У нього(неї) руде волосся.
우 노호 (네이) 루데 볼로샤.

그의(그녀의) 머리는 밤색입니다.
У нього(неї) каштанове волосся.
우 노호 (네이) 카슈타노베 볼로샤.

그는(그녀는) 짧은 헤어스타일을 하고 있습니다.
У нього(неї) коротка стрижка.
우 노호 (네이) 코로트카 스트리쥬카.

그는(그녀는) 유행하는 헤어스타일을 하고 있습니다.
У нього(неї) модна зачіска.
우 노호　(네이) 모드나　자취스카.

그는(그녀는) 금발입니다.
У нього(неї) блондин(-ка).
우 노호　(네이) 블론딘　　　(-카).

그는 대머리입니다.
Він лисий.
빈 리식이.

그의(그녀의) 시선은 솔직합니다.
У нього(неї) відкритий погляд.
우 노호　(네이) 비드크릐틔이　포흐랴드.

그의(그녀의) 시선은 평온합니다.
У нього(неї) спокійний погляд.
우 노호　(네이) 스포키이늬이　포흐랴드.

그의(그녀의) 시선은 밝습니다.
У нього(неї) ясний погляд.
우 노호　(네이) 야스늬이 포흐랴드.

그의(그녀의) 시선은 다정합니다.
У нього(неї) ласкавий погляд.
우 보호　(네이) 라스카븨이　포흐라드.

그의(그녀의) 시선은 수줍습니다.
У нього(неї) боязкий погляд.
우 노호　(네이) 보야즈킈이　포흐랴드.

그의(그녀의) 시선은 천진난만합니다.
У нього(неї) наївний погляд.
우 노호　(네이) 아니브늬이　포흐랴드.

그의(그녀의) 시선은 당돌합니다.
У нього(неї) сміливий погляд.
우 노호　(네이) 스미리븨이　포흐랴드.

그의(그녀의) 시선은 사려 깊습니다.
У нього(неї) задумливий погляд.
우 노호　(네이) 자두믈릐븨이　　포흐랴드.

그의(그녀의) 눈초리는 뚫어지게 쳐다 봅니다.

У нього(неї) пильний погляд.

우 노호　(네이) 필늬이　　포흐랴드.

그는(그녀는) 유쾌한 미소를 짓습니다.

У нього(неї) радісна посмішка.

우 노호　(네이) 라디스나　포스미슈카.

그는(그녀는) 환한 미소를 짓습니다.

У нього(неї) весела посмішка.

우 노호　(네이) 베셀라　포스미슈카.

그는(그녀는) 공손한 미소를 짓습니다.

У нього(неї) привітна посмішка.

우 노호　(네이) 프리비트나　포스미슈카.

그는(그녀는) 우울한 미소를 짓습니다.

У нього(неї) сумна посмішка.

우 노호　(네이) 숨나　포스미슈카.

그는(그녀는) 수줍은 미소를 짓습니다.

У нього(неї) сором'язлива посмішка.

우 노호　(네이) 소로먀즈리바　포스미슈카.

그는(그녀는) 호탕하게 웃습니다.

У нього(неї) широка посмішка.

우 노호　(네이) 쉬로카　포스미슈카.

그는(그녀는) 행복한 미소를 짓습니다.

У нього(неї) щаслива посмішка.

우 노호　(네이) 쉬차슬리바　포스미슈카.

그는(그녀는) 교활한 미소를 짓습니다.

У нього(неї) хитра посмішка.

우 노호　(네이) 히트라　포스미슈카.

그는(그녀는) 피곤한 모습입니다.

У нього(неї) стомлений вигляд.

우 노호　(네이) 스토믈레늬이　븨흐랴드.

그는(그녀는) 기진맥진한 모습입니다.

У нього(неї) змучений вигляд.

우 노호　(네이) 즈무췌늬이　븨흐랴드.

그는(그녀는) 행복한 모습입니다.

У нього(неї) щасливий вигляд.

우 노호　(네이) 쉬차슬리븨이　비흐랴드.

당신은 누구를 닮았습니까?

На кого ви схожі?

나　코호　비　스호쥐?

당신 동생은 누그를 닮았나요?

На кого схожий ваш брат?

나　코호　스호쥐이바쉬　브라트?

당신 여동생은 누구를 닮았나요?

На кого схожа ваша сестра?

나　코호　스호쟈　바샤　세스트라?

당신 형제는 서로 닮았나요?

Ви з братом схожі один на одного.

비 즈 브라톰　스호쥐　오딘　나　오드노호.

Діалог 1

Оксана: **Павле, до тебе сьогодні заходила якась молода**
옥사나:　빠블레, 도 떼베 소호드니　자호딜라　야카시 몰로다

людина. Він не назвав себе, але сказав, що зайде
류디나.　빈 네 나즈바우 세베,　알레 스카자우, 쉬초 자이데

після семи.
피슬랴　세미.

Павло: **Хто б це міг бути? А як він виглядав?**
빠블로:　흐토 브 쩨 미흐 부티? 아 야크 빈　비흐랴다우?

Оксана: **На вигляд я б дала йому років двадцять п'ять.**
옥사나:　나 비흐랴드 야 브 다라　이오무 로키우　드바드챠츠　퍄츠.

Середнього зросту.
세레드뇨호　　즈로스투.

Павло:　Худий? Повний(товстий)?
빠블로:　후듸이?　포브늬이 (토브스틔이)?

Оксана:　Швидше худий.
옥사나:　쉬비드쉐　후듸이.

Павло:　Обличчя у нього смугляве? Засмаглий
빠블로:　오블리챠　우 노호　스무흘랴베?　자스마흐릐이
(загорілий)?
(자호리릐이)?

Оксана:　Ні, швидше блідий.
옥사나:　니, 쉬비드쉐　블리듸이.

Павло:　А які у нього риси обличчя, волосся?
빠블로:　아 야키 우 노호　리시　오블리챠,　볼로샤?

Оксана:　У нього правильні риси обличчя, чорне, густе
옥사나:　우 노호　프라빌니　리시 오블리챠,　쵸르네,　후스테
волосся. Та у нього великі, карі очі.
볼로샤.　타 우 노호　벨리키,　카리 오취.

Павло:　Так, тоді це мій двоюрідний брат. Він навчається
빠블로:　타크, 토디 쩨 미이 드보유리드늬의　브라트. 비흐 나브챠예츠샤
в Київському медичному інституті.
브 크니브시코무　메디취노무　인스티투티.

Оксана:　А я й не знала, що у тебе тут є двоюрідний брат.
옥사나:　아 야 이 네 즈나라, 쉬초 우 테데 투트 예 드보유리트늬이　브라트.
Чому ж ти до цього часу не познайомив мене
쵸무　쥬 티 도 츠오호　챠수 네 포즈나이오미우　메네
з ним?
즈 님?

Павло:　Ось сьогодні ввечері я познайомлю тебе з ним.
빠블로:　오시 스오호드니 베췌리　야 포즈나이오믈류　떼베 즈 님.

옥사나: 말랐어? 뚱뚱해?

빠블로: 마른 편이었어.

옥사나: 얼굴은 거무스름했니? 검게 그을었든?

빠블로: 아니, 흰 편이었어.

옥사나: 얼굴 생김새는 어땠어? 머리카락은?

빠블로: 이목구비가 반듯했어. 머리는 검고 숱이 많았어. 눈은 커다랗고 갈색이었고.

옥사나: 그렇다면 내 사촌 동생이야. 키예프에서 의대를 다녀.

빠블로: 네가 사촌동생이 있는 줄 몰랐어. 왜 지금까지 한 번도 소개시켜 주지 않았니?

옥사나: 당장 오늘 저녁에 소개시켜 줄게.

성격(Риси характеру(вдачі))

그는(그녀는) 정서적으로 섬세합니다.

Він(вона) відрізняється душевною тонкістю.

빈 (보나) 비드리크나예츠샤 두쉐브노유 톤키스튜.

그는(그녀는) 유머 감각이 없지 않습니다.

Він(вона) не позбавлений почуття гумору.

빈 (보나) 네 포즈바블레늬이 포츄트쨔 후모루.

그는(그녀는) 사람들에 대해 호의적인 태도를 갖고 있습니다.

Йому(ій) властиве доброзичливе ставлення (відношення)

이오무 (이) 블라스티베 도브로즈니취리베 스타블레냐 (비트노쉐냐)

до людей.

도 류데이.

그는(그녀는) 무슨 일에도 참을성이 없습니다.

Він(вона) нестерпимий(-а) до будь чого.

빈 (보나) 네스테르피믜이 (-아) 도 부디 쵸호.

그는(그녀는) 무슨 일에도 무관심합니다.

Він(вона) байдужий(-а) до будь чого.

빈 (보나) 바이투쥐이 (-아) 도 부디 쵸호.

그는(그녀는) 이기주의자입니다.
Він(вона) егоїст(-ка).
빈 (보나) 데호이스트(–카).

그는(그녀는) 책임감이 강합니다.
У нього(неї) сильно розвите почуття обов'язку.
우 노호 (네이) 실노 로즈비테 포츄쨔 오보뱌쿠.

그는(그녀는) 책임감이 없습니다.
У нього(неї) немає почуття обов'язку.
우 노호 (네이) 네마예 포츄쨔 오보뱌즈쿠.

그는(그녀는) 위선주의자입니다.
Він лицемір.
빈 리쩨미르.

그는(그녀는) 낙관주의자입니다.
Він(вона) оптиміст(-ка).
빈 (보나) 옵티미스트 (–카).

그는(그녀는) 비관주의자입니다.
Він(вона) песиміст(-ка).
빈 (보나) 페시미스 (–카).

그는(그녀는) 참을성이 있습니다(없습니다).
Він(вона)(не) терплячий(-ча).
빈 (보나) (네) 테르플랴취이 (–챠).

그는(그녀는) 명랑합니다.
Він(вона) веселий(-ла).
빈 (보나) 베세리이 (–라).

그는(그녀는) 겸손합니다.
Він(вона) скромний(-на).
빈 (보나) 스크롬늬이 (–나).

그는(그녀는) 수줍음을 타는 성격입니다.
Він(вона) боязкий(-ка).
빈 (보나) 보야즈킈이 (–카).

그는(그녀는) 정직합니다.
Він(вона) чесний(-а).
빈 (보나) 췌스늬이 (–아).

그는(그녀는) 진지합니다.
Він(вона) серйозний(-а).
빈 (보나)　세리오즈늬이　(–아).

그는(그녀는) 경솔합니다.
Він(вона) легковажний(-на).
빈 (보나)　레흐코바쥐늬이　(–나).

그는(그녀는) 책임감이 강합니다(없습니다).
Він(вона)(без) відповідальний(-а).
빈 (보나)　(베즈) 비드포비달늬이　(–아).

그는(그녀는) (부)정확한 사람입니다.
Він(вона) акуратний(-а).
빈 (보나)　아쿠라트늬이　(–아).

그는(그녀는) (비)양심적입니다.
Він(вона) добросовісний(-а).
빈 (보나)　도브로소비스늬이　(–아).

그는(그녀는) 공정한(공정하지 못한) 사람입니다.
Він(вона) справедливий(-а).
빈 (보아)　스프라베트리븨이　(–아).

그는(그녀는) 신뢰성이 있는(없는) 사람입니다.
Він(вона) довірливий(-а).
빈 (보나)　토비르리븨이　(–아).

그는(그녀는) 제대로 교육을 받은(받지 못한) 사람입니다.
Він(вона) вихований(-а).
빈 (보나)　비호바늬이　(–아).

그는(그녀는) 공손한(공손하지 못한) 사람입니다.
Він(вона) ввічливий(-а).
빈 (보나)　우비쉬리븨이　(–아).

그는(그녀는) 교양 있는(없는) 사람입니다.
Він(вона) культурний(-а).
빈 (보나)　쿨투르늬이　(–아).

그는(그녀는) 개방적인 사람입니다.
Він(вона) відкритий(-а).
빈 (보나)　비드크릿틔이(–아).

그는(그녀는) 폐쇄적인 사람입니다.
Він(вона) прихований(-а).
빈 (보나) 프리호반늬이 (–아).

그는(그녀는) 사교성이 없는 사람입니다.
Він(вона) замкнутий(-а).
빈 (보나) 잠크누틔이 (–아).

그는(그녀는) 적극적인 사람입니다.
Він(вона) активний(-а).
빈 (보나) 아크티브늬이 (–아).

그는(그녀는) 소극적인 사람입니다.
Він(вона) пасивний(-а).
빈 (보나) 파시브늬이 (–아).

그는(그녀는) 열정적인(열정이 없는) 사람입니다.
Він(вона) безпристрасний(-а).
빈 (보나) 베즈프리스트라스늬이 (–아).

그는(그녀는) 따뜻한 사람입니다.
Він(вона) теплий(-а).
빈 (보나) 테플릐이 (–아).

그는(그녀는) 차가운 사람입니다.
Він(вона) холодний(-а).
빈 (보나) 홀로드늬이 (–아).

그는(그녀는) 선한 사람입니다.
Він(вона) добрий(-а).
빈 (보나) 도브릐이 (–아).

그는(그녀는) 악한 사람입니다.
Він(вона) злий(-а).
빈 (보나) 즐릐이 (–아).

그는(그녀는) 부지런한 사람입니다.
Він(вона) працелюбний(-а).
빈 (보나) 프라첼류브늬이 (–아).

그는(그녀는) 게으른 사람입니다.
Він(вона) ледачий(-а).
빈 (보나) 레다취이 (–아).

그는(그녀는) 과묵한 사람입니다.
Він(вона) мовчазний(-а).
빈 (보나) 모브챠즈늬이 (−아).

그는(그녀는) 수다스럽습니다.
Він(вона) балакучий(-а).
빈 (보나) 발라쿠취이 (−아).

그는(그녀는) 정력적입니다.
Він(вона) енергійний(-а).
빈 (보나) 에네르히이늬이 (−아).

그는(그녀는) 교활합니다.
Він(вона) хитрий(-а).
빈 (보나) 히트릐이 (−아).

그는(그녀는) 겁쟁이입니다.
Він(вона) боязкий(-а)
빈 (보나) 보야즈킈이 (−아).

그는(그녀는) 고집에 셉니다.
Він(вона) упертий(-а).
빈 (보나) 우페르틔이 (−아).

그는(그녀는) 용감합니다.
Він(вона) хоробрий(-а).
빈 (보나) 호로브릐이 (−아).

응용회화

Діалог

Сашко: Чи бачила ти нашого нового інженера?
사슈코: 취 바췰라 티 나쇼호 노보호 인제네라?

Раїса: Бачила.
라이사: 바췰라.

Сашко: То як?
사슈코: 토 야크?

Раїса: Що як?
라이사: 쉬초 야크?

Сашко: Яким він тобі здався?
사슈코: 야킴 빈 또비 즈다브샤?

Раїса: Не знаю. Важко судити про людину з першого
라이사: 네 즈나유. 바쥐코 수디티 프로 류디무 즈 페르쇼호

погляду, але по-моєму нічого.
포흘랴두, 알레 포-모예무 니쵸호.

Симпатичний, спокійний.
심파티취늬이, 스포키이늬이.

Сашко: А мені він не сподобався.
사슈코: 아 메니 빈 네 스포도바브샤.

Якийсь важний, самовпевнений, занадто гордий...
야킈이시 바쥐늬이, 사모브페브네늬이, 자나드토 호르듸이…

Сьогодні пройшов повз мене в коридорі і не
시오호드니 프로디쇼우 포브즈 메네 브 코리도리 이 네

привітався.
프리비타브샤.

Раїса: Ну, по-перше, він тут нікого ще не знає, а по-друге,
라이사: 누, 모-페르셰, 빈 투트 니코호 쉬체 네 즈나예, 아 포-드루헤,

він просто погано бачить.
빈 프로스토 포하노 바취츠.

Сашко: Не знаю, але може бути.
사슈코: 네 즈나유, 알레 모제 부티.

Раїса: Як би то не було, але не будемо поспішати з
라이사: 야크 비 토 네 불로, 알레 네 부데모 포스피샤티 즈

висновками.
비스노브카미.

Поживемо-побачимо, що він за чоловік(людина).
포쥐베모-포바취모, 쉬초 빈 자 쵸로비크 (류디나).

사샤: 너 새로 입사한 엔지니어 보았니?

라이사: 보았어.

사샤: 그래, 어떻든?

라이사: 《어떻다니》가 무슨 뜻이야?

사샤: 어떻게 보이더냐구?

라이사: 모르겠어. 사람을 한 번 보고 판단하는 것은 어려운 일
        이야. 하지만 내가 보기에는 괜찮았어. 호감가고 조용한
        사람이었어.

사샤: 그런데 왜 나는 그 사람이 마음에 안 들까? 뭔가 교만
        하고 자기 잘난 맛에 사는 것 같고, 잘난 체하는 것 같
        았어. 오늘 복도에서 내 옆을 지나가면서 인사도 하지 않
        았어.

라이사: 그럴 수 있어. 첫째, 여기서 그가 아는 사람이 없잖아.
        둘째, 단순히 못 보았을 수도 있잖아.

사샤: 모르겠어. 그럴 수도 있겠지.

라이사: 성급하게 결론짓지 말자. 지내다 보면 그가 어떤 사람인
        지 알 게 될 거야.

언제 일어나세요?

О котрій годині(коли) ви прокидаєтеся?

오 코트리이 호듸니 (콜리) 비 프로킈다예테샤?

7시에 일어납니다.

Я прокидаюся о сьомій годині.

야 프로킈다유샤 오 시오미이 호듸니.

오늘 몇 시간 잤나요?

Скільки годин ви сьогодні спали?

스킬키 호드니 비 시오호드니 스팔리?

7시간 잤어요.

Я спав(-а) 7(сім) годин.

야 스파우(–아) 7 (심) 호딘.

아침 운동을 하나요?

Ви робите ранкову зарядку(гімнастику)?

비 로비테 란코부 자랴드쿠 (힘나스티쿠)?

네, 아침 운동을 합니다.

Так, я роблю ранкову зарядку(гімнастику).

타크, 야 로블류 란코부 자랴드쿠 (힘나스티쿠).

언제 아침식사하나요?

О котрій годині(коли) ви снідаєте?

오 코트리이 호듸니 (콜리) 비 스니다예테?

아침식사는 7시에 합니다.

Я снідаю о 7(сьомій) годині.

야 스니다유 오 7 (시오미이) 호듸니.

집에서 언제 나오나요?

О котрій годині(коли) ви виходите з дому?

오 코트리이 호듸니 (콜리) 비 비호듸테 즈 도무?

8시에 집에서 나옵니다.
Я виходжу з дому о 8(восьмій) годині.
야 비호드쥬　　　　즈 도무　　오 8(보스미이)　　　호듸니.

업무 시간이 언제 시작됩니까?
Коли розпочинається ваш робочий день?
콜리　　　로즈모취나예츠샤　　　　바쉬 로보취이　　　덴?

업무시간은 9시부터입니다.
Мій робочий день розпочинається о 9(дев'ятій) годині.
미이 로보취이　　덴　　로즈포쉬나예츠샤　　　　오 9(데뱌티이)　　호듸니.

직장을 걸어서 갑니까, 차를 타고 갑니까?
Ви добираєтеся до роботи пішки чи їздите?
비 도비라예테샤　　　도 로보티　　피슈키　　취 이즈디테?

수업이 언제 시작됩니까?
О котрій годині(коли) розпочинаються заняття?
오 코트리이 호듸니　　(콜리)　로즈포취나유츠야　　　자냐쨔?

수업은 9시에 시작됩니다.
Заняття розпочинаються о 9(дев'ятій) годині.
자냐쨔　　　로즈포취나유츠샤　　　오 9(데뱌티이)　　호디니.

수업이 언제 끝납니까?
О котрій годині(коли) закінчуються заняття?
오 코트리이 호듸니　　(콜리)　자킨츄유츠샤　　　　자냐쨔?

수업은 6시에 끝납니다.
Заняття закінчуються о 6(шостій) годині вечора.
자냐쨔　　　자킨츄유츠샤　　　오 6(쇼스티이)　호디니　　베쬬라.

점심 식사를 주로 언제, 어디에서 합니까?
Де і коли ви зазвичай обідаєте?
데 이 콜리　비 자즈비챠이　　오비다예테?

주로 식당에서, 1시에 점심 식사를 합니다.
Я зазвичай обідаю у їдальні о 1(першій) годині.
야 자즈비챠이　　오비다유 우 이달니　　오 1(페르쉬이)　　호듸니.

점심시간은 얼마나 되나요?
Скільки часу триває обідня перерва?
스킬킈　　　챠수　트리바예 오비드냐 페레르바?

Обідня перерва триває одну годину.
오비드냐 페레르바 트리바예 오드누 호디누.

언제 업무가 끝납니까?
О котрій годині(коли) ви закінчуєте працювати?
오 코트리이 호드니(콜리)?

업무는 6시에 끝납니다.
Я закінчую працювати о 6(шостій) годині вечора.
야 자킨츄유   프라츄바티   오 6(쇼스티이) 호드니   베쵸라.

언제 집에 돌아가나요?
О котрій годині(коли) ви повертаєтеся додому?
오 코트리이 호드니 (콜리) 비 포베르다예테샤   도도무?

저는 8시에 집에 도착합니다.
Я приходжу додому о 8(восьмій) годині вечора.
야 프리호드쥬   도도무   오 8(보시미이)   호드니   베쵸라.

당신 아들은 언제 학교에서 돌아오나요?
О котрій годині(коли) ваш син повертається зі школи?
오 코트릐 호드니 (콜리) 바쉬 신 포베르타엣샤   지 쉬콜리?

3시에 하교합니다.
Він приходить зі школи о 3(третій) годині.
빈   프릐호드치   지 쉬콜릐   오 트레틔   호드니.

너는 얼마 동안 수업을 준비하니?
Скільки часу ти готуєш уроки?
스퀼긔   촤수 티 호투에쉬 우로킈?

수업 준비는 두 시간 또는 3시간 합니다.
Я готую уроки 2(дві) чи 3(три) години.
야 호두유 우로키   2(드비) 취 3(트리) 호드늬.

언제 잠자리에 드나요?
О котрій годині(коли) ви лягаєте спати?
오 코트리이 호드니 (콜리) 비 랴하예테 스파티?

11시에 잡니다.
Я лягаю спати о 11(одинадцятій) годині.
야 랴하유   스파티 오 11(오디나드챠티이)   호드니.

아침에 뭐 하나요?
Що ти(ви) робиш(робите) вранці?
쉬초 티(비) 로비쉬 (로비테) 브란치?

낮에 뭐 하나요?
Що ти(ви) робиш(робите) вдень?
쉬초 티(비) 로비쉬 (로비테) 브덴?

저녁에 뭐 하나요?
Що ти(ви) робиш(робите) ввечері?
쉬초 티(비) 로비쉬 (로비테) 우베췌리?

매일 저녁 뭐 하나요?
Що ти(ви) робиш(робите) вечорами?
쉬초 티(비) 로비쉬 (로비테) 베쵸라미?

여가시간에 뭐 하나요?
Що ти(ви) робиш(робите) в вільний час?
쉬초 티(비) 로비쉬 (로비테) 브 빌늬이 챠스?

독서합니다.
Я читаю книжку.
야 취타우 크니쥬쿠.

영화를 봅니다.
Я дивлюся кіно.
야 디블류샤 키노.

컴퓨터를 합니다.
Я сиджу за комп'ютером.
야 시드쥬 자 콤퓨테롬.

어제 뭐 했어요?
Що ти робив(-а) вчора?
쉬초 티 로비우 (-아) 브쵸라?

집에서 책 읽었어.
Я перебував(-ла) вдома та читав(-ла) книжку.
야 페레부바우 (-라) 브투마 타 취타우 (-라) 크니쥬쿠.

내일 뭐 할 건가요?
Що ти(ви) плануєш(-те)(будеш(-те)) робити завтра?
쉬초 티(비) 프라누예쉬 (-테) 부데쉬 (-테)) 로비티 자브트라?

토요일에 뭐 할 건가요?

Що ти(ви) плануєш(-те)(будеш(-те)) робити у суботу?

쉬초 티(비)　플라누예쉬 (–테) 부데쉬　(–테))　로비티　우 수보투?

일요일에 뭐 할 건가요?

Що ти(ви) плануєш(-те)(будеш(-те)) робити у неділю?

쉬초 티 (비)　프라누예쉬 (–테) 부데쉬　(–테))　로비티　우 네디류?

독서할 겁니다.

Я(буду читати)(читатиму)книжку.

야(부두　취타티)　(취타티무)　　크니쥬쿠.

TV 볼 겁니다.

Я(буду дивитися)(дивитимуся) телевізор.

야(부두　디비티샤)　(디비티무샤)　　텔레비조르.

숙제할 겁니다.

Я буду робити(виконувати) домашнє завдання.

야 부두　로비티　(비코누바티)　　도마쉬녜　자브단냐.

발레 볼 겁니다.

Я(буду дивитися)(дивитимуся) балет.

야(부두　디비티샤)　(디비티무샤)　　발레트.

음악 들을 겁니다.

Я буду слухати музику.

야 부두　슬루하티　무지쿠.

음악회 갈 겁니다.

Я піду на концерт.

야 피두　나　콘쩨르트.

극장 갈 겁니다.

Я піду до театру.

야 피두　도　테아트루.

별 다른 계획이 없습니다.

У мене немає ніяких особливих планів.

우 메네　네마예　니야키흐　오소블리비스　플라니우.

새로운 단어를 외우고 텍스트를 읽을 겁니다.

Вивчу нові слова та почитаю текст.

비브츄　노비　슬로바　타 포취타유　　텍스트.

Діалог 1

Микола: Який сьогодні день?
미꼴라: 야킈이 시오호드니 덴?

Надія : Сьогодні четвер.
나디야: 시오호드니 췌베르.

Микола: А що ти робиш в суботу?
니꼴라: 아 쉬초 티 로비쉬 브 수보투?

Надія : У мене немає ніяких планів.
나디야: 우 메네 네마예 니야키흐 플라니우.

Микола: Запрошую сходити до театру.
미꼴라: 자프로슈유 스호디티 도 테아트루

Надія : Добре.
나디야: 도브레.

미꼴라: 오늘이 무슨 요일이니?
나디야: 목요일이야.
미꼴라: 너 토요일에 뭐 할 거니?
나디야: 아무 계획 없어.
미꼴라: 극장 가지 않을래
나디야: 좋아.

Діалог 2

Ірина: Що ти робив вчора ввечері?
이리나: 쉬초 티 로비우 브쵸라 우베체리?

Павло: Вчора я дивився балет 《Жизель》
빠블로: 브쵸라 야 디븨브샤 발레트 《쥐젤》.

А ти що робила вчора?
아 티 쉬초 로빌라 브쵸라?

Ірина: Я знаходилася вдома та цілий день читала книжки.
이리나: 야 즈나호디라샤　브도마　타 찌릐이 덴　취탈라 크니쥐키.

Як балет?
야크 발레트?

Павло: Чудово.
빠블로: 츄도보.

Ірина: А хто грав?
이리나: 아 흐토 흐라우?

Павло: Плісецька.
빠블로: 프리세치카.

Ірина: Плісецька. Тобі пощастило!
이리나: 프리세치카.　또니 포쉬차스틸로!

이리나: 너 어제 저녁에 뭐 했니?
빠블로: 어제 저녁에 발레 《지젤》 봤어. 너는 어제 뭐 했는데?
이리나: 하루 종일 집에 있었어. 책도 읽고. 발레는 어땠어?
빠블로: 아주 좋았어.
이리나: 누가 공연했니?
빠블로: 쁠리세쯔가야.
이리나: 쁠리세쯔까야라고? 너 운이 좋았다.

Діалог 3

Софія: Вікторе, а що ти сьогодні ввечері будеш робити?
소피야: 비크토레,　아 쉬초 티 시오호드니 우베체리 부데쉬　로븨틔?

Віктор: Буду займатися.
빅토르: 부두　자이마티샤.

Вивчу нові слова та прочитаю цю розповідь.
비브츄 노비 슬로바 타 프로취타유　츄 로즈포비디.

Чи будеш ти сьогодні читати цю розповідь?
취 부데쉬 티 시어호드니 취타티 츄 로즈포비디?

Софія: Ні, сьогодні читати не буду.
소피야: 니, 시오호드니 취타티 네 부두.

Я зайнята, але обов'язково її прочитаю завтра.
야 자이냐타, 알레 오보뱌코보 이이 프로취타유 자브트라.

Віктор: Чи знаєш ти ці вірші?
빅토르: 취 즈나예쉬 티 찌 비르쉬?

Софія: Так, я вивчила їх напам'ять.
소피야: 타크, 야 븨브췰라 이흐 나파먀츠.

Віктор: Це дуже гарні вірші.
빅토르: 쩨 두제 하르니 비르쉬.

Я також вивчу їх напам'ять обов'язково.
야 타코쥐 비부츄 이흐 나파먀츠 오보뱌즈코보.

소피야: 빅토르, 너 오늘 저녁에 뭐 할거니?
빅토르: 공부할거야. 새 단어 외우고 이 단편을 다 읽으려고 해.
　　　　너도 오늘 이 단편 다 읽을거니?
소피야: 아니, 오늘 안 읽을거야. 바빠서. 하지만 내일은 다 읽으
　　　　려고.
빅토르: 그런데 너 이 시 알고 있니?
소피야: 알고 있어. 그 시 다 암송했어.
빅토르: 아주 아름다운 시야. 나도 꼭 암송해야지.

어디에 사세요?

Де ви(ти) живете(живеш) мешкаєте(-єш)?

데 비 (티) 쥐베테 (쥐베쉬) 메쉬카예테 (–예쉬)?

이전엔 어디에 사셨나요?

Де раніше ви(ти) жили(-ла, -в) мешкали(-ав)?

데 라니쉐 비 (티) 쥘리 (–라, –우) 메슈카리 (–아우)?

당신 집은 몇 층인가요?

Скільки поверхів у вашому будинку?

스킬키 포베르히우 우 바쇼무 부딘쿠?

당신 집은 방이 몇 개인가요?

Скільки кімнат у вашій квартирі?

스킬키 킴나트 우 바쉬이 크바르틔리?

당신 방 창문은 어느 쪽으로 나있나요?

Куди виходять вікна вашої кімнати?

쿠디 비호댜츠 비크나 바쇼이 킴나틕?

당신 집에는 어떤 편의시설이 있나요?

Які є(наявні) зручності у вашому будинку?

야키 예(나야브니) 즈루취노스티 우 바쇼무 부딘쿠?

아파트는 모든 편의시설이 갖추어져 있습니다.

Чи квартира з усіма зручностями.

취 크바르티라 즈 우시마 즈루취노스탸미.

모든 집처럼 가스, 전화, 온수, 전기 등이 있습니다.

Як у всіх: газ, телефон, гаряча вода, електрика….

야크 우 브시흐: 하즈, 텔레폰, 하랴차 보다, 엘레크트리카….

옆에 사십니까?

Ви живите(мешкаєте) поряд?

비 쥐비테 (메쉬카예테) 포랴드?

정말 아름다운 큰 집이군요!

Який гарний великий будинок!

야킈이 하르닠이 벨리킈이 부듸노크!

당신 집은 큽니까?

Чи велика у вас квартира?

취 벨릭카 우 바스 크바르틱라?

큰 편입니다. 방이 4개고 60 평방미터입니다.

Досить велика: 4(чотири) кімнати-60(шістдесят)
도시츠 벨리카: 4(쵸틱릐) 킴나틱-60 (쉬스트데샤트)

квадратних метрів.

크바드라트늬흐 메트릐우.

아파트엔 방이 몇 개입니까?

Скільки кімнат у квартирі?

스킬킈 킴나트 우 크바르틱리?

위 층에 방이 3개가 있고, 아래층에는 2개가 있습니다.

Зверху три кімнати та дві знизу.

즈베르후 트리 킴나틱 타 드비 즈늬주.

당신 아파트는 몇 층입니까?

На якому поверсі ваша квартира?

나 야코무 포베르시 바샤 크바르틱라?

새 아파트를 샀어요?

Ти купив(-a) нову квартиру?

티 쿠피우 (-아) 노부 크바르티루?

네, 새 집으로 이사했어요.

Так, ми навіть переїхали в новий будинок.

타크, 미 나비츠 페레이할리 브 노븨이 부듸노크.

집들이를 하려고 합니다.

Ми хочемо влаштувати новосілля.

미 호체모 블라슈투바틱 노보실랴.

Приїжджай(-те) до нас в суботу ввечері на новосілля.

프리쥬드쟈이　(−테) 도　나스 브 수보투　우베체리　나 노보실랴.

Діалог 1

Анатолій: Марино, де ти мешкаєш(живеш).
아나똘리:　마리노,　데 티　메쉬카예쉬(쥐베쉬).

Юджін: Я мешкаю(живу) у гуртожитку КНУ, на вул.
유진:　야 메쉬카유　(쥐부)　우 후르토쥐트쿠　KNU,　나 물.

Ломоносова, 38.
로모노소바,　　38.

А ти де мешкаєш(живеш)?
아 티 데 메쉬카예뉘　(쥐베쉬)?

Анатолій : Я мешкаю(живу) в центрі міста один.
아나똘리:　야 메쉬카유　(쥐부)　브 쩬트리　미스타 오딘.

Мої батьки мешкають(живуть) у місті
모이　바츠키　메쉬카유츠　(쥐부츠)　우 미스티

Запоріжжі. Твої батьки мешкають(живуть)
자포리.　　뜨보이 바츠키　메쉬카유츠　(쥐부츠)

у Сеулі?
우 세울리?

Юджін : Так, у Сеулі.
유진:　타크, 우 세울리.

Я дуже сумую за батьками.
야 두줴　수무유　자 바츠카미.

아나똘리: 마리나, 너는 어디에 사니?

유진:　나는 로마노소프 대로에 있는 키예프 국립대학교 기
숙사에 살아. 너는 어디에 사니?

아나똘리: 나는 시내에 혼자 살고 있어. 부모님은 자포로쥐에 사

셔. 네 부모님은 서울에 사시니?

유진: 응. 서울에 계셔. 부모님이 무척 보고 싶어.

Діалог 2

Олена: Вітаю, Павло! Кажуть, що ти купив нову
올레나: 비타유, 빠블로! 카쥬츠, 쉬초 티 쿠피우 노부

квартиру.
크바르티루.

Павло: Так, ми навіть переїхали в новий будинок.
빠블로: 타크, 미 나비츠 페레이할리 브 노븨이 부디노크.

Приїздіть до нас на новосілля у суботу.
프릐이즈티츠 도 나스 나 노보실랴 우 수보투.

Олена: Дякую. З задоволенням. Квартира велика?
올레나: 댜쿠유. 즈 자도볼렌냠. 크바르티라 벨리카?

Павло: Ні, не дуже : три кімнати, та, звичайно, кухня,
빠블로: 니, 네 두제 : 트리 킴나티, 타, 즈비챠이노, 쿠히야,

ванна, вбиральня і передпокій.
반나, 우비랄냐 이 펠레도포키이.

Олена: А які зручності?
올레나: 아 야키 크루취노스티?

Павло: Все як і належить : електрика, газ, гаряча вода,
빠블로: 브세 야크 이 날레쥐츠: 엘레크트리카, 하즈, 하랴챠 보다,

телефон, Інтернет…
텔레폰, 인테르네트…

Олена: А поверх який?
올레나: 아 포베르흐 야킈이?

Павло: П'ятий.
빠블로: 퍄틔이.

Олена: Ліфт наявний(є)?
올레나: 리프트 나야브늬이(예)?

Павло: Так. Обов'язково приїжджайте з Іваном в суботу.
빠블로: 타크, 오보뱌코보 프리쥬드쟈이떼 즈 이바놈 브 수보투.

Олена: Дякую, приїдемо.
올레나:　　댜쿠유,　　　프릐이데모.

올레나: 안녕, 빠블로! 너 아파트 샀다면서?
빠블로: 응, 벌써 새 집으로 이사했어. 토요일 집들이에 와.
올레나: 고마워. 당연히 가야지. 아파트는 크니?
빠블로: 아니, 그렇게 크지 않아. 방 세 개. 거실. 부엌. 현관이지 뭐.
올레나: 편의시설은 뭐가 있어?
빠블로: 다 있어. 전기. 가스. 온수. 전화. 인터넷…
올레나: 그런데 몇 층이야?
빠블로: 5 층이야.
올레나: 엘리베이터 있어?
빠블로: 응, 토요일에 이반하고 꼭 같이 와.
올레나: 고마워. 갈게.

Діалог 3

Людмила:　Олександре, мені трохи незручно мешкати
류드밀라:　올레크산드레,　　메니　트로히　네즈루취노　메쉬카티

(жити) у гуртожитку.
(쥐티)　　우 후르토쥐트쿠.

Тут немає кухні, тому важко готувати обід.
투트 네마예　쿠흐니, 토무　　바쥬코 호투바티　　오비드.

Олександр:　Ти бажаєш(хочеш) знімати(наймати,
올렉산드르:　티　바좌예쉬　(호체쉬)　　즈니마티　(나이마티,

орендувати) квартиру?
오렌두바티)　　크바르티루?

Людмила:　Так, я бажаю(хочу) переїхати в квартиру.
류드밀라:　타크,　야 바쟈유　(호츄)　페레이하티　브 크바르티루.

У квартирі, звичайно, є(наявна) кухня, ванна,
우 크바르티리, 즈비챠이노,　예(나야브나) 쿠흐냐,　반나,

велика кімната.
벨리카　킴나타.

Олександр: Зрозумів.
올렉산드르: 즈로주미우.

А до якого району ти хочеш переїхати?
아 도 야코호　라이오누　티 호체쉬　페레이하티?

Людмила: Ще не димала.
류드밀라: 쉬체 네 두말라.

А скільки коштує(вартує) оренда квартири?
아 스킬키　코슈투예 (바르투예) 오렌다　크바르티리?

Олександр: Здається, приблизно 200 доларів за місяць.
올렉산드르: 즈다예츠샤,　프리블리즈노　200 돌라리우　자 미샤츠.

Людмила: Не дуже дорого.
류드밀라: 네 두졔　도로호.

Та ще подумаю і вирішу.
타 쉬체 포두마유　이 비리슈.

류드밀라: 올렉산드르! 기숙사에서 지내기가 조금 불편해. 여
기에는 부엌이 없잖아. 그래서 식사준비 하기가 어
려워.

올렉산드르: 아파트 렌트하고 싶니?

류드밀라: 응, 아파트로 옮기고 싶어. 아파트에는 물론 부엌도
있고, 목욕탕도 있고, 방도 크잖아.

올렉산드르: 알겠어. 그런데 어느 지역으로 이사하고 싶니?

류드밀라: 생각이 떠오르지 않아. 아파트 세가 얼마지?

올렉산드르: 월세가 약 200달러 정도야.

류드밀라: 그렇게 비싸지 않구나. 좀 더 생각해 보고 결정해야
겠어.

Ганна:	Вітаю з новосіллям!
한나:	비타유 즈 노보실럄!

Володимир:	Дякую. Ми так задоволені!
볼로디미르:	댜쿠유. 미 타크 자도볼레니!

Ганна:	Бачу, бачу…
한나:	바츄, 바츄…

Квартира дуже гарна!
크바르티라   두제   하르나!

Тільки як же ви наважилися поїхати з
틸키   야크 제 비 나바쥘리샤   포이하티   즈

центру?
쪤트루?

Там все під рукою, робота поруч...
탐   브세 피드 루쿠유,   로보타   포루취…

Володимир:	А ти знаєш, ми хотіли в новий район.
볼로디미르:	아 티 즈나예쉬, 미 호틸리 브 노븨이 라이온.

У новому районі свої переваги: в кожному
우 노보무   라이오니 스보이 페레바히: 브 코쥬노무

мікрорайоні-універсам, шопінг-центр,
미크로라이오니– 우리베르삼,   쇼핀그–쪤트르,

школа, дитячий садочок, банк, пошта,
슈콜라,   디쨔취이   사도쵸크,   반크,   포슈타,

словом, все, що треба для життя.
슬로봄,   브세, 쉬초 트레바 들랴   쥐쨔.

А в центрі міста-багато народу, гомін від
아 브 쪤트리   미스타– 바하토   나로두,   호민   비드

транспорту, мало зелені...
트란스포르투,   말로   젤레니…

Ганна:	Як я бачу, ти дуже радий, як говорять: від
한나:	야크 야 바츄, 티 두제 라듸이, 야크 호보랴츠: 비드

щастя на сьомому небі.
쉬차스쨔 나 스오모무   네비.

А я все-таки віддаю перевагу центру.
아 야 브세–타키　비다유　페레바후　쩬트루

Все життя прожила на вул. Хрещатик та
브세 쥐쨔　프로쥘라　나 불. 흐레쉬차티크　타

ні за що не переїду.
니 자 쉬초 네 페레이두.

한나:	집들이 축하해!
볼로디미르:	고마워. 우린 대만족이야.
한나:	그래 보여. 집이 아주 훌륭해. 그런데 어떻게 시내에서 이사 갈 생각을 했니? 시내에는 모든 것이 바로 코앞에 있잖아. 직장도 옆에 있고.
볼로디미르:	그런데 우리가 신시가지로 이사 오고 싶었던 것 너도 알지. 신시가지는 나름대로 장점을 갖고 있어. 소구역마다 백화점, 쇼핑센터, 학교, 유치원, 은행, 우체국 등 말하자면, 생활에 필요한 모든 것이 다 있어. 그런데 시내에는 사람은 많고 차량으로 소음도 많고, 나무가 작잖아.
한나:	그래. 너 무척 기뻐하는 것 같다. 사람들이 말하는 것처럼, 행복해서 하늘에 붕 떠있는 것처럼 보여. 하지만 난 여전히 시내가 더 좋아. 평생 흐레싁차틱 거리에 살아서, 다른 곳으로 이사하고 싶은 생각이 없어.

비자
Віза

비자를 어디에서 받을 수 있는지 아시나요?
Чи ви не знаєте, де можна одержати візу?
취 비 네 즈나예테, 데 모쥬나 오데르쟈티 비주?

대사관 영사관에서요.
В консульському відділі посольства.
브 콘술스코무 비딜리 포솔스트바.

우크라이나 입국 비자를 여기에서 받을 수 있는 지 말씀해 주세요.
Скажіть, будь ласка, тут можна одержати в'їзну візу в
스카쥐츠, 부디 라스카, 투트 모쥬나 오데르쟈티 비즈누 비주 브
Україну.
우크라이누.

네, 여기에서요.
Так, тут.
탁크, 투트.

초청 방문입니까?
Ви їдете на запрошення?
비 이데떼 나 자프로쉔냐?

네, 물론입니다.
Так, звичайно.
타크, 즈비챠이노.

초청장을 보여 주세요.
Покажіть, будь ласка, запрошення.
포자쥐츠, 부디 라스카, 자프로쉔냐.

여기 있습니다.
Ось, будь ласка.
오시, 부디 라스카.

여행 목적이 무엇입니까?
Яка мета вашої поїздки?
야카　메타　바쇼이　포이즈드키?

비즈니스 방문입니다.
Ділова.
딜로바.

연수입니다.
На стажування.
나　스타쥬반냐.

유학입니다.
На навчання.
나　나브챤냐.

비자 유효 기간을 얼마나 원하십니까?
На який термін дії ви бажаєте(хочете) візу?
나　야킈이 테르민　디 비 바쟈예테　(호체테)　비주?

한 달입니다.
Один місяць.
오딘　미샤츠.

키예프에 3주 머무를 겁니다.
Я буду знаходитися три неділі у Києві.
야 부두　즈나호디티샤　트리 네딜리 우 키예비.

비자유효기간을 한 달로 해주겠습니다.
Я напишу вам термін дії візи на один місяць.
야 나피슈　밤 테르민　디 비지 나 오딘　미샤츠.

언제 비자를 받을 수 있나요?
Коли я зможу одержати візу?
콜리　야 즈모쥬　오데르쟈티　비주?

2주 후에 찾으러 오세요.
Прийдіть через 2 тижні за нею.
프리이 디츠　췌레즈 2 티쥐니　자 네유.

복수 비자를 받을 수 있나요?
Де можна одержати багатократну візу?
데　모쥬나　오데르쟈티　바하토크라트누　비주?

자주 왕래를 해야 할 것 같습니다.

Мені часто треба їздити туди та назад.
메니 챠스토 트레바 이즈디티 투디 타 나자드.

복수비자를 주겠습니다.

Я вам оформлю багатократну візу.
야 밤 오포르믈류 바하토크라트누 비주.

복수비자를 받기 힘듭니다. 단수비자를 주겠습니다.

Вам важко(тяжко) одержати багатократну візу.
밤 바쥬노 (타쥬코) 오데르쟈티 바하토크라트누 비주.

Я оформлю вам короткострокову візу.
야 오포르믈류 밤 코로트코스트로코부 비주.

비자 신청서를 받으시고 그곳에 기입하십시오. 초청장과 사진, 여권 사본을 첨부하십시오. 비자는 2주 후에 나옵니다.

Візьміть бланки візових анкет та, будь ласка, заповніть їх.
비즈미츠 블란키 비조비흐 안케트 타, 부디 라스카, 자포브니츠 이흐

Додайте до них фотокартки, запрошення та копію
도다이떼 도 니흐 포토카르트키, 자프로쉔냐 타 코피유

паспорту.
파스포르투.

Ваша віза буде готова через два тижні.
바샤 비자 부데 호토바 췌레즈 드바 티쥐니.

언제 비자가 나옵니까?

Коли буде готова віза?
콜리 부데 호토바 비자?

비자는 2주 후에 나올 겁니다.

Ваша віза буде готова через два тижні.
바샤 비자 부데 호토바 췌레즈 드바 티흐니.

비자를 연장하고 싶습니다.

Я хочу(бажаю) продовжити візу(термін дії).
야 호추 (바쟈유) 프로토브춰티 비 (테르빈 디).

여권을 제출하십시오.

Пред'явіть паспорт.
프레탸비츠 바스포르트.

외국인 비자 등록부로 가세요.
Зверніться до відділу віз та реєстрації.
즈베르니츠샤 도 비딜루 비즈 타 레예스트라찌이.

출국비자
віза для виїзду
비자 들랴 비즈투

입국비자
віза для в'їзду
비자 들랴 비즈두

출입국 비자
в'їздна - виїздна віза
비즈드나 – 비즈드나 비자

통과 비자
транзитна віза
트란지트나 비자

단수비자
короткострокова(одноразова) віза
코로트코스트로코바 (오드보라조바) 비자

복수 비자
довгострокова(багаторазова) віза
도브호스트로코바 (바하토라조바) 비자

응용회화

Діалог 1

Зінаїда :　　　Чи не знаєте ви, де можна одержати візу?
지나이다:　　치 네 즈나예테 비, 데 모즈나 오데르자티 비주?

Перехожий:　В консульському відділі посольства.
통행인　　　브 콘술스코호 비딜리 파솔스트바.

Зінаїда :　　Дякую.
지나이다:　　댝쿠유.

지나이다: 비자를 어디에서 받는지 아세요?
행인:　　　대사관 영사과에서요.
지나이다: 감사합니다.

Діалог 2

Зінаїда: Вітаю!(Добрий день!)
지나이다:　비타유! (도브릐이　덴!)

Скажіть, будь ласка, тут можна одержати візу
스카쥐츠,　부디　라스카,　투트　모쥬나　오데르쟈티　비주

для в'їзду до України.
들랴 비즈두　도　우크라이늬.

Консул: Так, тут.
콘술:　　타크, 투트.

Ви їдете на запрошення?
비　이데테　나　자프로쉔냐?

Зінаїда: Так, звичайно.
지나이다:　타크,　즈비챠이노.

Консул: Покажіть(пред'явіть).
콘술:　　포카쥐츠　　(프레댜비츠).

Зінаїда: Будь ласка.
지나이다:　부디　라스카.

Консул: Яка мета вашої поїздки?
콘술: 야카 메타 바쇼이 포이즈드키?

Зінаїда: На стажування.
지나이다:　나　스타쥬반냐.

Консул: На який термін ви бажаєте?
콘술:　　나　야킈이 테르민　　비　바쟈예테?

Зінаїда: Я хочу(бажаю) на один місяць.
지나이다: 야 호추 (바쟈우) 나 오딘 미샤츠.

Консул: Добре. Я напишу вам термін дії візи на один
콘술: 도브레. 야 나피슈 밤 테르민 디 비지 나 오딘

місяць.
미샤츠.

Коли ви вилітаєте до Києва?
콜리 비 비리타예테 도 키예바?

Зінаїда: Через три тижні, точніше, 15-го лютого.
지나이다: 췌레즈 트리 티쥬니, 토취셰, 15-호 류토호.

А коли я зможу одержати візу?
아 콜리 야 즈모쥬 오데르쟈티 비주?

Консул: Через 2(два) тижні.
콘술: 취레즈 2(드바) 티쥬니.

Зінаїда: Щиро дякую.
지나이다: 쉬치로 댜쿠유.

Консул: Візьміть бланки візових анкет та, будь ласка,
콘술: 비즈미츠 블란키 비조비흐 안케트 타, 부디 라스카,

заповніть їх.
자포브니츠 이흐.

Прикладіть до них фотокартки, запрошення та
프리클라디츠 도 니흐 포토카르트키, 자프로쉔냐 타

копію паспорту.
코피유 파스포르투.

Ваша віза буде готова через два тижні.
바샤 비자 부데 호토바 췌레즈 드바 티쥐니.

지나이다: 안녕하세요? 여기서 우크라이나 입국비자를 받나요?
영사: 네, 여기에요. 초청방문입니까?
지나이다: 네, 물론입니다.
영사: 초청장 보여 주세요.
지나이다: 자, 여기 있습니다.

영사: 여기 있습니다. 당신의 여행 목적은 무엇입니까?

지나이다: 연수입니다.

영사: 비자 유효기간을 얼마나 원하세요?

지나이다: 한 달을 원합니다.

영사: 좋습니다. 비자유효기간을 한 달 주겠습니다. 언제 키예프로 떠나십니까?

지나이다: 3주 후에요. 더 정확하게, 2월 15일에 떠납니다. 언제 비자를 받을 수 있나요?

영사: 2주 후에요.

지나이다: 대단히 감사합니다.

영사: 비자 신청서를 받으시고 그곳에 기입하십시오. 초청장과 사진, 여권 사본도 첨부하시구요. 당신 비자는 2주 후에 나옵니다.

АНКЕТА ДЛЯ ОТРИМАННЯ НАЦІОНАЛЬНОЇ ВІЗИ

Безкоштовний бланк

<table>
<tr>
<td colspan="4">1. Прізвище/ща(х)</td>
<td rowspan="3">ЗАПОВНЮЄТЬСЯ СПІВРОБІТНИКАМИ ПОСОЛЬСТВА</td>
</tr>
<tr>
<td colspan="4">2. Прізвище при народженні/попереднє прізвище(х)</td>
</tr>
</table>

1. Прізвище/ща(х)	ЗАПОВНЮЄТЬСЯ СПІВРОБІТНИКАМИ ПОСОЛЬСТВА
2. Прізвище при народженні/попереднє прізвище(х)	Дата подання анкети:
3. Ім'я/Імена(х)	Номер анкети:

<table>
<tr>
<td>4. Дата народження (день-місяць-рік)</td>
<td>5. Місце народження
6. Країна народження</td>
<td>7. Громадянство

Громадянство при народженні, якщо відмінне від теперішнього:</td>
<td>Заява подана до:
☐ посольства/консульства
☐ постачальника послуг
☐ комерційного посередника
☐ на кордоні</td>
</tr>
<tr>
<td>8. Стать
☐ чоловік ☐ жінка</td>
<td colspan="2">9. Громадянський стан
☐ неодружений/а
☐ одружений/а ☐ роздільне проживання ☐ розведений/а
☐ вдівець/а ☐ інше(уточнити)</td>
<td>Назва˙

☐ інші</td>
</tr>
<tr>
<td colspan="3">10. Для неповнолітніх: прізвище, ім'я, адреса(якщо відрізняється від адреси заявника) та громадянство особи, яка має батьківські права або є офіційним опікуном</td>
<td>Справу розглянув:</td>
</tr>
<tr>
<td colspan="3">11. Національний ідентифікаційний номер (якщо стосується)</td>
<td>Подані документи:
☐ проїзний документ</td>
</tr>
<tr>
<td colspan="3">12. Вид проїзного документу:
☐ паспорт ☐ дипломатичний паспорт ☐ службовий паспорт
☐ офіційний паспорт ☐ спеціальний паспорт
☐ інший проїзний документ(визначити)</td>
<td>☐ кошти утримання
☐ запрошення</td>
</tr>
<tr>
<td>13. Номер проїзного документу</td>
<td>14. Дата видачі</td>
<td>15. Дійсний до | 16. Ким виданий</td>
<td>☐ транспортні засоби
☐ медична страховка

☐ інші:</td>
</tr>
<tr>
<td colspan="2">17. Поштова адреса та адреса електронної пошти заявника</td>
<td>Номер(-и) телефонів</td>
<td>Рішення щодо візи:
☐ Відмовлено
☐ Видано:</td>
</tr>
<tr>
<td colspan="3">18. Чи Пан/Пані постійно проживає в іншій державі ніж держава громадянства?
☐ Ні
☐ Так. Дозвіл на проживання або рівноцінний документ............Номер............. Дійсний до</td>
<td>☐ Дійсна:
з ....</td>
</tr>
</table>

* 19. Професія(актуальна)	до ....
* 20. Назва, адрес і № телефону роботодавця. Для студентів, назва і адреса навчального закладу	Кількість в'їздів: □ 1 □ 2 □ багато
21. Основна мета подорожі: □ туризм □ службові справи □ візит до родичів чи друзів □ культура □ спорт □ офіційний візит □ лікування □ навчання □ інше(уточнити)	Кількість днів:

22.Держава-член, яка є метою подорожі ————ПОЛЬЩА——	23 Держава-член першого в'їзду
24. Кількість в'їздів? один? два? багато	25. Передбачений період перебування Вкажіть кількість днів

* На запитання, зазначені зірочкою(*), не відповідають члени сім'ї громадянина ЄС, ЄЕП або Швейцарської Конфедерації(подружжя, діти або батьки на утриманні), які користуються правом вільного пересування. Родичі громадян ЄС, ЄЕП або Швейцарської Конфедерації мають подати документи, що підтверджують родинний зв'язок та заповнити пункти номер 34 і 35.

(х). Пункти з 1по 3 повинні відповідати даним в проїзному документі.

26. Попередні національні візи і Шенгенські візи, отримані протягом останніх трьох років □ ні □ Так. Дати строку дії візи: від.................. до...	
27. Відбитки пальців, взяті раніше для отримання Шенгенської візи □ ні □ так Дата(якщо відома)......................	
28. Дозвіл на в'їзд до держави призначення ———————— НЕ СТОСУЄТЬСЯ —————————	
29. Планована дата в'їзду до Республіки Польща	30. Планована дата виїзду з Республіки Польща	
* 31. Ім'я та прізвище особи чи осіб, котрі запрошують до Республіки Польща. В іншому випадку, назва готелю(-ів) або адреса місця(-ць) проживання заявника у Республіці Польща	
Поштова адреса та адреса електронної пошти особи чи осіб, котрі запрошують до Республіки Польща, готелю(-ів) або адреса місця(-ць) проживання	№ телефону та факсу	
* 32. Назва та адреса фірми чи організації, що запрошує	№ телефону фірми чи організації	

Ім'я, прізвище, адреса, номери телефону та факсу, адреса електронної пошти контактної особи на фірмі чи організації:	

*** 33. Витрати на проживання заявника під час його перебування покриваються**

□ самим заявником Кошти утримання □ готівка □ подорожні чеки □ кредитна картка □ оплачене житло □ оплачений транспорт □ інше(уточнити)	□ приймаючою стороною(особа, котра запросила, фірма, організація) уточнити □ вказане в пунктах 31 або 32 □ інше(уточнити) Кошти утримання □ готівка □ заявнику надається житло □ покриваються всі витрати стосовно перебування □ оплачений транспорт □ інше(уточнити)

34. Особисті дані члена сім'ї, який є громадянином ЄС, ЄЕП або Швейцарської Конфедерації

Прізвище		Ім'я
Дата народження	Громадянство	Номер проїзного документу чи посвідчення особи

35. Спорідненість з громадянином ЄС, ЄЕП або Швейцарської Конфедерації
□ чоловік/дружина □ син/донька □ онук/онука
□ мати/батько на утриманні

36. Місце і дата	37. підпис(замість неповнолітньої дитини підписує один з батьків або опікунів)

Мені відомо, що відмова у видачі візи не є приводом для повернення організаційних витрат

Для заявників на багаторазову національну візу(див. пункт № 24):

Мені відомо про необхідність мати медичну страховку як для першої подорожі, так і для наступних поїздок на територію Республіки Польща в розумінні постанов щодо виплат по охороні здоров'я фінансованих за рахунок казни або медичного страхування.

Місце і дата	Підпис(замість неповнолітньої дитини підписує один з батьків або опікунів)

08 식당
Ресторан

식당 정보 (Інформація про ресторан)

여기 어디에 레스토랑이 있나요?
Де знаходиться ресторан?
데 즈나호디츠샤 레스토란?

여기 어디에 좋은 레스토랑이 있나요?
Де знаходиться гарний ресторан?
데 즈나호디츠샤 하르듸이 레스토란?

여기 어디에 비싸지 않은 레스토랑이 있나요?
Де знаходиться не дорогий(дешевий) ресторан?
데 즈나호디츠샤 네 호로희이 (데셰븨이) 레스토란?

식당
Їдальня
이달냐

대중음식점
Корчма
코르취마

카페-레스토랑
Кафе-ресторан
카페- 레스토란

카페
Кафе(каверна)
카페 (카베르나)

카페 바
Кафе-бар
카페- 바르

카페테리아
Кафетерій
카페테리이

아이스크림점
Кафе-морозиво
카페- 모로지보

찻집
Чайна
챠이나

간이식당
Буфет
부페트

패스트푸드점
Бістро
비스트로

맥주집
Пивна
피브나

좋은 레스토랑을 추천해 주시겠습니까?
Чи ви можете мені порекомендувати мені гарний
취 비 모졔테 메니 포레코멘두바티 메니 하르늬이
ресторан?
레스토란?

여기 어디 가까운 곳에 식사를 잘 할 수 있는 곳이 있나요?
Де тут можна поблизу добре поїсти?
데 투트 모쥬나 포블리주 도브레 포이스티?

여기 어디 가까운 곳에 싸게 식사할 수 있는 곳이 있나요?
Де тут можна поблизу не дорого поїсти?
데 투트 모쥬나 포블리주 네 도로호 포이스티?

여기 어디에서 식사할 수 있나요?
Де тут можна пообідати?
데 투트 모쥬나 포오비다티?

여기서 멀지 않은 곳에 좋은 레스토랑이 있습니다.
Недалеко звідси є гарний(чудовий) ресторан.
네 달레코 즈이드시 예 하르늬이(츄도븨이) 레스토란.

그곳은 음식을 잘하고 항상 메뉴가 다양합니다.
Там чудово готують та завжди великий вибір страв.
탐 츄도보 호두유츠 타 자브쥬디 벨릐킈이 비비르 스타우.

레스토랑에서 (В ресторані)

오늘 저녁 4명 예약하고 싶습니다.
Я б хотів(-а)(бажав(-а) зарезервувати стіл на чотири особи
야 브 호티우(-아) 바쟈우 (-아) 자레제르부바티 스틸 나 쵸티리 오소비

на сьогоднішню вечерю.
나 시오호디니취뉴   베체류.

두 명 예약하고 싶습니다.
Я б хотів(-а)(бажав(-а) зарезервувати стіл на двох(дві особи).
야 브 호티우(–아) 바쟈우(–아) 자레제르부바티   스틸 나 드보흐(드비 오소비).

7시에 예약하고 싶습니다.
Я б хотів(-а)(бажав(-а) зарезервувати стіл на сім годин.
야 브 호티우 (–아) 바쟈우 (–아) 자레제르부바티   스틸 나 심   호딘.

금연 테이블로 예약하고 싶습니다.
Я б хотів(-а)(бажав(-а) стіл в залі для некурящих(не
야 브 호티우 (–아0 바쟈우 (–아) 스틸 브 라지 들랴 네쿠랴쉬치흐 (네
палящих).
팔랴쉬치흐).

흡연 테이블로 예약하고 싶습니다.
Я б хотів(-а)(бажав(-а) стіл в залі для курящих.
야 브 호티우 (–아) 바쟈우 (–아) 스틸 브 라지 들랴 쿠랴쉬치흐.

이 테이블은 빈자리인가요?
Цей стіл вільний?
쩨이 스틸 빌릐니?

두 명 테이블이요.
Стіл на двох.
스틸   나 드보흐.

세 명 테이블 부탁합니다.
Стіл на трьох, будь ласка.
스틸   나 트리오흐, 부디   라스카.

자리가 없습니다.
Місць немає.
미스치   네마예.

여기는 셀프 서비스입니까?
Тут самообслуговування?
투트   사모오브슬루호부반냐?

레스토랑 열었나요?
Ресторан відкритий?
레스토란   비드크릐틔이?

레스토랑은 닫았습니다.

Ресторан закритий.

레스토란   자크릿티이.

얼마나 오래 동안 기다려야 하나요?

Як довго чекати?

야크 도브호   췌카티?

화장실이 어디인가요?

Де вбиральня(туалет)?

데   브비랄냐   (투알레트)?

어디에서 손을 씻을 수 있나요?

Де можна помити руки?

데   모쥬나   포미티   루키?

담배 펴도 되나요?

Чи можна палити?

취   모쥬나   팔리티?

바에서 (В барі)

바를 추천해 주시겠습니까?

Чи ви можете порекомендувати бар?

취   비   모제테   포레코멘투바티   바르?

술집을 추천해 주시겠습니까?

Чи ви можете порекомендувати корчму?

취   비   모제테   포레코멘두바티   코르취무?

맥주 집을 추천해 주시겠습니까?

Чи ви можете порекомендувати пивну?

취   비   모제테   포레코멘두바티   피브누?

맥주 주세요.

Пиво, будь ласка.

피보,   부디   라스카.

같은 걸로 한 잔 더 주세요.

Ще те ж саме.

쉬체 테 쥐 사메.

얼음 빼고요.
Без льоду.
베즈 로두.

마십시다!
Давайте вип'ємо!
다아비테 비폐모!

제가 대접하겠습니다.
Я пригощаю.
야 프리호쉬차유.

전 술을 마시지 않습니다.
Я не вживаю спиртне.
야 네 빈바유 스피르트네.

차가운 것 있습니까?
У вас є холодне(прохолодне)?
우 바스 예 홀로드네 (프로홀로드네)?

얼마입니까?
Скільки з нас(який рахунок)?
스퀼키 즈 나스 (야크이 라후노크)?

바로 이거야.
Це якраз.
쩨 야크라즈.

기분이 아주 좋습니다.
Я почуваю себе добре.
야 포츄바우 세베 도브레.

많이 마셨습니다.
Я напився(-ся).
야 나피브샤 (−샤).

피곤합니다.
Я заморився(-ся).
야 자모리브샤 (−샤).

집에 갈 때입니다.
Час йти додому.
챠스 이틔 도도무.

택시를 불러주세요.

Замовте, будь ласка, мені таксі.

자모브테, 부디 라스카, 메니 타크시.

당신은 운전을 해선 안 됩니다.

Ви не повинні керувати таксі.

비 네 포빈니 케루바티 타크시.

술 깨었습니다.

Я з похмілля.

야 즈 포흐밀랴.

맥주는 당신에게 해롭습니다.

Пиво тобі шкодить.

피보 토비 쉬코디츠.

주문 (Замовлення)

웨이터, 메뉴 주세요.

Офіціанте, меню, будь ласка.

오피찌안테, 메뉴, 부디 라스카.

영어로 된 메뉴 주세요.

Меню на англійській мові, будь ласка.

메뉴 나 안글리이스키이 모비, 부디 라스카.

어린이 메뉴 주세요.

Дитяче меню, будь ласка.

디탸체 메뉴, 부디 라스카.

웨이터, 음료수 메뉴 주세요.

Офіціанте, карту напоїв, будь ласка.

오피찌안테, 카르투 나포이우, 부디 라스카.

와인 메뉴 주세요.

Винну карту, будь ласка.

비누 카르투, 부디 라스카.

무엇을 추천해 주시겠습니까?

Що ви порекомендуєте мені?

쉬초 비 포레코멘투예테 메니?

Що ви порекомендуєте?
쉬쵸 비 포레코멘두예테?

Чи маєте ви вегетаріанські страви?
취 마예테 비 페헤타리안스키   스타비?

Чи маєте ви дієтичні страви?
취 마예테 비 디예티취니 스타비?

Чи ви вже обрали?
쉬 비 브제 오브랄리?

Що ви бажаєте замовити?
쉬초 비 바쟈예테   자모비티?

Що ви бажаєте на закуску?
쉬초 비 바쟈예테   나 자쿠스쿠?

Що ви бажаєте на перше?
쉬초 비 바쟈예테   나 페르쉐?

Що ви бажаєте на друге?
쉬초 비 바쟈예테   나 드루헤?

Що ви бажаєте на третє(десерт)?
쉬초 비 바쟈예테   나 트레테(데세르트)?

Що у вас є на закуску?
쉬초 우 바스 예 나 자쿠스쿠?

На закуску(я) візьму салат з крабів.
자 자쿠스쿠 (야) 비즈무   살라트 즈 크라비우.

전채요리는 필요 없습니다.
Мені не потрібна закуска, дякую.
메니 네 포트리브나 자쿠스카, 다쿠유.

스프로 보르쉬치를 하겠습니다.
На перше(я) візьму борщ.
나 페르쉐(야) 비즈무 보르쉬츠.

메인 요리로 라이스를 곁들인 닭요리를 주세요.
На друге(я) візьму курку з рисом.
나 드루헤(야) 비즈무 쿠리쿠 즈 리솜.

디저트로 아이스크림을 주세요.
На третє(десерт)(я) візьму морозиво.
나 트레테(데세르트) (야) 비즈무 모로지보.

이 요리는 미리 예약하셔야 합니다.
Цю страву треба було замовляти заздалегідь.
츄 스타부 트레바 불로 자모블랴티 자즈타레히즈.

치즈를 곁들여 주시겠어요?
Чи можливо мені з сиром?
쉬 모쥘리보 메니 즈 시롬?

후추를 넣어 주시겠어요?
Чи можливо мені з перцем?
취 모쥘리보 메니 즈 페르쳄?

칠리소스를 넣어 주시겠어요?
Чи можливо мені з соусом чилі?
쉬 모쥘리보 메니 즈 소이솜 취리?

마늘을 넣어 주시겠어요?
Чи можливо мені з часником?
취 모쥘리보 메니 즈 챠스니콤?

케첩을 넣어 주시겠어요?
Чи можливо мені з кетчупом?
취 모쥘리보 메니 즈 제트츄폼?

견과류를 넣어 주시겠어요?
Чи можливо мені з горіхами?
취 모쥘리보 메니 즈 호리하미?

버터를 넣어 주시겠어요?

Чи можливо мені з олією(маслом)?
취 모쥐리보 메니 즈 오리예유(마슬롬)?

소스를 넣어 주시겠어요?

Чи можливо мені з соусом?
취 모쥐리보 메니 즈 소우솜?

식초를 넣어 주시겠어요?

Чи можливо мені з оцтом?
취 모쥐리보 메니 즈 오쯔톰?

치즈를 빼고 주시겠어요?

Чи можливо мені без сиру?
취 모쥐리보 메니 즈 베즈 시루?

후추를 빼고 주시겠어요?

Чи можливо мені без перцю?
취 모쥐리보 메니 즈 베즈 페르츄?

칠리소스를 빼고 주시겠어요?

Чи можливо мені без соусу чилі?
취 모쥐리보 메니 즈 베즈 소우수 췰리?

마늘을 빼고 주시겠어요?

Чи можливо мені без часнику?
취 모쥐리보 메니 베즈 촤스니쿠?

케첩을 빼고 주시겠어요?

Чи можливо мені без кетчупу?
취 모쥐리보 메니 베즈 케트츄푸?

견과류를 빼고 주시겠어요?

Чи можливо мені без горіхів?
취 모쥐리보 메니 베즈 호리히우?

버터를 빼고 주시겠어요?

Чи можливо мені без олії(масла)?
취 모쥐리보 메니 베즈 올리 (마슬라)?

소스를 빼고 주시겠어요?

Чи можливо мені без соусу?
취 모쥐리보 메니 베즈 소우수?

식초를 빼고 주시겠어요?

Чи можливо мені без оцту?

취 모쥘리보 메니 베즈 오쯔투?

저는 고기를 못 먹습니다. 고기를 빼고 이 요리를 해줄 수 있나요?

Я не їм м'ясо. Чи можете приготувати цю страву без м'яса?

야 네 임 먀소. 취 모제테 프리호두바디 츄 스트라부 베즈 먀사?

고기를 어떻게 익혀 드릴까요?

Як вам приготувати м'ясо?

야크 밤 프리호두바티 먀소?

Well Done으로요.

Добре просмажене.

도브레 프로스마졔네.

Medium으로요.

Напів просмажене.

나피우 프로스마졔네.

Rare로요.

Злегка підсмажене.

즈레흐카 피드스마졔네.

무엇을 마시겠습니까?

Що бажаєте пити?

쉬초 바쟈예테 피티?

주스 주세요.

Сік, будь ласка.

시크, 부디 라스카.

콜라 주세요.

Колу, будь ласка.

콜루, 부디 라스카.

물 한 잔 주세요.

Склянку води, будь ласка.

스클랸쿠 부디, 부디 라스카.

물 한 병 주세요,
Пляшку води, будь ласка.
플랴쉬쿠　　보디,　부디　라스카.

얼음과 함께 주세요.
З льодом, будь ласка.
즈 로돔,　　　　부디.

더 필요하신 것 있습니까?
Чи бажаєте ще щось?
취　바쟈예테　　쉬체 쉬초시?

빵을 갖다 주세요,
Принесіть нам хліб, будь ласка.
프리네리츠　　남　　흘리브, 부디　라스카.

잔을 갖다 주세요.
Принесіть, будь ласка, склянку.
프리네시츠,　　　부디　라스카,　스클랸쿠.

냅킨을 갖다 주세요
Принесіть, будь ласка, серветку.
프리네시츠,　　　부디　라스카　세르베트쿠.

위스키 잔을 갖다 주세요.
Принесіть, будь ласка, келих.
포리네시츠,　　　부디　라스카,　켈리흐.

빵 좀 더 주시겠어요?
Чи принесете ще хліба?
취　프리네세테　　쉬체 흘리바?

물 좀 더 주시겠어요?
Чи принесете ще води?
취　프리네세테　　쉬체 보디?

포도주 더 주시겠어요?
Чи принесете ще вина?
취　프리네세테　　쉬체 비나?

이것은 뭐라 부르나요?
Як це називається?
야크 체　나지바예츠샤?

햄
Шинка
쉰카

버섯
Гриби
흐리비

케비어 알
Чорна ікра
쵸르바　이크라

연어 알
Червона ікра
췌르보나　이크라

감자샐러드
Картопляний салат
카르토플랴늬이　살라트

소시지
Ковбаса
코브바사

삶은 소시지
варена ковбаса
베레나　코브바사

리버 소시지
ліверна ковбаса
시베르나　코브바사

훈제 소시지
копчена ковбаса
코프체나　코바브사

청어
Оселедець
오셀레데쯔

젤라틴
Холодець
홀로데쯔

보르쉬치
Борщ
보르쉬츠

콩소메, 묽은 스프
Бульйон
불리온

야채 스프
Овочевий суп
오보쉐데의이　수프

냉 크바스 스프
Окрошка
오크로쉬카

보리버섯 스프
Перловий суп з грибами.
페르소븨이　수프 즈 흐리바미

오이피클 고기스프
Розсольник.
로즈솔늬크

생선(고기) 양배추 스프
Солянка.
솔랸까

고기 야채 솔랸까
Збірна солянка.
느비르나　솔랸까

누들 스프
Суп-лапша.
수프–라프샤

생선스프
Юшка
유쉬카

양배추 스프
Борщ
보르쉬츠

시금치 스프
Зелений борщ.
젤레늬이   보르쉬츠.

비프 스테이크
Біфштекс.
비프쉬테크스

비프 스트로가노프
Беф-строганов.
베패–스트로하노우

롤 캐비지
Голубці.
홀루브찌

커틀렛
Котлети
커틀렛

커틀렛(찹)
відбивна котлета
비드비브나   코틀레타.

양고기(머튼찹)
(бараняча)
(바라냐챠)

돼지고기(폭찹)
(свиняча)
(스비냐챠)

송아지고기)빌찹)
(теляча)
(테랴챠)

쇠고기
М'ясо(яловичина)
먀소   (야로비취나)

삶은 쇠고기
варене м'ясо
바레네   먀소

쇠고기 스튜
тушковане м'ясо
투슈코바네   먀소

라비올리
Пельмені
파례메니

닭고기 커틀렛
Котлети по-київськи.
코틀레티   포–크니브스키

로스트 새끼돼지
Порося жарене.
포로샤   쟈레네

로스트 비프
Ростбіф
로스티비프

비프 롤
Рулет
루페트

돼지고기
Свинина
스븨늬나

로스트 돼지고기
смажена свинина
스마제나　스빅닉나

꼬치구이
Шашлик
샤쉴리크

닭고기
Курка
쿠르카

백숙
варена курка
바레나　쿠르나

닭 튀김
смажена курка
스마제나　쿠르카

오리
Качка
카취카

로스트 오리고기
смажена качка
스마제나　카취카

사과를 넣은 거위 요리
Гуска з яблуками
구스카　즈 야블루카미

생선 조림
Заливна риба
자릭브나　릭바

잉어
Короп
코로프

쥐노래미
Лящ
랴쉬츠

즙에 재인 생선
Маринована риба
마릭노바나　릭바

철갑상어
Осетрина
오세트릭나

작은 철갑상어
Стерлядь
스테르랴지

가지
Баклажани
바클라쟈니

강낭콩,완두콩
Боби, зелений горошок,
보븨,　젤레늬이　호로쇼크,
зелений
젤레늬이

호박
Кабачки
카바취키

양배추
Капуста
카푸스타

꽃양배추
Кольорова капуста
콜로로바　카푸스타

감자
Картопля
카르토플랴

양파
Цибуля
찌불랴

파
Зелена цибуля
젤레나 찌불랴

당근
Морква
모르크바

오이
Огірок
오히로크

파슬리
Петрушка
페트루슈카

토마토
Помідор
포미도르

야채 샐러드
Салат, зелений
살라트,　젤레늬이

비트, 사탕무
Буряк
뷰랴크

호박튜
Гарбуз
하르부즈

시금치
Шпинат
쉬프나트

파인애플
Ананас
아나나스

오랜지
Апельсин
아펠씬

수박
Кавун
카분

바나나
Банан
바난

포도
Виноград
비노흐라드

버찌
Вишня
비쉬냐

배
Груша
흐루샤

멜론
Диня
디냐

블랙베리
Ожина
오쥐나

들딸기
Суниця
수늬챠

키위
Ківі
키비

딸기
Полуниця
폴루니챠

구스베리
Агрус
아흐루스

산딸기
Малина
말르나

귤
Мандарин
만다린

복숭아
Персик
페르싀크

체리
Черешня
쳬레쉬냐

월귤
Чорниця
쵸르늬챠

사과
Яблуко
야블루코

가지조림
Баклажани,
바클라쟈늬,
фаршировані
파르쉬로바니

팬케이크
Млинці
믈린찌

(우크라이나 식의) 응고우유 경단
Вареники з сиром
바레늬키즈   싀롬
(українські)
(우크라인스키)

호박조림
Кабачки фаршировані
카바취키   파르쉬로바니

시리얼(가공곡류)
Каша
카솨

메밀 죽
гречана каша
흐레쵀나   카솨

곡물 죽
манна каша
만나   카솨

쌀 죽
рисова каша
리소바   카솨

삐로그, 러시아식 파이
Пиріг
피리흐

버섯 삐로그
з грибами
즈 흐릐바믜

양배추 삐로그
з капустою
즈 카푸스토유

양파 삐로그
з цибулею
즈 찌불레유

고기 삐로그
з м'ясом
즈 먀솜

쌀 삐로그
з рисом
즈 리솜

미네랄 워터
Мінеральна вода
미네랄나   보다

가스 함유 워터
Газована вода
하조바나   보다

가스 비함유 워터
Не газована вода
네   하조바나 보다

사과 주스
Яблучний сік
야블루취늬이   시크

오렌지 주스
Апельсиновий сік
아펠시노븨이   시크

레몬에이드
Лимонад
리모나드

맥주
Пиво
피보

무알콜 맥주
Безалкогольне пиво
베잘코홀네   피보

샴페인
Шампанське
샴판스케

와인
Вино
비노

레드 와인
Червоне вино
췌르보네   비노

로즈 와인
Рожеве вино
로졔베   비노

화이트 와인
Біле вино
빌레   비노

드라이 와인
Сухе вино
수헤   비노

스위트 와인
Солодке вино
솔로드케   비노

커피
Кава
카바

디카페인 커피
Кава без кофеїну
카바   베즈 코페이누

카모마일 차
Ромашковий чай
로마쉬코븨이   챠이

과일 차
Фруктовий чай
프루크토븨이　 챠이

녹차
Зелений чай
젤레늬이　 챠이

페퍼민트 차
М'ятний чай
먀트늬이　 챠이

로즈 힙 차
Чай з шипшини.
챠이　즈 쉬프쉬늬

티 백
Чай в пакетиках.
챠이　브 파케틱카흐

포도주
Вино
비노

화이트 와인
біле вино
빌레 비노

레드 와인
червоне вино
췌르보네　 비노

스위트 와인
солодке вино
솔로드케　 비노

드라이 와인
сухе вино
수헤 비노

보드카
Горілка
호릴카

과일주
Наливка
나리브카

과일 브랜디
Настоянка
나스토얀카

맥주
Пиво
피보

채식 및 특별식 (Вегетаріанські та спеціальні страви)

버터를 빼고 요리를 해주시겠어요?
Чи змогли б ви приготувати без олії(масла)?
취　 즈모흘리　 브 비 프리호투바티　　 베즈 오리 (마슬라)?

계란을 빼고 요리를 해주시겠어요?
Чи змогли б ви приготувати без яєць?
취　 즈모흘리　 브 비 프리호투바티　　 베즈 야예쯔?

생선을 빼고 요리를 해주시겠어요?
Чи змогли б ви приготувати без риби?
취 즈모흘리 브 비 프리호투바티 베즈 리비?

고기를 빼고 요리를 해주시겠어요?
Чи змогли б ви приготувати без м'яса?
취 즈모흘리 브 비 프리호투바티 베즈 먀사?

돼지고기를 빼고 요리를 해주시겠어요?
Чи змогли б ви приготувати без свинини?
취 즈모흘리 브 비 프리호투바티 베즈 스븨늬늬?

닭고기를 빼고 요리를 해주시겠어요?
Чи змогли б ви приготувати без курки?
취 즈모흘리 브 비 프리호투바티 베즈 쿠르키?

저는 버터를 먹지 않습니다.
Я не вживаю(не їм) олії(масла).
야 네 우쥐바유 (네 임) 오리 (마슬라).

저는 계란을 먹지 않습니다.
Я не вживаю(не їм) яєць.
야 네 우쥐바유 (네 임) 야예쯔.

저는 생선을 먹지 않습니다.
Я не вживаю(не їм) риби.
야 네 우쥐바유 (네 임) 리비.

저는 고기를 먹지 않습니다.
Я не вживаю(не їм) м'яса.
야 네 우쥐바유 (네 임) 먀사.

저는 돼지고기를 먹지 않습니다.
Я не вживаю(не їм) свинини.
애 네 우쥐바유 (네 임) 스븨늬늬.

저는 닭고기를 먹지 않습니다.
Я не вживаю(не їм) курки.
야 네 유쥐바유 (네 임) 쿠르키.

이것은 카페인이 없나요?
Це без кофеїну?
쩨 베즈 코페이누?

이것은 동물제품이 들어 있지 않나요?

Це без тваринних продуктів?

쩨　베즈 트바릐늬흐　　프로두크티우?

이것은 유전자조작 식품인가요?

Це генетично модифіковані продукти?

쩨　헤네티취노　　모듸피코반니　　　프로두크티?

Це без клейковини?

쩨　베즈 클레이코븨늬?

이것은 저지방인가요?

Це мало жирне?

쩨　말로　쥐르네?

이것은 저당분인가요?

Це з низьким вмістом цукру?

쩨　즈 늬즈킴　　우미스톰　쭈크루?

이것은 유기농인가요?

Це органічне?

쩨　오르하니츠네?

이것은 염분이 없나요?

Це без солі?

쩨　베즈 솔리?

저는 동물을 사랑합니다. 그래서 고기를 먹지 않습니다.

Я люблю тварин, тому я їх не їм.

야 류블류　　트바릔,　　토무　　야 이흐 네 임.

고기를 먹는 것은 살해행위입니다.

М'ясо це вбивство.

먀소　　　　쩨 우비우스트보.

저는 게 알레르기가 있습니다.

У мене алергія на ракоподібних.

우 메네　　알레흐리야 나　라코포디브늬흐.

저는 유제품 알레르기가 있습니다.

У мене алергія на молочні продукти.

우 메네　　알레르히야 나 몰로취니　　　므로두크티.

저는계란 알레르기가 있습니다.
У мене алергія на яйця.
우 네네　알레르히야 나　야이쨔.

저는 젤라틴 알레르기가 있습니다.
У мене алергія на желатин.
우 메네　알레르히야 나　젤라틴.

저는 글루텐 알레르기가 있습니다.
У мене алергія на клейковину.
우 메네　알레르히야 나　클레이코비누.

저는 꿀 알레르기가 있습니다.
У мене алергія на мед.
우 메네　알레르히야 나　메드.

저는 MSG 알레르기가 있습니다.
У мене алергія на МНГ(харчовий барвник глютамат
우 메네　알레르히야 나　메네흐 (하르쵸비이　바르브닉　흘류타마트
моно натрію).
모노　나트리유).

저는 오징어류 알레르기가 있습니다.
У мене алергія на молюсків.
우 메네　알레르히야 나　몰류스키우.

저는 견과류 알레르기가 있습니다.
У мене алергія на горіхи.
우 메네　알레르히야 나　호리희.

저는 땅콩 알레르기가 있습니다.
У мене алергія на арахіс.
우 메네　알레르히야 나　아라히스.

저는 해산물 알레르기가 있습니다.
У мене алергія на морепродукти.
우 메네　알레르히야 나　모레프로두크티.

여기 빵이 부족합니다.
Тут не вистачає хліба.
투트 네 비스타샤예 흘리바.

제 샐러드를 안주셨는데요.
Ви забули мій салат.
비 자불리 미이 살라트.

제 커틀렛 요리를 안주셨는데요.
Ви забули мою котлету.
비 자불리 모유 코틀레투.

제 아이스크림을 안주셨는데요.
Ви забули моє морозиво.
비 자불리 모예 모로지보.

저는 이 요이를 주문하지 않았습니다.
Я цього не замовляв(-а).
야 치오호 네 자모블랴우 (–아).

스프가 식었습니다.
Суп холодний.
수프 홀로드늬이.

고기가 질깁니다.
М'ясо жорстке.
먀소 죠르스트케 .

고기가 너무 기름집니다.
М'ясо дуже жирне.
먀소 두졔 쥐르네.

생선이 신선하지 않습니다.
Риба не свіжа.
리바 네 스비쟈.

다시 가져가세요.
Візьміть(заберіть) це назад, будь ласка.
비즈미츠 (자베리츠) 쩨 나자드, 부디 라스카.

매니저를 불러 주세요.

Покличте менеджера, будь ласка.

포클리취테　　메네드제라,　　부디　라스카.

무엇을 먹을까요?

Що ми візьмемо?

쉬초 미　비즈메모?

전체 요리로 무엇을 먹을까요?

Що ми візьмемо на перше?

쉬초 미　비즈메모　　나 페르쉐?

스프로 무엇을 먹을까요?

Що ми візьмемо на друге?

쉬초 미　비즈메모　　나 드루헤?

디저트로 무엇을 먹을까요?

Що ми візьмемо на третє?

쉬초 미　비즈메모　　나 트레테?

무엇을 마시겠습니까?

Що ви будете пити?

쉬초 비　부데테　　피티?

Що ти будеш пити?

쉬초 티　부데쉬　　피티?

저는 주스를 마시겠습니다.

Я буду пити сік.

야 부두　피티　　시크.

저는 보드카는 안됩니다.

Мені горілку не потрібно.

메니　호릴쿠　　네　포트리브노.

따라 드릴까요?

Чи можна вам(тобі) налити?

취　모쥬나　　밤 (또비)　나리티?

당신의 건강을 위하여 건배하고 싶습니다!
Я хочу(бажаю) запропонувати тост за ваше(твоє)
야 호츄 (바자유) 자프로포누바티 토스트 자 바셰 (뜨보예)
здоров'я!
즈도로뱌!

만남을 위하여!
За зустріч!
자 주스트리취!

우정을 위하여!
За дружбу!
자 드루쥬부!

소금을 건네 주세요.
Подайте, будь ласка, сіль.
포다이테, 부디 라스카, 실.

버터를 건네 주세요.
Передайте, будь ласка, олію(масло).
페레다이테, 부디 라스카, 올리유 (마슬로).

소금을 건네 주세요.
Передайте, будь ласка, сіль.
페레다이테, 부디 라스카, 실.

빵을 더 드세요.
Чи будете(будеш) ще хліб.
취 부데테 (부데쉬) 쉬체 흘리브.

이 음식이 아주 맛있습니다.
Ця страва дуже смачна.
챠 스트라바 두제 스마취나.

저는 현지 음식이 마음에 듭니다.
Мені дуже подобається місцева кухня.
메니 두제 포도바예츠샤 미스쩨바 쿠흐냐.

아주 맛있었습니다.
Було дуже смачно.
불로 두제 스마취노.

과식했습니다.
Я наївся(-лася).
야 나이브샤 (–라샤).

감사합니다. 배부릅니다.
Дякую, я ситий(-a).
댜쿠유, 야 싀틔이 (-아).

이것은 제가 계산하지요.
За це я платитиму.
자 쩨 야 플라틔틔무.

계산서 주세요.
Принесіть, будь ласка, рахунок.
프리네시츠, 부디 라스카, 라후노크.

Рахунок, будь ласка.
라후노크, 부듸 라스카.

전체 계산서 주세요.
Спільний рахунок, будь ласка.
스필늬이 라후노크, 부디 라스카.

따로 계산해 주시겠어요?
Порахуйте нам, будь ласка, окремо?
포라후이테 남, 부디 라스카, 오크레모?

봉사요금이 포함되었나요?
Обслуговування включено?
오브슬루호부반냐 우클류췌노?

계산이 틀린 것 같습니다.
Мені здається, що рахунок не вірний.
메니 즈다예츠샤, 쉬초 라후노크 네 비르늬이.

난 받지 못했습니다.
Я цього не одержував(-a).
야 치오호 네 오데르쥬바우(-아).

식사 맛있었습니까?
Вам було смачно?
밤 불로 스마취노?

훌륭한 식사였습니다.
Їжа була чудова.
이쟈 불라 츄도바.

잔돈은 필요 없습니다.

Здачу(решту) не потрібно.

즈다츄 (레쉬투) 네 포트리브노.

Діалог: В ресторані

디아로흐: 브 레스토라니

Галина: Щиро дякую за запрошення.

할리나: 쉬치로 댜쿠유 자 자프로쉔냐.

Сергій: Я вже двічі був тут. Вони дуже смачно

세르히: 야 브졔 드비취 두브 투트. 보니 두졔 스마취노

готують. Обід з п'яти страв з горілкою

호투유츠. 오비드 즈 먀티 스타브 즈 호릴코유

з вином, шампанським та коньяком.

즈 비놈, 샴판스킴 타 코냐콤.

Офіціант: Що ви бажаєте на закуску?

오피찌안트: 쉬초 비 바쟈예테 나 자쿠스쿠?

Галина: Що у вас є?

할리나: 쉬초 우 바스 예?

Офіціант: У нас є риба, ікра, ковбаса, салати…

오피찌안트: 우 나스 예 리바, 이크라, 코브바사, 살라티…

Сергій: Ми б хотіли салати.

세르히: 미 브 호틸리 살라티.

Офіціант: А на перше? У нас сьогодні дуже смачний

오피찌안트: 아 나 페르쉐? 우 나스 시오호드니 두졔 스마취늬이

борщ.

보르쉬츠.

Галина: Я люблю борщ.

할리나: 야 류블류 보르쉬츠.

Сергій: Добре. Два борща, будь ласка.

세르히: 도브레. 드바 보르쉬차, 부디 라스카.

Офіціант: Що на гаряче? Риба чи м'ясо?
오피찌안트: 쉬초 나 하랴췌?　리바 취 먀소?

Сергій: Що ви нам порадите(запропонуєте)?
세르히: 쉬초 비 남 포라디테　(자프로포누예테)?

Офіціант: У нас сьогодні осетрина-це дуже смачно!
오피찌안트: 우 나스 시오호드니 오세트리나– 쩨 두제　스마취노!

Сергій: Осетрина мені підходить. А що ви вирішили,
세르히: 오세트리나 메니 피드호디츠. 사 쉬초 미 비리쉴리,

Галино?
할리노?

Галина: Я мабуть візьму м'ясо. Що у вас є?
할리나: 야 마뷰츠 비즈무 먀소. 쉬초 우 바스 예?

Офіціант: Котлети по-київськи-рекомендую. Хоча наш
오피찌안트: 코틀레티　모– 크니브스키–레코멘두유.　호챠　나쉬

бефстроганов теж вважається кращим в
베프스트로하노우　테쥐 브바쟈예츠샤　크라쉬침　브

Києві.
키에비.

Галина: Це вражає. Тоді для мене-бефстроганов.
할리나: 쩨 브라쟈예. 또디 들랴 메네– 베프스트로하노우.

Офіціант: А на десерт у нас є…
오피찌안트: 아 나 데쩨르트 우 나스 예…

Сергій: Ні, ні, не зараз! Подивимося, що нам
세르히: 니, 니, 네 자라즈! 포디비모샤,　쉬초 남

захочеться під кінець обіду. Ось тоді і
세 자호췌츠샤　피드 키네쯔 오비두. 오시 또디 이

вирішимо.
비리쉬모.

Офіціант: Що будете пити? Горілку?
오피찌안트: 쉬초 부데테　피티? 호릴쿠?

Галина: Звичайно! Та шампанське!
할리나: 즈비촤이노! 타 솸판스케!

(Пляшку червоного вина до м'яса та пляшку
(플랴쉬쿠 쉐르보노호 비나 도 먀사 타 플랴쉬쿠

білого вина до риби.)
빌로호 비나 도 리비.)

Сергій: Чудово! Ну, Галино ваш тост.
세르히: 츄도보!   누, 할리노   토스트.

           За нашу дружбу.
           자 나슈   드루쥐부.

할리나: 식사 초대 정말 고마워요.
세르히: 이 식당엘 두 번 와 봤는데, 음식을 아주 맛있게 해요
보드카, 포도주, 샴페인과 함께 5가지 요리가 제공되죠.
웨이터: 전체 요리로 무엇을 드시겠어요?
할리나: 무엇이 있나요?
웨이터: 생선, 알, 꼬브바사, 샐러드가 있습니다.
세르히 : 샐러드가 좋겠습니다.
웨이터: 스프는요? 오늘 저희 식당에는 생선스프가 맛있습니다.
할리나: 저는 생선스프 좋아해요.
세르히: 좋습니다. 생선 스프 두 개 주세요.
웨이터 : 메인요리로는 무엇을 드시겠습니까? 생선을 하시겠습
        니까? 고기로 하시겠습니까?
세르히: 무엇을 추천해 주시겠습니까?
웨이터: 우리 식당에는 철갑상어 요리가 있습니다. 아주 맛있습
        니다.
세르히: 철갑상어 요리가 좋겠어요. 할리나! 당신은 결정했나요?
할리나: 저는, 글쎄, 고기로 해야겠어요. 무슨 요리가 있나요?
웨이터: 키예프식 커틀렛을 적극 추천합니다. 우리 식당의 비프
        스트로건 또한 키예프에서 제일 알아주는 요리이기도
        하지만요.
할리나: 그게 끌리네요. 그렇다면 저는 비프 스트로건으로 할게
        요.
웨이터: 디저트로는 우리 식당에...
세르히: 아뇨, 아뇨, 지금 말고요. 식사 해보고요. 원하는 것을

그때 주문하겠습니다.

웨이터: 무엇을 마시겠습니까? 보드카요?

할리나: 물론이요. 샴페인도요.(적포도주는 고기요리에, 백포도주
는 생선요리에 곁들여 드십시오.)

세르히: 아주 좋아요. 자, 할리나, 우리 우정을 위해서 건배합시
다.

교통 일반(Засоби пересування)

어떤 버스가 오데사행 입니까?
Який автобус їде до Одеси?
야킈이 아브토부스 이데 도 오데시?

이 배가 드니프로페트로브스키행 입니까?
Який пароплав йде(пливе) до Дніпропетровська?
야키 파로플라우 이데 (플리베) 도 드니프로페트로브스카?

이 버스가 오데사행 입니까?
Цей автобус їде до Одеси?
체이 아브토부스 이데 도 오데시?

이 비행기가 키예프행 입니까?
Цей літак летить до Києва?
체이 시타크 레티츠 도 키예바?

이 기차가 키예프행 입니까?
Цей потяг їде до Києва?
체이 포쨔흐 이데 도 키예바?

언제 첫 버스 / 기차/ 비행기가 있습니까?
Коли буде перший автобус/потяг/літак?
콜리 부데 페르쉬이 아브토부스/포쨔흐/ 리타크?

언제 다음 버스 / 기차/ 비행기가 있습니까?
Коли буде наступний автобус/потяг/літак?
콜리 부데 나스투프늬이 아브토부스/포쨔흐/ 리타크?

언제 마지막 버스/기차/비행기가 있습니까?
Коли буде останній автобус/потяг/літак?
콜리 부데 옽탄니이 아브토부스/포쨔흐/ 리타크?

언제 출발합니까?
Коли він вирушає?
콜리 빈 비루샤예?

체르니호브까지 얼마나 걸립니까?
Скільки часу треба їхати до Чернігова?
스킬키 챠수 트레바 이하티 도 체르비호바?

얼마나 연착합니까?
На скільки він запізнюється?
나 스킬키 빈 자피즈뉴예츠샤?

자리 있나요?
Це місце зайняте?
쩨 미스체 자이냐테?

제 자리입니다.
Це моє місце.
쩨 모예 미스쩨.

언제 보리스폴에 도착하는지 말씀해 주세요.
Скажіть, будь ласка, коли ми під'їдемо до Борисполя.
스카쥐츠, 부디 라스카, 콜리 미 피디데모 도 보리스폴랴.

여기서 세워 주세요.
Тут зупиніться, будь ласка.
투트 주프니츠샤, 부디 라스카

시내를 어떻게 가야 하는지 말씀해 주세요.
Скажіть, будь ласка, як потрапити до центру.
스카쥐츠, 부디 라스카, 야크 포트라프티 도 쩬트루.

셰브첸코 거리를 어떻게 가야 하나요?
Як пройти на вул. Шевченко?
야크 프로이티 나 불. 쉐브첸코?

가까운 지하철역까지 어떻게 가야 하나요?
Як доїхати до найближчої станції метро?
야크 도이하티 도 나이블릭쥐쵸이 스탄찌이 메트로?

뭐 타고 출근하십니까?
Як ви(ти) їдете(їдеш) на роботу?
야크 비 (티) 이데테 (이데쉬) 나 로보투?

버스로 갑니다.

Я їду на автобусі(автобусом).

야 이두 나 아브토부시 (아브토부솜).

지하철로 갑니다.

Я їду на метро.

야 이두 나 메트로.

전차로 갑니다.

Я їду трамваєм(на трамваї).

야 이두 트람바옘   (나 트람바이).

무궤도 전차로 갑니다.

Я їду на тролейбусі(тролейбусом).

야 이두 나 트롤레이부시   (트롤레이부솜).

승용차로 갑니다.

Я їду на автомобілі(машині).

야 이두 나 아브토모빌리   (마쉬니).

택시로 갑니다.

Я їду на таксі.

야 이두 나 타크시.

집에서 대학교까지 어떤 교통수단을 이용합니까?

Яким видом транспорту від будинку до університету

야킴   비돔   트란스포르투   비드 부딘쿠   도 우니베르싀테투

ви користуєтеся?

비 코리스투예테샤?

버스를 이용합니다.

Я користуюся автобусом.

야 코리스투유샤   아브토부솜.

승용차를 이용합니다.

Я користуюся автомобілем(машиною).

야 코리스투유샤   아브토모빌렘   (마쉬노유).

지하철을 이용합니다.

Я користуюся метро.

야 코리스투유샤   메트로.

버스와 지하철 두 가지 교통수단을 이용해야 합니다.

Мені доводиться користуватися двома видами транспорту :
메니 도보디츠샤 코리스투바티샤 드보마 비다미 트란스포르투:

автобусом та метро.
아브토부솜 타 메트로.

어떤 교통수단을 선호합니까?

Якому виду транспорту ви віддаєте перевагу?
야코무 비두 트란스포르투 비 비다예테 페레바후?

지하철을 선호합니다.

Я віддаю перевагу метро.
야 비다유 페레바후 메트로.

기차를 선호합니다.

Я віддаю перевагу потягу.
야 비다유 페레바후 포쨔후.

버스를 선호합니다.

Я віддаю перевагу автобусу.
야 비다유 페레바후 아브토부수.

대중교통 이용하는 것을 선호합니다.

Я віддаю перевагу міському(громадському) транспорту.
야 비다유 페레바후 미시코무 (흐로마드시코무) 트란스포르투.

당신은 갈아타야 합니까?

Вам доводитися робити пересадку?
밤 도보디티샤 로비티 페레사드쿠?

네, 갈아타야 합니다.

Так, мені доводиться робити пересадку.
타크, 메니 도뵈츠샤 로비티 페레사드쿠.

어디에서 내려야 하는지 말씀해 주세요.

Скажіть, будь ласка, де треба вийти.
스카쥐츠, 부디 라스카, 데 트레바 븨이티.

어디에서 갈아 타야 하는지 말씀해 주세요.

Скажіть, будь ласка, де мені треба зробити пересадку.
스카쥐츠, 부디 라스카, 데 메니 트레바 즈로비티 페레사드쿠.

어디에서 차표를 살 수 있나요?
Де можна купити квитки?
데 모쥬나 쿠프틱 크븨트킈?

우쯔호로드행 표를 주세요.
Дайте, будь ласка, квиток до Ужгороду.
다이테, 부디 라스카, 크비토크 도 우쥐호로두.

1등석 표를 주세요.
Дайте, будь ласка, квиток в першому класі.
다이테, 부디 라스카, 크븨토크 브 페르쇼무 클라시.

2등석 표를 주세요.
Дайте, будь ласка, квиток в другий клас.
다이테, 부디 라스카, 크비토크 브 드루희이 클라스.

어린이 표를 주세요.
Дайте, будь ласка, квиток для дітей.
다이테, 부디 라스카, 크비트크 들랴 디테이.

편도 한 장 주세요.
Дайте, будь ласка, квиток в один кінець.
다이테, 부디 라스카, 크비토크 브 오딘 키네쯔.

왕복 표 한 장 주세요.
Дайте, будь ласка, квиток у обидва кінці.
다이테, 부디 라스카, 크비토크 우 오비드바 킨찌.

대학생 표 한 장 주세요.
Дайте, будь ласка, квиток для студентів.
다이테, 부디 라스카, 크비토크 들랴 스투덴티우.

얼마입니까?
Скільки коштує?
스킬킈 코슈투예?

10 흐리브냐 표 한 장 주세요.
Квиток за десять гривень, будь ласка.
크비토크 자 데샤츠 흐리벤, 부디 라스카.

도착까지 얼마나 걸립니까?
Скільки часу піде на цю поїздку?
스킬키 챠수 미데 나 츄 포이즈드쿠?

직행입니까?
Це прямий рейс?
체 프랴믜이 레이스?

체크인이 언제 시작되나요?
О котрій годині розпочинається реєстрація?
오 코트리이 호듸니 로즈포취나예츠샤 레예스트라찌야?

옆 좌석을 원합니다.
Я хотів би(бажав би) бокове місце.
야 호티우 비 (바쟈우 비) 보코베 미스체.

흡연석을 원합니다.
Я хотів би(бажав би) місце для тих, що палять.
야 호티우 비 (바쟈우 비) 미스체 들랴 티흐, 쉬초 파랴츠.

금연석을 원합니다.
Я хотів би(бажав би) місце для тих, що не палять.
야 호티우 비 (바쟈우 비) 미스체 들랴 티흐, 쉬초 네 파랴츠.

창가 좌석을 원합니다.
Я хотів би(бажав би) місце біля вікна.
야 호티우 비 (바쟈우 비) 미스체 빌랴 비크나.

표를 취소하고 싶습니다.
Я хотів би(бажав би) скасувати квиток.
야 호티우 비 (바쟈우 비) 스카수바티 크비토크.

표를 바꾸고 싶습니다.
Я хотів би(бажав би) обміняти квиток.
야 호티우 비 (바쟈우 비) 오브미냐티 크비토크.

표를 컨폼하고 싶습니다.
Я хотів би(бажав би) підтвердити квиток.
야 호티우 비 (바쟈우 비) 피드트베르디티 크비토크.

어디에서 수하물을 찾나요?
Де видача багажу?
데 비다챠 바하쥬?

수하물 섹션이 어디인가요?
Де багажне відділення?
데 바하쥐네 비딜레냐?

자동 보관함이 어디 있나요?
Де камера-автомат?
데 카메라– 아브투마트?

어디에 카터가 있나요?
Де візок?
데 비조크?

제 짐이 손상되었습니다.
Мій багаж пошкодили.
미이 바하쥐 포슈코딜리.

제 짐이 분실되었습니다.
Мій багаж загубився.
미이 바하쥐 자후비브샤.

제 짐이 도난당했습니다.
Мій багаж вкрали.
미이 바하쥐 우크랄리.

이 것은 제 짐 입니다(아닙니다).
Це(не) моє.
쩨 (네) 모예.

비행기표 예약
(Бронювання квитків на літак)

자포리자행 비행기가 다음에 언제 있는지 말씀해 주세요.

Чи не могли б ви мені сказати, коли буде наступний
취 네 모흘리 브비 메니 스카자티, 콜리 부데 나스투프늬이

літак до Запоріжжя.
리타크 도 자포리쟈.

표가 더 있습니까?

А чи ще є квитки?
아 취 쉬체 예 크비트키?

우크라이나행 표가 필요합니다.

Мені потрібний квиток до України.
메니 포트리브늬이 크비토크 도 우크라이늬.

우크라이나행 편도 표 한 장이 필요합니다.

Мені потрібний квиток до України в один бік.
메니 포트리브늬이 크비토크 도 우크라이늬 브 오딘 비크.

케르치 왕복 비행기 표를 예약하고 싶습니다.

Хочу(бажаю) замовити квиток на літак туди і назад
호츄 (바쟈우) 자모비티 크비토크 나 리타크 투디 이 나자드

до Керчі.
도 케르취.

7월 15일 베를린 비행기 표를 예약하고 싶습니다.

Хочу(бажаю) замовити квиток до Берліну на 15-те липня.
호츄 (바쟈유) 자모비티 크비토크 도 베를리 나 피에트나짜–테 리프냐.

이코노믹 클래스는 얼마입니까?

Скільки коштує квиток в економічний клас?
스킬키 코슈투예 크비크 브 에코보미취늬이 클라스?

비즈니스 클래스는 얼마입니까?

Скільки коштує квиток в бізнес-клас?
스킬키 코슈투예 크비토크 브 비즈네스–클라스?

일등석은 얼마입니까?

Скільки коштує квиток в перший клас?
스킬키 코슈투예 크비토크 브 페르쉬이 클라스?

흡연석으로요? 금연석으로요?

Палите? чи не палите?
팔릐테 취 네 팔릐테?

창가 쪽 좌석을 주세요.
Мені, будь ласка, місце біля вікна.
메니, 부디 라스카, 미스쩨 빌랴 비크나.

통로 쪽 좌석을 주세요.
Мені, будь ласка, місце біля проходу.
메니, 부디 라스카, 미스체 빌랴 프로호두.

이 표를 취소하고 싶습니다.
Я хочу(бажаю) анулювати(скасувати) цей квиток.
야 호추 (바쟈유) 아눌류바티 (스카수바티) 쩨이 크비토크.

이 표를 바꾸고 싶습니다.
Я хочу(бажаю) обміняти цей квиток.
야 호추 (바쟈유) 오브미냐티 쩨이 크비토크.

아에로플롯 비행기는 어느 공항에 도착하나요?
В який аеропорт прилітає літак Аерофлоту?
브 야키이 아에로포르트 프리타예 리타크 아에로플로투?

체크인 (Реєстрація квитків)

KAL 항공사 체크인은 어디에서 하나요?
Де проходить реєстрація квитків авіакомпанії KAL?
데 프로호디츠 레예스트라찌야 크비트키우 아비아콤파니 KAL?

키예프행 비행기 게이트는 어디인가요?
Який вихід на посадку до Києва?
야키이 븨히드 나 포사드쿠 도 크녜바?

게이트 3은 어디인가요?
Де вихід на посадку номер 3(три)?
데 븨히드 나 포사드쿠 노메르 3(트릐)?

출국장은 어디인가요?
Де зал відправлень?
데 잘 비드프라블렌?

키예프 출발 비행기는 몇 시에 도착하나요?
О котрій годині прилітає літак з Києва?
오 코트리이 호듸니 프리리타예 리타크 즈 키예바?

당신 표 여기 있습니다.
Ваш квиток, будь ласка.
바쉬 크비토크, 부디 라스카.

이것을 핸드캐리어 해도 되나요?
Чи можна взяти це як ручну(-ий) поклажу(багаж)?
취 모쥬나 우쟈티 체 야크 루취누 (-의이) 포클라쥬 (바하쥬)?

물 한 잔 갖다 주세요.
Чи не змогли б ви принести мені склянку води.
취 네 즈모흘리 브 비 프리네스티 메니 스클랸쿠 보디.

베게 하나 더 주시겠어요?
Чи не змогли б ви принести мені(ще) одну подушку?
취 네 즈모흘리 브 비 프리네스티 메니 (쉬체) 오드누 포두슈쿠?

담요 한 장 더 주시겠어요?
Чи не змогли б ви принести мені(ще) одну ковдру?
취 네 즈모흘리 브 비 프리네스티 메니 (쉬체) 오드누 코브드루?

자리를 바꿔도 괜찮을까요?
Ви не заперечуєте, якщо ми обміняємося місцями?
비 네 자페레츄예테, 야크쉬초 미 오브미냐예모샤 미스챠미?

키예프-인천 노선을 운행하는 KAL 976편이 착륙하였습니다.
Здійснив(зробив)(приземлився) посадку літак KAL 976,
즈디스늬우 (즈로비우) (프리제믈리브샤) 포사드쿠 리타크 KAL 976,
здійснюючий рейс по маршруту між Києвом та Інчхоном.
즈디이스뉴유취이 레이스 포 마르슈루투 미쥐 키예봄 타 인취호놈.

제 짐이 분실되었습니다.
Загубився мій багаж.
자후비브샤 미이 바하쥐.

제 짐이 손상되었습니다.

Пошкоджено мою валізу.

포쉬코제노   모유   발리주.

키예프 시내 방향 버스가 어디에서 출발합니까?

Звідки відходить автобус у бік центру Києва?

즈비드키   비드호디츠   아브토부스 우 비크 쩬트루   키예바?

항공사
Авіакомпанія
아비아콤파니야

공항
Аеропорт
아에로포르트

공항세
Аеропортний збір
아에로포르트늬이   즈비르

도착
Прибуття
프릐부쨔

도착시간
Приліт(час прибуття)
프릐리트 (챠스 프릐부쨔)

수하물
Багаж
바하쥐

카터
Візок
비조크

수하물 체크인
Оформлення та здача багажу
오포르믈레냐   타   즈다챠
바하쥬

수하물 클레임
Одержання(видача) багажу
오데르쟌냐   (비다챠)
바하쥬

탑승권
Посадковий талон
포사드코븨이   탈론

취소하다
Анулювати(скасувати)
아누류바틔   (스카수바틔)

체크인
Реєстрація квитків
레예스트라찌야   크븨트키우

트랜짓
Пересадка
페레사드카

연착
Запізнення
자피즈네냐

국내비행
Внутрішній політ
우누트리슈니이　폴리트

면세점
Магазин безподаткової
마하진　베즈포다트코보이
торговлі.
토로호블리
Евакуаційний трап
에바쿠아찌니이　트라프

비상구
Запасний вихід
자 파스늬이 비히드

비상착륙
Вимушена посадка
븨무셰나　포사드카

무게초과
Перевага(зайва вага)
페레바하　(자이바 바하)

비행
Політ
폴리트

승무원
Стюард/стюардеса
스튜아르드/스튜아르데사

게이트
Вихід на посадку
비히드　나　포사드쿠

국제비행
Міжнародний політ
미쥐나로드늬이　폴리트

착륙
Приземлення
프릐제믈레냐

구명조끼
Рятувальний жилет
랴투발늬이　쥘레트

승객
Пасажир(-ка)
파사쥐르　(–카)

조종사
Пілот
필로트

안전검사
Контроль безпеки
콘트롤　베즈페키

이륙
Виліт
빌리트

터미널
Термінал
테르미날

동반자
Супроводжуюча особа
수프로보드쥬유챠　오소바

추가 요금
Доплата
폴라타

키예프행 표 두 장 주세요.
Два квитки до Києва, будь ласка.
드바 크비트키 도 키예바, 부디 라스카.

하르키우행 표 한 장 주세요.
Будь ласка, один квиток до Харкова.
부디 라스카, 오딘 크븨토크 도 하르코바.

하르키우행 편도 표 한 장 주세요.
Будь ласка, один квиток до Харкова в один бік.
부디 라스카, 오딘 브킈토크 도 하루코바 브 오딘 비크.

하르키우행 왕복표 한 장 주세요.
Будь ласка, один квиток до Харкова туди і назад(в обидва
부디 라스카, 오딘 크비토크 도 하르코바 투디 이 나자드(브 오비드바
кінці).
킨찌).

키예프–르비우행 표 한 장 주세요,
Дайте, будь ласка, білет на рейс Київ-Львів....
다이테, 부디 라스카, 빌레트 나 레이스 키이우–루비우….

오데사행 오늘 표 한 장 주세요.
Будь ласка, на сьогодні один квиток до Одеси.
부디 라스카, 나 소호드니 오딘 크븨토크 도 오데시.

오데사행 내일 표 한 장 주세요.
Будь ласка, на завтра один квиток до Одеси.
부디 라스카, 나 자브트라 오딘 크븨토크 도 오데시.

오데사행 수요일 표 한 장 주세요.
Будь ласка, на середу один квиток до Одеси.
부디 라스카, 나 세레두 오딘 크비토크 도 오데시.

오데사행 8월 4일자 표 한 장 주세요.
Будь ласка, на четверте серпня один квиток до Одеси.
부디 라스카, 나 췌트베르테 세르프냐 오딘 크븨토크 도 오데시.

하르키우행 359호 기차 표 한 장 주세요.
Будь ласка, один квиток до Харкова на потяг номер 359.
부디 라스카, 오딘 크븨토크 도 하르코바 나 포쨔흐 노메르 359.

4인실 침대 차 표 한 장 주세요.

Дайте, будь ласка, квиток в купейний потяг.

다이테, 부디 라스카, 크비토크 브 쿠페이늬이 포쨔흐.

칸막이 없는 침대 차 표 한 장 주세요.

Дайте, будь ласка, квиток в м'який плацкартний потяг.

다이테, 부디 라스카, 크비토크 브 먀킈이 플라츠카르트늬이 포쨔흐.

일반 차량 표 한 장 주세요.

Дайте, будь ласка, квиток в загальний потяг.

다이테, 부디 라스카, 크비토크 브 자할늬이 포챠흐.

급행 기차 표 한 장 주세요.

Дайте, будь ласка, квиток в швидкий потяг.

다이테, 부디 라스카, 크비토크 브 취비드킈이 포쨔흐.

위 칸 침대 자리로 주세요.

Верхню полицю, будь ласка.

베르흐뉴 폴리츄, 부디 라스카.

아래 칸 침대 자리로 주세요.

Нижню полицю, будь ласка.

니쥐뉴 폴리츄, 부디 라스카.

어린이 할인이 있습니까?

Чи є знижки(пільги) для дітей?

취 예 즈니쥐키 (필희) 들랴 디테이?

학생 할인이 있습니까?

Чи є знижки(пільги) для студентів?

취 예 즈늬쥐킈 (필희) 들랴 스투덴티우?

몇 시에 359호 기차로 환승해야 합니까?

О котрій годині у мене буде пересадка на потяг під

오 코트리이 호듸니 우 메네 부데 페레사드카 나 포쨔흐 피드

номером 359?

노메롬 359?

몇 번 환승해야 하나요?

Скільки пересадок?

스킬킈 페레사도크?

제 트렁크를 기차 화물칸에 맡길 수 있나요?
Чи можу я здати свою валізу в багажне відділення потягу?
취 모쥬 야 즈다티 스보유 바리주 브 바하쥐네 비딜렌냐 포쨔후?

실례합니다. 오데사행 기차는 어디 트랙에서 출발합니까?
Пробачте, з якої колії вирушає потяг до Одеси?
피로바취테, 즈 야코이 콜리 비루샤예 포쨔흐 도 오데시?

도네츠크발 기차가 10분 연착합니다.
Потяг з Донецька прибуває з запізненням на десять
포쨔흐 즈 도네츠카 피리부뱌예 즈 자피즈네남 나 데샤츠
хвилин.
흐빌린.

이 역에서 기차가 얼마 동안 정차하나요?
Скільки часу потяг стоїть на цій станції?
스킬키 챠수 포쨔흐 스토이츠 나 찌이 스탄찌?

죄송합니다만, 여기 빈자리인가요?
Пробачте, це вільне місце?
프로바취테, 체 빌네 미스체?

창문을 열어도 될까요?
Чи можна відчинити вікно?
취 모쥬나 비드취늬틔 비크노?

창문을 닫아도 될까요?
Чи можна зачинити вікно?
취 모쥬나 자취늬틔 비크노?

죄송합니다만, 여긴 제 자리 같습니다.
Пробачте, здається, це моє місце.
프로바취테, 즈다예츠샤, 체 모예 미스체.

여기 제 표가 있습니다.
Ось мій квиток.
오시 미이 크비토크.

기차 시간표
Розклад потягів
로즈클라드 포쨔히우

출발
Відправлення
비드프라블레냐

도착
Прибуття
프리부쨔

인포메이션 데스크
Довідка
도비드카

포터
Носій
노시이

여자 화장실
Ж
쥐

남자 화장실
Ч
취

육아실
Кімната матері та
킴나타   마테리   타
дитини
디틔늬

매표소
Квиткова каса
크븨트코바   카사

표 예약 및 판매 철도청
Залізничне агентство з
자리즈늬취네   아헨트스트보 포

бронювання і продажу
브로뉴반뉴   이 프로다잠
квитків
크비트키우

Luxury-class sleeping car
CB

Compartment car
Купейний вагон
쿠페이늬이   바론

Compartment car
Плацкартний вагон
플라츠카르트늬이   바혼

Simle car
Загальний вагон
자할늬이   바론

금연
Паління заборонено
팔린냐   자보로네노

택시 정류장
Стоянка таксі
스토얀카   타크시

지하철
Метро
메트로

교외선
Приміські потяги
프릐미스키   포쨔히

보관소
Камера схову
카메라   스호부

카터
Візки
비즈킈

대합실
Зал очікування
잘   오취쿠반냐

동반자
Супроводжуюча особа
수프로보드쥬유챠   오소바

추가요금
Доплата
도플라타

수하물
Багаж
바하쥐

수하물 코너
Багажне відділення,
바하쥐네   비딜렌냐,
багажна каса
바하쥐나   카사

차량번호
Номер вагону
노메르   바호누

어린이 표
Дитячий квиток
디쨔취이   크비토크

쿠페
Купе
쿠페

승무원
Контролер. Провідник
콘트롤레르.   프로비드니크

(-ниця)
(–니쨔)

통로
Прохід
프로히드

식당차
Вагон-ресторан
바혼–   레스토란

기차표
вартість проїзду
바르티스츠   프로이즈두

Main station
головний вокзал
홀로브늬이   보카잘

할인
Пільги
필히

예약
Бронювання
브로뉴반냐

왕복표
Квиток в у обидва
크비토크   브 우 오비드바
кінці
킨찌.

금연 칸
Купе для людей, які
쿠페   들랴 류데이,   야키
палять
팔랴츠

스낵 카터
Пересувний буфет
페레수브늬이   부페트

표에 스탬프를 찍다.
компостувати,
콤포스투바티,
прокомпостувати
프로콤포스투바티

정거장
Зупинка
주핀카

표
Квиток
크비토크

매표소
Квиткова каса
크비트코바   카사

표 검사
Контроль квитків
콘트롤   크비트키우

기차역
Вокзал
보크잘

창가 좌석
Місце біля вікна
미스체   빌랴   비크나

배 (Корабель)

표 사기
(Купівля квитків)

드니프로강 크루즈를 예약하고 싶습니다.
Я б хотів(-а)(бажав)(-а) замовити круїз по Дніпру.
야 브 호티우 (–아)(바쟈우)   (–아) 자모븨티   크루이즈 포 드니프루.

드니프로뻬뜨로브스크행 배는 다음에 언제 있나요?
Коли відходить наступний корабель у Дніпропетровськ?
콜리   비드호디츠   나스투프늬이   코라벨   우 드니프로페트로브스크?

Коли відходить наступний пором у Дніпропетровськ?
콜리   비드호디츠   나스투프늬이   포롬   우 드니프로데프로브스크?

얼마나 걸립니까?
Як довго триває рейс?
야크 도브호 트리바예 레이스?

드니프로뻬뜨로브스크에 언제 도착합니까?

Коли ми прибудемо у Дніпропетровськ?

콜리 미 프리부데모 우 드니프로페트로브스크?

항구에 얼마나 정착합니까?

Як довго ми будемо стояти у порту?

야크 도브호 미 부데모 스토야티 우 포르투?

드니프로뻬뜨로브스크행 표 한장 주세요.

Будь ласка, один квиток до Дніпропетровська.

부디 라스카, 오딘 크비토크 도 드니프로페트로브스카.

드니프로뻬뜨로브스크행 일등석 표 한장 주세요.

Будь ласка, один квиток до Дніпропетровська в першому

부디 라스카, 오딘 크븨토크 도 드니프로페트로브스카 브 페르쇼무

класі.

클라시.

드니프로뻬뜨로브스크행 보통석 표 한장 주세요.

Будь ласка, один квиток до Дніпропетровська в

부디 라스카, 오딘 크븨토크 도 드니프로페트로브스카 브

туристичному класі.

투리스틔취노무 클라시.

한 선실 주세요.

Будь ласка, одномісну каюту.

부디 라스카, 오드노미스누 카유투.

두 선실 주세요.

Будь ласка, двохмісну каюту.

부디 라스카, 드보흐미스누 카유투.

오후 3시 투어 표 한장 주세요.

Будь ласка, один квиток на екскурсію о п'ятнадцятій

부디 라스카, 오딘 크비토크 나 에크스루시유 오 퍄트나드챠티이

годині.

호듸니.

식당이 어디에 있습니까?
Де їдальня?
데   이달냐?

레스토랑이 어디에 있습니까?
Де ресторан?
데   레스토란?

라운지가 어디에 있습니까?
Де кают-компанія?
데   카유트-콤파니야?

몸상태가 좋지 안습니다.
Я почуваюся не добре.
야 포츄바유샤   네 도브레.

멀미가 납니다.
Мене нудить.
메네   누디츠.

배 멀미 약 있습니까?
Чи не могли б ви мені дати засіб від морської хвороби?
취   네 모흘리   브 비 메니 다티   자시브 비드 모르스코이   흐보로비?

선실
Каюта
카유타

선장
Капітан
카피탄

해안
Морський берег
모르스킈이 베레흐

크루즈
Круїз
크루이즈

갑판
Палуба
파루바

해안관광
Екскурсія на берег
에크스쿠시야   나 베레흐

페리
Паром
파롬

Hovercraft
Глісер. Судно на
흘리세르. 수드노   나
повітряній подушці.
포비트랴니이   포두쉬치

hydrofoil
Рятувальний жилет
랴투발늬이   췰레트

구명조끼
Рятувальний круг
랴투발늬이   크루흐

구명보트
Рятувальний човен
랴투발늬이   쵸벤

항구
Порт
포르트

육지
Суша
수샤

배 멀미
Морська хвороба
모르스카   흐보로바

증기선
Пароплав
파로플라우

대중교통 (Громадський транспорт)

버스, 지하철, 전차, 트롤리버스

어디에 가장 가까운 버스 정류장이 있나요?
Скажіть, будь ласка, де найближча зупинка автобуса?
스카쥐츠,   부디   라스카,   데 나이블리쥐챠 주핀카 아브토부사?

어디에 가장 가까운 트롤리버스 정류장이 있나요?
Скажіть, будь ласка, де найближча зупинка тролейбуса?
스카쥐츠,   부디 라스카, 데 나이블리쥐챠   주핀카   트로레이부사?

어디에 가장 가까운 전차 정류장이 있나요?
Скажіть, будь ласка, де найближча зупинка трамвая?
스카쥐츠,   부디 라스카, 데 나이블리쥐챠   주핀카   트람바야?

어디에 가장 가까운 지하철역이 있나요?

Скажіть, будь ласка, де найближча зупинка метро?

스카쥐츠, 부디 라스카, 데 나이블리쥐챠 주핀카 메트로?

이 역은 무슨 역인가요?

Яка це станція?

야카 체 스탄찌야?

다음 역은 무슨 역인가요?

Яка наступна станція?

야카 나스투프나 스탄찌야?

전차로 흐레바하까지 얼마나 걸립니까?

Скільки часу йде електричка до Глевахи?

스킬키 챠수 이데 엘레크트리취카 도 흘레바히?

뻬레모하대로까지 몇 번이 갑니까?

Який номер йде до проспекту Перемоги?

야키이 호메르 이데 도 프로스페크투 페레모히?

시내는 몇 번이 갑니까?

Який номер йде до центру міста?

야키이 호메르 이데 도 쩬트루 미스타?

체르보노 후토르행 전철 첫 차는 언제 있습니까?

Коли йде перший потяг метро до Червоного хутора?

콜리 이데 페르쉬이 포쨔흐 메트로 도 세르보노호 후토라?

체르보노 후토르행 전철 마지막 차는 언제 있습니까?

Коли йде останній потяг метро до Червоного хутора?

콜리 이데 오스탄니이 포쨔흐 메트로 도 췌르보노호 후토라?

이 버스는 아르템 거리를 갑니까?

Цей автобус йде до вул. Артема?

체이 아브토부스 이데 도 불. 아르테마?

키예프 국립 대학교까지 몇 정거장입니까?

Скільки зупинок до КНУ?

스킬키 주피노크 도 KNU?

제가 언제 내려야할 지 말씀 좀 해주시겠어요?

Чи змогли б ви мені повідомити, коли мені треба

취 즈모흘리 브 비 메니 포비도믜틱, 콜리 메니 트레바

виходити?
비호딕티?

갈아타야 합니까?
Мені треба робити пересадку?
메니 트레바 로비티 페레사드쿠?

많은 사람들이 출근할 때 대중교통을 이용합니다.
Більшість людей користуються громадським транспортом
빌쉬스츠 슈데이 코리스투유츠샤 흐로마드스킴 트란스포르톰
від дому до роботи.
비드 도무 도 로보티.

가장 빠른 교통수단은 지하철입니다.
Надшвидкісний вид транспорту–це метрополітен.
나드취비드키스늬이 비드 트란스포르투– 쩨 메트로폴리텐.

버스
Автобус
아브토부스

버스정류장
Автобусна зупинка
아브토부스나 주핀카

케이블 카
Зубчаста залізниця
주브촤스타 잘리즈늬챠

시내버스
Міський автобус
미시킈이 아브토부스

교외선,전동차
Приміський потяг.
프릐미시킈이 모쨔흐.
Електричка
엘렉트리취카

차장
Кондуктор
콘두크토르

일일 티켓
Одноденний квиток
오드노덴늬이 크비토크

출발
Відправлення
비드프라블렌냐

방향
Направлення
나프라블렌냐

종점(지하철 등)
Кінцева станція
킨쩨바 스탄찌야

종점(버스 등)
Кінцева зупинка
킨쩨바   주핀카

통행료
Вартість проїзду
바르티스츠   프로이즈두

시외버스
Міжміський автобус
미쥐미시키이   아브토부스

월 정기권
Місячний квиток.
미샤취늬이   크비토크.

Абонемент
아보네멘트

시간표
Розклад
로즈클라드

표 검사원
Контролер
콘트롤레르

택시 (Таксі)

어디에 택시 정류장이 있습니까?
Де зупинка(стоянка) таксі?
데   주핀카   (스토얀카)   타크시?

여기 어디 가까운 곳에 택시 정류장이 있는 지 말씀해 주세요.
Чи не могли б ви мені сказати, де тут поблизу зупинка
취 네 모흘리 브비 메니   스카자티, 데 투트 포블리주   주핀바
(стоянка) таксі.
(스토야카)   타크시.

빈 차입니까?
Вільний?
빌늬이?

택시를 불러 주시겠습니까?
Чи не могли б ви мені викликати таксі?
취 네 모흘리 브비 메니 비클리카티   타크시?

아침 9시에 택시가 필요합니다.
Мені потрібне таксі на дев'ять годин ранку.
메니   포트리브네 타크시 나 데뱌츠   호딘   란쿠.

여보세요. 야끼라 거리 4동으로 지금 바로 택시를 보내주세요.

Алло! Мені, будь ласка, таксі на адресу вул. Якіра,
알로! 메니, 부디 라스카, 타크시 나 아드레수 불. 야키라,

будинок 4 прямо зараз.
부디노크 초틔리 프랴모 자라즈.

여보세요. 야끼라 거리 4동으로 7시에 택시를 보내 주세요.

Алло! Мені, будь ласка, таксі на адресу вул. Якіра,
알로! 메니, 부디 라스카, 타크시 나 아드레수 불. 야키라,

будинок 4 на 7(сім) годин.
부디노크 초틔리 나 7(심) 호딘.

어디로 모실까요?

Куди ви їдете?
쿠디 븨 이데테?

《우크라이나》 호텔까지 부탁합니다.

До готелю 《Україна》, будь ласка.
도 호텔류 《우크라이나》, 부디 라스카.

흐레싀차틱 거리 부탁합니다.

До вулиці Хрещатик, будь ласка.
도 불리찌 흐레쉬차티크, 부디 라스카.

베르낫츠키 도서관 부탁합니다.

До бібліотеки імені Вернадського, будь ласка.
도 비블리오테키 이메니 베르나드시코호, 부디 라스카.

미터기를 켜세요.

Ввімкніть, лічильник, будь ласка.
우빔크니츠, 리취리니크, 부디 라스카.

킬로 당 얼마입니까?

Скільки коштує проїзд одного кілометру?
스킬키 코슈투예 프로이즈드 오드노호 킬로메트루?

보시스필 공항까지 얼마입니까?

Скільки коштує до аеропорту Бориспіль?
스킬키 코슈투예 도 아에로포르투 보리스필리?

여기에 세워 주세요.

Зупиніться тут, будь ласка.
주피니츠샤 투트, 부디 라스카.

얼마입니까?
Скільки з мене?
스킬키　　　즈 메네?

50흐리브냐를 주었습니다.
Я дам вам п'ятдесят гривень.
야 담　밤　퍄트데샤트　흐리벤.

영수증을 써 주시겠습니까?
Ви можете мені виписати квитанцію?
비 모졔테　메니　비피사티　　크비탄찌유?

여기요.
Це вам.
체　밤.

내리고 싶습니다.
Я хочу(бажаю) вийти.
야 호추　(바쟈유)　　븨이티.

너무 빨리 가지 마세요.
Не так швидко, будь ласка.
네　타크 쉬븨드코,　부디　라스카.

기다려 주세요.
Почекайте, будь ласка.
포췌카이데,　　부디　라스카.

택시 정류장
Стоянка(зупинка) таксі
스토얀카　（주핀카）　　타크시.

택시 기사
Водій таксі
보디이　타크시

Flat rate
Спільна ціна
스필나　　찌나

킬로미터 당 요금
Тариф за кілометр
타리프　자 킬로메트르
(вартість одного кілометру
(바르티스츠 오드노호　킬로메트루)

안전벨트
Ремінь(пасок) безпеки
레민　（파소크）　　베즈페키

팁
Чайові
챠이오비

교통

자동기아 차로 렌트하고 싶습니다.
Я б хотів(-а)(бажав(-а) взяти автомобіль на прокат з
야 브 호티우 (–아) 바쟈우 (–아) 우쟈티 아브토모빌 나 프로카트 즈
автоматичною трансмісією.
아부토마티쵸유 트란스미시예유.

수동 기아차로 렌트하고 싶습니다.
Я бажав би узяти автомобіль на прокат з ручним
야 바쟈우 비 우쟈티 아브토모빌 나 프로카트 즈 루취늼
переключенням передачі.
페레클류췐냠 페레다취.

에어컨이 있는 차로 렌트하고 싶습니다.
Я бажав би узяти автомобіль з кондиціонером на прокат.
야 바쟈우 비 우쟈티 아브토모빌 즈 콘디찌오네롬 나 프로카트.

기사 딸린 차를 렌트하고 싶습니다.
Я бажав би узяти автомобіль з водієм на прокат.
야 바쟈우 비 우쟈티 아브토모빌 즈 보디옘 나 프로카트.

일일 렌트비가 얼마입니까?
Скільки коштує прокат на один день?
스킬키 코슈투예 프로카트 나 오딘 덴?

여기에 보험비가 포함되어 있나요?
Скільки коштує страхування?
스킬키 코슈투예 스트라후반냐?

영어로 된 교통법규 책자가 있습니까?
Чи ви маєте правила дорожнього руху англійською
취 븨 마예테 프라빌라 도로쥐노호 루쿠 안흘리스코유
мовою?
모보유?

도로지도가 있습니까?
Чи ви маєте(карту)(мапу) схему доріг?
취비 마예테 (카르투) (말루) 스헤무 도리흐?

운전하십니까?
Чи ви водите автомобіль(машину)?
취 븨 보듸테 아브토모빌 (마쉬누)?

네. 운전합니다.
Так, я вожу.
타크, 야 보쥬.

아뇨, 운전 못 합니다.
Ні, я не вожу.
니, 야 네 보쥬.

운전면허가 있습니다.
У мене наявне(є) водійське посвідчення.
우 메네 나야브네 (예) 보디시케 포스비드췐냐.

교통법규를 준수해야 합니다.
Треба дотримуватися правил дорожнього руху.
트레바 도트리무바티샤 프라빌 도로쥐노호 루후.

교통위반 벌금을 내야 합니다.
Треба заплатити штраф за порушення правил дорожнього
트레바 자플라티티 쉬트라프 자 포루쉔냐 프라빌 도로쥐노호
руху.
루후.

제한 속도가 얼마입니까?
Яке обмеження швидкості?
야케 오브메젠냐 쉬비드코스티?

이 도로가 흘레바하 가는 길인가요?
Це дорога до Глевахи?
쩨 도로하 도 흘레바히?

어디에 주차장이 있습니까?
Це заправна станція?
쩨 자프라브나 스탄찌야?

여기는 셀프 서비스입니까?
Тут самообслуговування?
투트 사모브슬루호부반냐?

가득 채우세요.
Заповніть бак, будь ласка.
자포브니츠　　바크, 부디　라스카.

15리터요.
П'ятнадцять літрів, будь ласка.
퍄트나드쨔츠　　리트리우, 부디　라스카.

오일을 점검해 주세요
Перевірте, будь ласка, мастило.
페레비르테,　　부디　라스카,　마스틸로.

타이어 압력을 점검해 주세요.
Перевірте, будь ласка, тиск у колесах.
페레비르테,　　부디　라스카,　티스크 우 콜레사흐.

냉각수를 점검해 주세요.
Перевірте, будь ласка, воду.
페레비르테,　　부디　라스카,　보두.

여기(얼마 동안) 세어도 됩니까?
(Скільки) Тут стояти можна?
(스킬키)　　투트　스토야티 모쥬나?

유료입니까?
Треба сплачувати?
트레바　스플라츄바티?

무료
Безкоштовно
베즈코수토브노

운전면허증
Водійське посвідчення
보디스케　　포스비드첸냐

(전차) 조심!
Стережись(трамвая)!
스테레즤치　　(트람바야)

주의!
Увага!
우바하

공사 중
Попереду ведуться роботи!
포페레두　　베두츠샤
로보티

입구
В'їзд
비즈드

출구
Виїзд
비즈드

경찰
ДАІ
D.A.I

일방통행
Односторонній рух
오드노스토론니이　　루흐

위험
Небезпечно
네베즈페취노

통행금지
Проїзд заборонено
프로이즈드 자보로네노

스톱
Стоп
스토프

주차금지
Стоянка заборонена
스토얀카　　자보로네나

양보운전
Поступися дорогою
포스투피샤　　도로호유

고장(Проблеми)

자동차 수리공이 필요합니다.
Мені потрібний автомеханік.
메니　　포트리브늬이　　아브토메하니크.

사고를 당했습니다.
Я потерпів(-а) аварію(потрапив(-а) в аварію).
야 포테르피우　(–아) 아바리유 (포트라피우　(–아) 브 아바리유).

차가 바실고브에서 고장 났습니다.
Автомобіль(машина) зламався(-лася) в Василькові.
아브토모빌　　(마쉬나)　　즈라마브샤　(–라샤)　브 바실코비.

타이어가 펑크 났습니다.
У мене здута шина.
우 메네　　즈두타　　쉬나.

차가 시동이 안 걸립니다.

Автомобіль(машина) не заводиться.

아브토모빌　(마쉬나)　네　자보디츠샤.

자동차 키를 분실했습니다.

Я загубив(-а) ключі від автомобіля(машини).

야 자후비우　(–아) 클류취　비드 아브토모빌랴　(마쉬니).

차안에 열쇠를 두었습니다.

Я зачинив(-а) ключі у автомобілі(машині).

야 자취늬우　(–아) 클류취　우　아브토모빌리　(마쉬니).

벤진이 없습니다.

У мене закінчився бензин.

우 메네　자킨취브샤　벤진.

(오늘) 해주실 수 있나요?

Чи зможете ви зробити це(сьогодні)?

취　즈모제테　비 즈로븨틔　체 (시오호드니)?

언제 수리가 끝나나요?

Коли буде готовий(-а) автомобіль(машина)?

콜리　부데　호토븨이　(–아) 아브토모빌　(마쉬나)?

Діалог 1

Олена:	Пробачте(вибачте), чи не підкажете, як доїхати мені до найближчої станції метро?
Перехожий:	На любому автобусі три зупинки до КПІ.
Олена:	А мені треба потрапити на Оболонь.
Перехожий:	На Оболонь. Тоді вам потрібно їхати в протилежний бік.
	Чи бачите зупинку на тому боці?

Олена: Де мені треба вийти?

Перехожий: Вийдете через три зупинки, та зробите пересадку.

Олена: Дякую.

Перехожий: Будь ласка.

올레나: 실례합니다만, 가까운 지하철역까지 어떻게 가야 하는지 말씀해 주세요.

행인: 아무 버스나 타고 세 정거장 가면 KPI 역입니다.

올레나: 저는 오볼론 역에 가야 하는데요.

행인: 오볼론 역에 가려면 건너편으로 가야합니다. 건너편에 버스 정류장 보이죠?

올레나: 어디에서 내려야 하나요?

행인: 세 정거장 지나서 내린 다음 지하철로 갈아타세요.

올레나: 감사합니다.

행인: 천만에요.

Діалог 2

Марія: Щось я трохи втомилася.

Здається, що ми обійшли пів Києва.

Пропоную на чомусь поїхати.

Левко: Пробач(вибач) я тебе зовсім замучив.

Візьмемо таксі?

Марія: Краще поїдемо на трамваї чи автобусі.

Я віддаю перевагу громадському транспорту.

Левко: Ну що ж. Перейдемо на протилежну(ту) сторону та сядемо на автобус.

Марія: А який номер?

Левко: Десятий.

Марія: Ти впевнений, що саме десятий автобус їде (курсує) до КНУ?

Левко: Звичайно. Це мій постійний маршрут. Ось і автобус.

마리야: 왠지 약간 피곤한 것 같아. 아마도 우리가 키예프 반절은 걸어 다닌 것 같아. 뭔가를 타고 가자.

레브코: 미안해, 내가 너를 너무 끌고 다녔나 보다.

마리야: 전차나 버스를 타는 게 더 낫겠어. 난 대중교통을 이용하는 게 더 좋아.

레브코: 그럼 그러지 뭐. 저쪽으로 건너가서 버스를 타자.

마리야: 몇 번을 타야 되는데?

레브코: 10번

마리야: 확실히 10번 버스가 키예프 국립대학까지 가니?

레브코: 물론이지. 내가 매일 타고 다니는 노선이야. 여기 버스 왔다.

Діалог 3: Як ти їдеш(їздиш) до роботи?

Сергій: Чи далеко від твого будинку робота?

Катерина: Далеко.

Сергій: Скільки часу у тебе займає дорога від будинку до роботи?

Катерина: Півтори години.

Сергій: О котрій годині ти виходиш з будинку?

Катерина: О сьомій годині.

Сергій: Як ти їздиш(добираєшся) до роботи?

Чи є пряме сполучення від твого будинку до роботи?

Катерина: Ні, прямого сполучення немає.

Мені доводиться користуватися двома видами транспорту.

Спочатку я їду на автобусі, потім на метро.

Оскільки біля будинку немає станції метро, мені незручно.

세르히: 너희 집에서 직장이 머니?

카테리나: 멀어.

세르히: 집에서 직장까지 시간이 얼마나 걸리는데?

카테리나: 1시간 반 정도.

세르히: 집에서 보통 몇 시에 나오니?

카테리나: 7시에 나와.

세르히: 직장까지 어떻게 가니? 집에서 직장까지 한 번에 가는 게 있니?

카테리나: 아니, 직통으로 가는 게 없어. 처음에는 버스 타고, 그 다음엔 지하철로 갈아 타. 집 근처에 지하철역이 없어서 불편해.

Діалог 4

Співробітник аерофлоту: Слухаю вас.

Віктор: Назвіть, будь ласка, ранкові рейси до Києва.

Співробітник аерофлоту: Їх два. Занотовуйте: з аеропорту Внуково рейс в одинадцять тридцять, а з аеропорту Биково виліт о десятій.

Віктор : Скільки коштує квиток?

Співробітник аерофлоту: 12.000 рублів.
Віктор: А які літаки?
Співробітник аерофлоту: З аеропорту Внуково рейс виконує ТУ -154, з аеропорту Биково - АН – 24.
Віктор: Скільки триває політ?
Співробітник аерофлоту: Дві години.
Віктор: Я хочу(бажаю) замовити квиток на десяту годину.

아에라플롯 직원: 아에로플롯입니다. 말씀하세요.,
빅또르: 키예프행 아침 비행기 시간 좀 말씀해 주세요.
아에라플롯 직원: 두 편이 있습니다. 메모하세요. 브누꼬보 공항에서 11시 30분 출발 비행기가 있고, 브이꼬보 공항에서 10시에 출발하는 비행기가 있습니다.
빅또르: 비행기 가격은 어떻게 됩니까?
아에라플롯 직원: 12000루블리브 입니다.
빅또르: 비행기 편명은요?
아에라플롯 직원: 브누꼬보 공항에서는 TU-154 편이 있고, 브이꼬보 공항에는 AN-24 편이 있습니다..
빅또르: 비행시간은 얼마나 걸리나요?
아에라플롯 직원: 두 시간 정도 걸립니다.
빅또르: 저는 10시 비행기로 예약하겠습니다.

Діалог 5: На Київському вокзалі

Зоя: Чи маєте ви квитки до Одеси на сьогодні?
Касир: Який потяг вас цікавить?
У мене залишилося декілька квитків на

три години та дванадцять годин ночі.

Зоя:　　Я візьму квитки на нічний потяг, Будь ласка, коли він прибуває до Одеси?

Касир:　О шостій ранку.

Зоя:　　Це те, що мені потрібне.
　　　　Дайте, будь ласка, два квитки в купейний вагон.

Касир:　Будь ласка.

조야:　　오데사 행 오늘 표가 있나요?
매표원: 어떤 기차를 원하세요? 낮 3시 표와 밤 12시 표가 몇 장 남았습니다.
조야:　　그럼 밤 열차표를 가져갈께요. 오데사에 언제 도착하나요?
매표원: 아침 6시입니다.
조야:　　바로 제게 필요한 표입니다. 침대차로 두 장 주세요.
매표원: 여기 있습니다.

Діалог 6: В потягу 《Чорноморець》

Провідниця:　Зараз вирушаємо.
　　　　　　　Через 20 хвилин будемо пити чай.
　　　　　　　Якщо бажаєте, можете пройтидовагон-ресторану.

Зоя:　　　　Де він знаходиться: попереду чи ззаду?

Провідниця:　Наступний вагон по ходу потягу.

Зоя:　　　　А що означають ці кнопки?

Провідниця: Це включення радіо, це-світла.

А ця кнопка для виклику провідника.

Зараз я принесу білизну, а потім чай.

Дозвольте ваші квитки.

승무원: 지금 출발합니다. 20여 분 후에 차를 서비스하겠습니다. 원하시면, 식당차를 이용하세요.

조야: 어디에 식당차가 있나요? 앞쪽이에요, 아니면 뒤쪽이에요?

승무원: 기차 운행 방향으로 다음 차량입니다.

조야: 그런데 이것들은 무슨 버튼이에요?

승무원: 여기 이것은 라디오와 전등을 켜는 것입니다. 그리고 이 버튼은 승무원 호출용입니다. 곧 침대 시트와 차를 가져 오겠습니다. 표를 보여 주십시오.

Діалог 7: Про проблеми міського транспорту

Людмила: Сучасна людина їздить дуже багато.

Щоб дістатися до роботи, треба проїхати у великому місті кілометри та кілометри.

Олексій: У зв'язку з цим виникає багато проблем.

Мешканець великого міста щоденні близько двох годин вільного часу проводить в автобусі чи метро.

Людмила: Як скоротити час, що витрачається на дорогу?

Олексій: Дуже тяжко розв'язати цю проблему.

Здається, треба збільшити будівництво метрополітену і зробити дорогу як можна зручніше.

Людмила: Проблемою номер один ще залишаються
《години - пік》.

Для їх рішення розширюють вулиці, щоб
виділити для автобусів спеціальні смуги.

류드밀라: 현대인들은 차를 너무 많이 타고 다녀. 직장에 가려
면, 대도시에서는 수 많은 킬로를 달려야 하잖아.

올렉세이: 그것과 관련된 문제가 많이 발생하지. 대도시 주민은
매일 버스나 전철 안에서 약 2시간을 보내잖아.

류드밀라: 어떻게 하면 길거리에서 버리는 시간을 줄일 수 있을
까?

올렉세이: 그 문제를 해결하기란 매우 어려운 일이야. 내 생각에
는 지하철 건설을 늘이거나, 도로를 가능한 편리하게
만들어야 할 것 같아.

류드밀라: 《러시아워》 문제도 제일 심각한 문제로 남아 있어. 그
문제 해결을 위해 도로를 확장하고 있지. 버스전용차
선을 만들기 위해서 말이야.

은행 서비스
Банківські сервіси(послуги)

은행 정보 (Інформація про банк)

은행이 어디 있는지 말씀해 주시겠어요?
Чи не скажете мені, де тут банк?
취 네 스까제테 메니, 데 뚜드 반끄?

외환은행이 어디 있는지 말씀해 주시겠어요?
Чи не скажете мені, де тут обмінний банк?
취 네 스까제테 메니, 데 뚜드 오브민늬 반끄?

자동현금인출기가 어디 있는지 말씀해 주시겠어요?
Чи не скажете мені, де тут банкомат?
취 네 스까제테 메니, 데 뚜드 반콤마트?

은행이 어디인가요?
Де банк?
데 반끄?

환전소가 어디인가요?
Де обмін валюти?
데 오브민 발류뜨이?

어디에서 돈을 바꿀 수 있나요?
Де можна обміняти гроші?
데 모쥐나 오브미냐뜨이 흐로쉬?

어디에서 여행자 수표를 바꿀 수 있나요?
Де можна обміняти дорожні чеки?
데 모쥐나 오브미냐뜨이 도로쥐니 체끄이?

어디에서 현금 서비스를 받을 수 있나요?
Де можна зняти гроші по кредитній картці?
데 모쥐나 즈냐뜨이 흐로시 뽀 크레듸트니이 카르트찌?

어디에서 돈을 인출할 수 있나요?

Де можна зняти гроші?
데 모쥐나 즈냐틔 흐로시?

은행은 언제 여나요?

Коли відчиняється банк?
콜르이 비드츼냐예트싸 반끄?

은행은 언제 끝나나요?

Коли зачиняється банк?
콜릐 자츼냐예트싸 반끄?

은행 & 환전소에서 (У банку \ у обміні валюти)

저는 100달러를 흐리브냐로 바꾸고 싶습니다.

Я б хотів(-а) обміняти 100 доларів на гривни.
야 브 호띠브 (라) 오브민냐뜨이 스또 돌라리브 나 흐릐브늬.

저는 100유로를 흐리브냐로 바꾸고 싶습니다.

Я б хотів(-а) обміняти 100 євро на гривни.
야 브 호띠브 (라) 오브민냐뜨이 스또 예우로 나 흐릐브늬.

오늘 환율이 어떻게 되나요?

Чи не могли б ви мені сказати, який сьогодні обмінний
취 네 모흘리 브의 메니 스까자뜨이, 약크이 쇼호드니 오브민니이

курс(курс обміну)?
쿠르스 (쿠르스 오브민누)?

1달러 당 환율이 어떻게 되나요?

Чи не могли б ви мені сказати, який сьогодні обмінний
취 네 모흘리 브 브의 메니 스까자뜨이, 약크이 쇼호드니 오브민니

курс по відношенню до долару?
쿠르스 뽀 비드노셴뉴 도 돌라루?

환율이 어떻게 되나요?

Який курс?
약크이 쿠르스?

얼마를 내야 하나요?

Скільки треба заплатити?

스낄키　　　뜨레바　자쁘라뜨이뜨이?

이 여행자 수표를 현금으로 바꾸고 싶습니다.

Я б хотів(-а) перевести у готівку цей травел-чек.

야 브 호띠브 (라) 뻬레베쓰뜨이 우 호띠우꾸　쩨이 뜨라벨– 체끄.

이 여행자 수표를 바꾸고 싶습니다.

Я б хотів(-а) перевести у готівку цей дорожній чек.

야 브 호띠브 (라) 베레베스뜨이 우 호띠우꾸　쩨이 도로쥐니이　체끄.

저는 계좌를 계설하고 싶습니다.

Я хочу відкрити рахунок.

야 호추　비드크릐뜨이　라후노끄.

한국으로 송금하려 합니다.

Я хочу(бажаю) перевести гроші до Кореї.

야 호추 (바좌유)　뻬레베쓰뜨이　흐로쉬　도　꼬레이.

신분증을 보여 주십시오.

Покажіть, будь ласка, ваше посвідчення особи.

뽀까쥐뜨,　　부드　라스까,　바쉐　보쓰비드첸냐　　오쏘븨.

사인하십시오.

Покажіть, будь ласка, ваш паспорт.

뽀까쥐뜨,　　부드　라스까,　바쉬　빠쓰뽀르뜨.

Підпишіть тут, будь ласка.

비드릐시뜨　　뚜드, 부드　라스까.

Розпишіться, будь ласка.

로즈삑시뜨싸,　　부드　라스까.

일일 인출 한도액이 얼마입니까?

Скільки можна отримати в один день?

스낄끄이　모쥐나　오트리마티　브 오딘　덴?

벌써 입금되었나요?

Мої гроші вже надійшли?

모이 흐로시　브줴 나디이쉬르이?

비밀번호를 잊어 버렸습니다.
Я забув(-а) свій номер.
야 자부브 (라) 스비이 노메르.

내 카드가 현금인출기에 끼었습니다.
Моя картка застрягла у банкомату.
모야 카르뜨까 자쓰뜨랴흘라 우 반꼼마뚜.

Банкомат з'їв мою картку.
반콤마뜨 즤이브 모유 까르뜨꾸.

은행
Банк

ATM
Банкомат

Bill
Банкнота

현금
Готівка

외화
Валюта

환율
Обмінний курс.
Валютний курс.

환전
Обмін валюти

여행자 수표
Дорожній чек.
Туристичний чек.
Трабел-чек.

계좌
Рахунок

대출
Позика.

입금 신청서
Прибутковий ордер

출금 신청서
Витратний(розхідний) ордер

신용카드
Кредитна картка

금액
Сума

수수료
Комісійна

달러
Долар

송금
(Грошовий) переказ

Діалог 1

Анна:	Вибачте(пробачте). Не могли б підказати, де я можу обміняти долари на гривни?
Перехожий:	Так. Обмінний пункт там, у готелі.
Анна:	Коли він працює?
Перехожий:	Здається, з десятої ранку до шостої вечора. Обідня перерва з другої до третьої.
Анна:	Чи ви не знаєте, який сьогодні курс?
Перехожий:	Ні, не знаю. Вам скажуть при обміну .

안나: 죄송하지만 어디서 달러를 바꿀 수 있는지 말씀해 주시겠어요?

행인: 네, 환전소는 저기 호텔에 있습니다.

안나: 언제 일을 합니까?

행인: 아침 10시부터 저녁 6시까지 인 것 같습니다. 점심시간은 2시에서 3시입니다.

안나: 그런데 오늘 환율이 어떤지 아세요?

행인: 아뇨, 모릅니다. 환전할 때 말해줄 겁니다.

Діалог 2

Іноземець: Я хочу(бажаю) обміняти американські долари.

Касирка: Скільки ви хочете(бажаєте) обміняти?

Іноземець: Якщо можливо, 100 доларів, дорожніми чеками?

Касирка: Дайте мені ваш паспорт, будь ласка.

Іноземець: Якщо можна, дрібними купюрами.

Касирка: Розпишіться, будь ласка, ось тут.
Ось квитанція. Тримайте її.

Іноземець: Дякую.

외국인: 미 달러를 바꾸고 싶습니다.
회계원: 얼마나 바꾸시렵니까?
외국인: 괜찮다면, 여행자수표 100달러를 바꿔 주십시오.
회계원: 여권을 주십시오.
외국인: 잔돈으로 바꿔 주세요.
회계원: 바로 여기에 서명하세요. 여기 영수증입니다. 보관하세요.
외국인: 감사합니다.

Діалог 3

Петро: Вибач, але у мене до тебе делікатне питання.

Наталя: Слухаю тебе.

Петро: Не знаю навіть, як почати.

Наталя: Та в чому справа? Говори, не соромся.

Петро: Розумієш, мені дуже потрібні гроші.

Наталя: Дуже хотіла б тобі допомогти, але на жаль, зараз у мене немає грошей.

Петро: Що ти, що ти! Я чудово розумію, що займати гроші у друзів - означає втрачати дружбу. Я зовсім не тебе маю на увазі.

Наталя: А кого ж?

Петро: Я думаю, що зможу узяти позику в якому-небудь банку.

Наталя: Тоді добре б узяти кредит у банку Аваль. Там кредитні відсотки не дуже високі.

뻬뜨로: 미안하지만, 난감한 질문 하나 할게.

나딸랴: 말해봐.

뻬뜨로: 어떻게 말을 시작해야 할지 모르겠다.

나딸랴: 무슨 일인데? 주저하지 말고 말해봐!

뻬뜨로: 돈이 급하게 필요해.

나딸랴: 너를 도와주면 좋겠는데, 유감스럽게도 나도 지금 돈이 없네.

뻬뜨로: 너 지금 무슨 소리하는 거야? 친구한테 돈을 빌리는 것은 우정을 잃는 것이라는 것을 잘 알고 있어. 너를 염두에 둔 게 절대 아니야.

나딸랴: 그럼 누구한테 빌릴 건데?

뻬뜨로: 은행에서 대출을 받을까 해.

나딸랴: 그렇다면 시티은행에서 대출을 받는 것이 좋겠다. 거기가 대출이자가 그다지 높지 않은 편이야.

쇼핑
Шопінг

가게 찾기 (В пошуку магазинів(крамниць)

어디가 슈퍼마켓입니까?

Де універсам?

데 우니벨쌈?

죄송합니다만, 어디에 식료품점이 있습니까?

Вибачте. Де можна знайти гастроном?

브이바최떼, 데 모쥐나 즈나이뜨이 하쓰로놈?

골동품 점
Антикварний магазин (антикварна крамниця).

화랑
Магазин(крамниця) художніх виробів, 《Мистецтво》

제과점
Булочна, 《Хліб》

서점
Книжковий магазин (книжкова крамниця) 《Книги》

부티크
Салон модних виробів

정육점
М'ясна крамниця 《М'ясо》

캔디 스토어
Кондитерська

캐더링
Доставка продуктів додому

유제품 가게
Молочна

식료품점
Гастроном

백화점
Універмаг

잡화
Галантерея

세탁소
Хімчистка

전자제품점
Магазин(крамниця)
електротоварів,
《Електроніка》

벼룩시장
Блошиний ринок

꽃가게
Квітковий магазин
(квіткова крамниця)

야채가게
Овочевий магазин
(овочева крамниця),
《Овочі та фрукти》

식료품점
Продовольчий магазин
(продовольча
крамниця),
《 Продукти》

이발소/미장원
Перукарня

자재상점
Магазин(крамниця)
будівельних товарів

건강식품점
Магазин(крамниця)
дієтичних продуктів

귀금속 가게
Ювелірний магазин
(ювелірна крамниця)

빨래방
Пральня

셀프 빨래방
Пральня
самообслуговування

기즉 잡화점
Магазин(крамниця)
(кожгалантерейных)
шкіряних виробів

시장
Базар(ринок)

악기점
Магазин музичних
інструментів

신문 가판대
Газетний кіоск

안경점
Оптика

화장품
Парфумерія

약국
Аптека

포토샵
Магазин(крамниця)
фототоварів

소시지가게
Магазин(крамниця)
ковбасних виробів

생선가게
Рибний магазин
(рибна крамниця),
《Риба》

중계소
Комісійний магазин
(крамниця)

구두가게
Взуттєвий магазин
(крамниця), 《Взуття》

신발수리
Ремонт взуття

기념품점
Сувенірний магазин
(сувенірна крамниця)

스포츠 용품점
Магазин(крамниця)
спорттоварів

문구점
Магазин(крамниця)
канцтоварів

슈퍼마켓
Універсам, Супермаркет

양복점
《Ательє》

중고품 할인 판매점
Вторсировина

담배가게
Тютюновий магазин

장난감 가게
Магазин іграшок,
《Дитячий світ》

여행사
Турагентсво

시계 수리집
Годинникова майстерня

와인가게
Винна крамниця

개점시간
Час роботи

open
Відкрито

closed
Закрито, не працює

~까지 휴점
Вихідні до

어댑터를 사고 싶습니다.
Я б хотів(-а) купити адаптер.
야 브 호띠브 (라) 꾸삐뜨이 아다쁘떼르.

그냥 구경하는 거예요.
Я просто гляну.
야 쁘로쓰또 흐랴누.

얼마예요?
Скільки коштує?
스낄끄이 꼬슈뚜예?

가격을 적으세요.
Запишіть, будь ласка, ціну.
자삐시뜨, 부드 라스까, 찌누.

다른 것도 있나요?
У вас є інші?
우 바쓰 예 인쉬?

치즈 있나요?
У вас є сир?
우 바쓰 예 씌르?

보여주세요.
Покажіть, будь ласка.
뽀까쥐뜨, 부드 라스까.

바로 이것입니다.
Це якраз.
쩨 야끄라즈.

사겠습니다.
Візьму.
비즘무.

여기서 계산해야 하나요?
Вам платити?
밤 쁘라띄뜨이?

누가 마지막인가요?
Хто останній?
흐또 오스단니이?

무엇을 도와드릴까요?
Я можу допомогти вам?
야 모쥬 도뽀모흐뜨이 밤?

감사합니다만, 전 그저 구경하려구요.
Дякую, я тільки дивлюся.
다꾸유, 야 띨끄이 듸울류싸.

뭐 다른 것 또 있나요?
Ще щось?
쉬체 쉬초스?

좋습니다. 사겠습니다.
Добре, я беру.
도브레, 야 베루.

신용카드를 받나요?
Чи приймаєте ви кредитні картки?
취 쁘르이마예떼 브이 끄레듸뜨니 까르뜨끄이?

신용카드로 계산해도 됩니까?
Чи приймаєте ви оплату кредитною карткою?
취 쁘르이마예떼 브이 오쁘라뚜 끄레듸뜨노유 까르뜨꼬유?

직불카드로 계산해도 됩니까?
Чи приймаєте ви оплату дебитной карткою?
취 쁘르이마예떼 브이 오쁘라뚜 데븨뜨노이 까르뜨꼬유?

여행자 수표로 계산해도 됩니까?
Чи приймаєте ви оплату дорожнім чеком?
취 쁘르이마예떼 브이 오쁘라뚜 도로쥔님 체꼼?

봉투를 주세요.
Дайте, будь ласка, пакет.
다이떼, 부드 라스까, 빠께트.

영수증을 주세요.
Дайте, будь ласка, квитанцію.
다이떼, 부드 라스까, 끄브이딴찌유.

잔돈으로 주세요.

Дайте, будь ласка, дрібними монетами.

다이떼, 부드 라스까, 드리브늬믜 모내땀믜.

작은 돈으로 주세요.

Дайте, будь ласка, дрібними купюрами.

다이떼, 부드 라스까, 드리브늬믜 쿠뷰라믜.

봉투는 필요 없습니다.

Пакет не потрібний.

빠께트 네 뽀뜨리브늬이.

포장해 주세요.

Загорніть, будь ласка.

자호르니트, 부드 라스까.

보증서 있나요?

Є гарантія?

예 하란띠야?

이것을 해외로 보내줄 수 있나요?

Ви можете переслати це за кордон?

브이 모줴떼 떼레쓰라띄 쩨 자 꼬르돈?

이것을 주문하고 싶습니다.

Я хочу це замовити.

야 호츄 쩨 자모븨뜨이.

나중에 가지러 오겠습니다.

Я заберу це пізніше.

야 자베루 쩨 삐즈니셰.

이것은 불량품입니다.

Це бракcovane.

쩨 브라꼬반네.

언제 준비되나요?

Коли буде готово?

콜릐 부데 호또보?

돈을 돌려 받았으면 합니다.

Будьте ласкаві, я б хотів(-а) отримати назад гроші.

부드떼 라스까비, 야 흐 호띠브 (라) 오뜨리마뜨이 나자드 흐로쉬.

잔돈을 받았으면 합니다.
Будьте ласкаві, я б хотів(-а) отримати здачу(решту).
부드라스까 라스까비, 야 브 호띠브(라) 오뜨릐마뜨이 지다추 (레쉬뚜).

이것을 돌려주고 싶습니다.
Будьте добрі, я хотів(-а) би це повернути.
부드떼 도브리, 야 호띠브 (라) 브이 쩨 뽀베르누뜨이.

가격흥정 (Поторгуємося)

너무 비쌉니다.
Це дуже дорого.
쩨 두줴   도로호.

깎아줄 수 있나요?
Ви можете знизити ціну?
브이 모줴떼   즈늬즤뜨이 찌누?

할인해 줄 수 있나요?
Ви надаєте знижку?
브이 나다예떼   즈늬쮜꾸?

더 싼 것 없나요?
Чи є дешевше?
취 예 데셰브셰?

책 & 읽을거리 (Книжки та читання)

스텔마흐 소설 있나요?
Чи є у вас роман Стельмаха?
취 예 부 바쓰 로만   쓰텔마하?

외국어 섹션이 있나요?
Чи є секція іноземних мов?
취 예 쎄크찌야 이노젬니흐   모브?

사전을 사고 싶습니다.
Я б хотів(-а) словник.
야 브 호디브 (라) 슬로브늬끄.

신문을 사고 싶습니다.
Я б хотів(-а) газету.
야 브 호띠브 (라) 하제뚜.

잡지를 사고 싶습니다.
Я б хотів(-а) журнал.
야 브 호띠브 (라) 쥬르날.

안내책자를 사고 싶습니다.
Я б хотів(-а) путівник.
야 브 호띠브 (라) 뿌띠브닉크.

이 지역 관광지도를 사고 싶습니다.
Я б хотів(-а) маршрутну туристичну карту(мапу) цього
야 브 호띠브 (라) 마르쉬루뜨누   뚜리쓰띄치누   까르뚜 (마뿌)   찌요호
району
라이오누.

도시지도
План міста

코믹서적
Комікс

요리 서적
Кухарська книга

사전
Словник

삽화 잡지
Ілюстрований журнал

지도
(географічна) Карта (мапа)

탐정 소설
Детектив

일간지
Щоденна газета

소설
Роман

자동차 도로 지도
Карта(мапа) автомобільних доріг (шляхів)

안내 책자
Путівник

여성 잡지
Жіночий журнал

무엇이 필요하십니까?
Що вам завгодно?
쉬초 밤   자브호드노?

Що ви бажаєте?
쉬초 브이 바좌예떼?

감자 1kg 주세요.
Дайте мені, будь ласка, один кілограм картоплі.
다이떼 메니, 부드 라스까, 오딘 킬로흐람   까르또쁠리.

케익 한 조각 주세요.
Дайте мені, будь ласка, шматок торту.
다이떼 메니, 부드 라스까, 쉬마또크 또르뚜.

차 한 팩 주세요.
Дайте мені, будь ласка, пачку чаю.
다이떼 메니, 부드 라스까, 빠츠꾸 차유.

잼 1통 주세요.
Дайте мені, будь ласка, банку варення.
다이떼 메니, 부드 라스까, 반꾸 발렌냐.

오이피클 1캔 주세요.
Дайте мені, будь ласка, банку солоних огірків.
다이떼 메니, 부드 라스까, 반꾸 쏠로니흐 오히르키브.

물 한 병 주세요.
Дайте мені, будь ласка, пляшку води.
다이떼 메니, 부드 라스까, 쁘랴쉬꾸 보듸.

잘게 잘라주세요.
Будь ласка, поріжте на скибочки(шматочки).
부드 라스까, 뽀리쥐떼 나 스끼보치끄이 (쉬마또치끄이).

더 많이도 괜찮나요?
Можливо вам побільше?
모쥘리보   밤 뽀빌쉐?

뭐가 더 있나요?
Що-небудь ще?
쉬초-네부드   쉬체?

맛을 봐도 되나요?
Чи можна спробувати?
취　모쥐나　　스쁘로부바뜨이?

감사합니다. 다입니다.
Дякую, це все.
다꾸유,　　쩨 우쎄.

과일	레몬
(Фрукти)	**Лимони**
사과	멜론
Яблука	**Диня**
살구	수박
Абрикоси	**Кавун**
바나나	오렌지
Банани	**Апельсини**
블랙베리	복숭아
Ожина	**Персики**
크렌베리	배
Журавлина	**Груші**
체리	파인애플
Черешня	**Ананас**
코코넛	자두
Кокос	**Сливи**
무화과	딸기
Інжир	**Суниця**
자몽	귤
Грейпфрут	**Мандарини**
포도	앵두
Виноград	**Чорниця**

야채

(Овочі)

아티초크
Артишок

아스파라거스
Спаржа

아보카도
Авокадо

강낭콩
Квасоля

Стручкова квасоля
Боби

앵베추
Капуста

당근
Морква

꽃양배추
Кольорова капуста

셀러리
Селера

치커리
Цикорій

옥수수
Кукурудза

오이
Огірок

회향풀
Кріп

가지
Баклажани

회향
Фенхель

마늘
Часник

양파
Цибуля

파
Зелена цибуля

부추
Цибуля порей

렌즈콩
Сочевиця

양상추
Салат

버섯
Гриби

올리브
Оливи

파슬리
Петрушка

완두콩
Горох

고추
Перець

감자
Картопля

호박
Гарбуз

무
Редис

사탕무
Буряк

시금치
Шпинат

토마토
Помідор(Томат)

순무
Ріпа

제과
(Печиво)

초콜릿
Шоколад

초콜릿 바
Шоколадка

빵
Хліб

흑빵
Чорний хліб

호밀빵
Житній хліб

흰빵
Білий хліб

패스트리
Тістечко

캔디 바
Шоколадна плитка

캔디
Цукерки

껌
Гумка

쿠키
(Бісквітне) Печиво

꿀
Мед

아이스크림
Морозиво

잼
Варення, Джем

뮤즐리
Мюслі

파이
Пиріг. Кекс

롤
Булочка

오트밀
Вівсяні пластівці

샌드위치
Бутерброд

단 과자
Солодощі

케익
Торт

유제품
(Молочні продукти)

버터
Масло

치즈
Сир

하드치즈
Твердий сир

소프트치즈
М'який сир

크림치즈
Сир

크림
Вершки

계란
Яйця

요구르트
Кефір

우유
Молоко

저지방 우유
Знежирене молоко

샤워 크림
Сметана

요구르트
Йогурт

육류&육가공품
(М'ясо та м'ясні продукти)

고기
М'ясо

베이컨
Шпик

소고기
Яловичина

돼지고기
Свинина

양고기
Баранина

송아지 고기
Телятина

닭고기
Курка

토끼고기
Кролик(Кролятина)

커틀렛
Відбивна котлета

냉육과 치즈로 만든 요리
Асорті

돼지고기 소시지
Сарделька

프랑크푸르트 소시지
Сосиска

갈은 고기
Фарш

햄
Шинка, окіст

육포
В'ялене м'ясо

간파테
Печінковий паштет

살라미
Салямі

소시지
Ковбаса

스튜
Гуляш

어류&수산물
(Риба та морські продукти)

생선
Риба

알
Ікра

게
Краби

가재
Рак

뱀장어
Вугор

정어리
Оселедець, оселедець

랍스터
Омар

고등어
Скумбрія

조개
Черепашки

굴
Устриці

농어
Окунь

꼬치 삼치
Щука

연어
Лосось

새우
Креветки

송어
Форель

훈제 대구
Копчена тріска

참치
Тунець

허가자미
Морський язик

명태
Минтай

철갑상어
Осетер

홍합
Мідія

양념류
(Приправи(спеції)

올리브 오일
Оливкова олія

버터
Масло(олія)

쌀
Рис

시리얼
Крупа

소금
Сіль

밀가루
Мука

설탕
Цукор

마가린
Маргарин

식물성 식용류
Рослинна олія

마요네즈
Майонез

식초
Оцет

겨자
Гірчиця

소스
Соус

국수
Локшина

간장
Соєвий соус

음료
(Напої)

미네랄 워터
Мінеральна вода

가스 함유 워터
Газована вода

가스 비함유 워터
Не газована вода

주스
Сік

사과 주스
Яблучний сік

오렌지 주스
Апельсиновий сік

레몬에이드
Лимонад

맥주
Пиво

무알콜 맥주
Безалкогольне пиво

샴페인
Шампанське

와인
Вино

레드와인
Червоне вино

로즈 와인
Рожеве вино

화이트 와인
Біле вино

드라이 와인
Сухе вино

스위트 와인
Солодке вино

커피
Кава

카모마일 차
Ромашковий чай

과일 차
Фруктовий чай

녹차
Зелений чай

로즈 힙 차
Чай з шипшини

티 백
Чай у пакетиках

블라우스를 보여 주시겠어요?

Чи не покажете ви мені блузу?

취　네　뽀까줴떼　　비　메니　블루주?

사이즈가 뭡니까?

Який у вас розмір?

약끼　우 바쓰 로즈미르?

제 사이즈는 40입니다.

Мій розмір сороковий.

미이　로즈미르　쏘로꼬브이.

입어 봐도 될까요?

Чи можна це поміряти?

취　모줴나　　쩨 뽀미랴띄?

너무 끼네요.

Це занадто тісно для мене.

쩨　자나드또　　띠스노　드냐　메네.

너무 풍성하네요.

Це занадто широко для мене.

쩨　자나드또　　쉬로꼬 드냐 메네.

너무 짧네요.

Це занадто коротко для мене

쩨　자나드또　　꼬로뜨꼬　　드냐　메네.

너무 기네요.

Це занадто довго для мене.

쩨　자나드또　도브호　드냐　메네.

너무 작네요.

Це занадто мале для мене.

쩨　자나드또　　말레　드냐　메네.

너무 크네요.

Це занадто велике для мене.

쩨　자나드또　　벨릐께　드냐　메네.

맞지 않네요.
Це не підходить.
쩨 네 삐드호듸뜨.

제가 원하는 것이 아닙니다.
Це не те, що я хочу.
쩨 네 떼, 쉬초 야 호츄.

이것 입은 모습이 어떠나요?
Як я виглядаю в цьому?
약 야 브흘랴다유 우 쪼무?

멋집니다!
Класно!
끌라스노!

잘 어울립니다.
Це дуже личить вам.
쩨 두줴 르이츼뜨 밤.

수영모 **Купальна шапочка**	바디 슈트 **Бодді**
수영복 **Купальник**	나비넥타이 **Метелик**
수영 팬티 **Плавки**	브라 **Ліфчик**
비치가운 **Купальний халат**	캡 모자 **Шапка**
비키니 **Бікіні**	가디건 **В'язана кофта**
블레이져(코트) **Блейзер**	옷 **Одяг**
블라우스 **Блуза**	외투 **Пальто**

면
Бавовна

드레스
Сукня

장갑
Рукавички

모자
Капелюх

선 햇
Капелюх від сонця

자켓
Куртка

청바지
Джинси

레깅스
Легінси

린넨
Льон

머플러
Шарф

팬티
Трусики

바지
Брюки(штани)

셔츠
Сорочка

반바지
Шорти

실크
Шовк

스키 바지
Лижні брюки(штани)

스커트
Спідниця

소매
Рукав

양말
Шкарпетки

스타킹
Панчохи

양복
Костюм

스웨터
Светр

운동 바지
Спортивні брюки
(штани)

운동복
Спортивний костюм

넥타이
Краватка

티셔츠
Футболка

우산
Парасолька

언더 팬츠	조끼
Труси	Жилет
언더 셔츠	울
Нижня сорочка	Вовна
언더 웨어	
Нижня білизна	

전자제품 (Електроніка)

어디에서 면세 전자제품을 살 수 있나요?

Де можна купити безмитну електроніку?

데 모줴나 꾸삐뜨이 베즈므이드누 엘레끄뜨로니꾸?

이것이 최신 모델인가요?

Це остання модель?

쩨 오스딴니이 모델?

220 볼트인가요?

Це на двісті двадцять вольт?

쩨 나 드비스띠 드바드짜트 볼?

어댑터	케이블
Адаптер	Кабель
자명종 시계	컴퓨터
Будильник(Годинник)	Комп'ютер
밧데리	노트북
Батарейка	Ноутбук
충전기	코드
Зарядний пристрій	Подовжувач

플러그
Штепсель, Вилка

CD 플레이어
СД – плеєр

드라이기
Фен

에어컨
Кондиціонер

전등
Електрична лампочка

마이크로 웨이브 오븐
Мікрохвильова піч

축전지
Акумулятор

식기세척기
Посудомийна машина

냉장고
Холодильник

전기난로
Електрична піч

세탁기
Пральна машина

음악과 DVD (Музика та DVD)

공테잎을 사고 싶습니다.
Я хотів(-а) би чисту касету.
야 호띠브 (라) 브이 치스뚜   까세뚜.

CD를 사고 싶습니다.
Я хотів(-а) би компакт-диск.
야 호띠브 (라) 브이 꼼빠뜨–디스끄.

DVD를 사고 싶습니다.
Я хотів(-а) би DVD.
야 호띠브(라)   브이 DVD.

비디오 테잎을 사고 싶습니다.
Я хотів(-а) би відеокасету.
야 호띠브 (라) 브이 비데오까쎄뚜.

빠벨 까쉰 것을 찾고 있습니다.
Я шукаю що-небудь Павла Кашина.
야 슈까유   쉬초–네부드   빠블라   까쉬나.

어떤 것이 그의(그녀의) 가장 훌륭한 레코딩인가요?
Яка його(її) самий кращий запис?
약까 요호 (이이) 싸믜 끄라쉬치이 자쁴쓰?

들어봐도 될까요?
Можна прослухати?
모쥐나 쁘로쓰루하뜨이?

이것은 모든 DVD플레이어에 다 맞습니까?
Це спрацює на будь-якому DVD-плеєрі?
쩨 쓰쁘라쮸예 나 부드-약꼬무 DVD-쁠레예리?

이 카메라에 맞는 APS 필름이 필요합니다.
Мені потрібна APS плівка на цю камеру.
메니 뽀뜨리브나 APS 쁘리브까 나 쮸 까메루.

이 카메라에 맞는 흑백 필름이 필요합니다.
Мені потрібна чорно-біла плівка на цю камеру.
메니 뽀드리브나 초르노-빌라 쁘리브까 나 쮸 까메루.

이 카메라에 맞는 컬러 필름이 필요합니다.
Мені потрібна кольорова плівка на цю камеру.
메니 뽀뜨리브나 꼴로바 쁘리브까 나 쮸 까메루.

이 카메라에 맞는 고정밀도 필름이 필요합니다.
Мені потрібна(високо-) чутлива плівка на цю камеру.
메니 뽀뜨리브나 (비쏘꼬-) 추뜨르이바 쁘리브까 나 쮸 까메루.

이 카메라에 맞는 슬라이드 필름이 필요합니다.
Мені потрібна слайдова плівка на цю камеру.
메니 뽀뜨리브나 슬라이도바 쁘리브까 나 쮸 까메루.

이 카메라에 맞는 필름을 사고 싶습니다.
Я б хотів(-а) плівку для цього фотоаппарату.
야 브 호띠브 (라) 쁘리브꾸 드냐 쪼호 포또아쁘빠루뚜.

컬러 필름을 사고 싶습니다.
Я б хотів(-а) кольорову плівку.
야 브 호띠브(라) 꼴로로부 쁘리브꾸.

슬라이드 필름을 사고 싶습니다.

Я б хотів(-а) діафільм

야 브 호띠브(라) 디아필름.

24장짜리 필름을 사고 싶습니다.

Я б хотів(-а) плівку на двадцять чотири кадри.

야 브 호띠브(라) 쁠리부꾸 나 드바드쨔뜨 초띠리 까드릐.

36장 짜리 필름을 사고 싶습니다.

Я б хотів(-а) плівку на тридцять шість кадрів.

야 브 호띠브(라) 쁘리브꾸 나 뜨르이드쨔뜨 쉬스뜨 까드리브.

디지털 사진을 현상해 줄 수 있나요?

Чи зможете ви проявить цифрові знімки?

취 즈모제떼 비 쁘로야비뜨 찌프로비 즈님끼?

이 필름을 현상해 주시겠어요?

Чи зможете проявить цю плівку?

취 즈모줴떼 쁘로야비뜨 쮸 쁘리브꾸?

이 필름을 끼어 주시겠어요?

Ви зможете вкласти цю плівку?

브이 즈모줴떼 브끌라스띄 쮸 쁠리브꾸?

제 디지털 카메라에 밧데리를 갈아 끼워 주시겠어요?

Ви зможете перезарядити батарейку на мою цифрову

브이 즈모줴떼 뻬레잘랴딕띄 바따레이꾸 나 모유 찌프로부

камеру?

까메루?

카메라에서 CD로 사진들을 옮겨 줄 수 있나요?

Ви можете перекинути знімки з камери на компакт-диск?

브이 모줴떼 뻬레끼누띄 즈님끄이 즈 까메릐 나 꼼빠끄뜨–딕스끄?

이 비디오 카메라용 밧데리 있습니까?

Чи є у вас батарейки на цю відеокамеру?

취 예 우 바쓰 빠떼레이끼 쮸 비데오까메루?

이 비비도카메라용 메모리 카드 있습니까?

Чи є у вас карти пам'яті на цю відеокамеру?

취 예 우 바쓰 까르띄 빰야띠 나 쮸 비데오까메루?

카메라를 컴퓨터에 연결할 케이블이 필요합니다.

Мені потрібний кабель, щоб з'єднати камеру з

메니 뽀뜨리브니이 까벨, 쉬초브 즈예드나띄 까메루 즈

комп'ютером.
꼼쀼떼롬.

밧데리를 갈기 위해 케이블이 필요합니다.
Мені потрібний кабель, щоб перезарядити батарейку.
메니   뽀드리브늬이   까벨,   쉬초브 뻬레자랴드띄   바떼레이꾸.

이 카메라용 비디오테잎이 필요합니다.
Мені потрібна відеокасета на цю камеру.
메니   뽀드리브나   비데오까쎄따   나   쮸   까메루.

이것은 PAL/NTSC 시스템인가요?
Це на систему PAL/NTSC?
쩨   나 싀스떼무   PAL/NTSC?

저는 비자 사진을 찍고 싶습니다.
Мені треба(необхідно) фотографуватися на візу.
메니   뜨레바 (네오브히드노)   포또흐라푸바띄싸   나 비주.

이 사진은 제가 필요로 하는 사진이 아닙니다.
Ці знімки мене не влаштовують.
찌 즈님끼   메네   네 블라쉬또부유뜨.

돈은 전부 지불할 수 없습니다.
Я не платитиму повну ціну(повністю).
야 네 쁠라띄드무   뽀브누   찌누 (뽀브니쓰뜌).

이것은 작동하지 않습니다.
Це не працює.
쩨   네 쁘라쮸예.

고장났습니다. 고칠 수 있나요?
Ось це зламалося. Ви можете це полагодити?
오쓰 쩨 즈라마로싸,   브이 모줴떼   뽈라호드띄?

흑백필름
Чорно-біла плівка

CD
Компакт-диск

캠코더
Відеокамера з магнітофоном

디지털 카메라
Цифровий фотоапарат

디지털 비디오카메라
Цифрова відеокамера

감광
Світлочутливість

플래쉬
Спалах

폴로라이드 카메라
Поляроїд

렌즈
Лінза

노출계
Експонометр

대물렌즈
Об'єктив

자동 타이머
Автоспуск

셔터
Спуск

축전지
Акумулятор

메모리 카드
Карта пам'яті

텔레포트 렌즈
Телеоб'єктив

받침대
Штатив

잠수용 카메라
Фотоапарат для
підводних зйомок

비디오 카메라
Відеокамера

비디오 필름
Відеофільм

비디오 레코더
Відеомагнітофон

세탁소 (Прання)

세탁 맡기고 싶습니다.
Хочу здати ці речі в почистити(та попрати).
호츄　즈다띄　찌 레치 우 뽀츼스띄띄　(따 뽀쁘라띄).

드라이 클리닝 맡기려 하는데요.
Хочу віддати це в хімчистку.
호츄　비드다띄　쩨 우 힘츼스뜨꾸.

Хочу попрасувати цю сорочку.
호츄   뽀쁘라쑤바띄   쮸   쏘로취꾸.

언제 되나요?
Коли будуть готові?
꼴릐   부두뜨   호떼비?

안경점 (Оптика)

안경 수리할 수 있나요?
Чи не могли б ви полагодити ці окуляри?
취   네   모흐리   브 브이 뽀라호딕띄   찌 오꾸랴릐?

저는 근시입니다.
У мене короткозорість.
우 메네   꼬로뜨꼬조리스뜨.

저는 원시입니다.
У мене далекозорість.
우 메네   달레꼬조리스뜨.

시력이 어떻게 됩니까?
Який у вас діоптрій?
약꼬이 우 바쓰 디오뜨리이?

오른쪽 눈은 1.0, 왼쪽 눈은 0.8입니다.
Праве око 1.0, ліве око 0.8.
쁘라베   오꼬 오딘놀, 리베 오꼬 놀 비심.

언제 안경을 찾을 수 있나요?
Коли можна буде забрати окуляри?
꼴릐   모줴나   부데   자브라띄   오꿀랴릐?

보관용 액체가 필요합니다.
Я б хотів(-а) рідину для зберігання.
야 브 호띠브 (라) 리딕누   드냐   즈베리한냐.

세정액이 필요합니다.
Я б хотів(-а) рідину для очищення.
야 브 호띠브(라) 리듸누 드랴 오취쉬첸냐.

하드 콘택트 렌즈용 액체가 필요합니다.
Я б хотів(-а) рідину для твердих контактних лінз.
야 브 호띠브 (라) 리드누 드랴 뜨베르듸흐 꼰따끄뜨늬흐 린즈.

소프트 콘택트 렌즈용 액체가 필요합니다.
Я б хотів(-а) рідину для м'яких контактних лінз.
야 브 호띠브 (라) 리드누 들랴끄이흐 콘따끄띄흐 린즈.

선글라스가 필요합니다.
Я б хотів(-а) сонцезахисні окуляри.
야 브 호띠브(라) 쏜쩨자희쓰니 오꿀랴릐.

망원경이 필요합니다.
Я б хотів(-а) бінокль.
야 브 호띠브 (라) 빈노끌.

구두와 가죽제품 (Взуття і шкіряні вироби)

운동화 좀 보여 주세요.
Мені, будь ласка, пару кросівок.
메니, 부드 라스까, 빠루 크로시복.

제 사이즈는 37입니다.
Мій розмір тридцять сім.
미이 로즈미르 뜨리뜨쨔뜨 심.

너무 끼네요.
Вони занадто тісні.
보늬 잔나드또 띠스니.

너무 큽니다.
Вони занадто великі.
보늬 잔나드또 벨릐끼.

배낭
Рюкзак

백
Сумка

벨트
Пояс

부츠
Чоботи

플립플롭
Резинові тапці

모피코트
Шуба

굽
Каблук(підбор)

가죽코트
Шкіряне пальто

가죽자켓
Шкіряна куртка

가죽바지
Шкіряні брюки

지갑
Сумочка

고무장화
Резинові чоботи

샌들
Сандалі(сандалії)

구두
Взуття

구두솔
Щітка

구두약
Крем для взуття

구두끈
Шнурки

숄더 백
Сумка через плече

스키장화
Лижні черевики

스니커즈
Кросівки

밑창
Підметка

트렁크
Валіза

여행 가방(짐)
Дорожня сумка(валіза)

기념품 (Сувеніри)

예쁜 기념품을 사고 싶습니다.
Я б хотів(-а) гарний сувенір.
야 브 호띠브 (라) 하르니이 쑤베니르.

이 지방 특징이 담긴 것을 사고 싶습니다.
Я б хотів(-а) що-небудь характерне для цих місць.
야 브 호띠브 (라) 쉬초–네부드 하라끄뗄네 드냐 찌흐 미스쯔.

금액을 얼마 정도로 생각하고 있나요?
На яку суму ви розраховуєте?
나 약꾸 쑤무 브이 로즈라호부예떼?

너무 비싸지 않은 것으로요.
Хочу що-небудь не занадто дороге.
호츄 쉬초–네부드 네 자나드또 도로헤.

이게 예쁩니다.
Ось це гарне.
오쓰 쩨 하르네.

감사합니다만, 적당한 것을 찾지 못했습니다.
Дякую, але я нічого відповідного не знайшов(-шла).
다꾸유, 알레 야 니초호 비드로비드노호 네 즈나이쇼브 (쉴라).

호박	수공품
Бурштин	**Ручна робота**
도자기	공작석
Кераміка	**Малахіт**
크리스탈	자개
Кришталь	**Перламутр**
장식품	뮤직박스
Прикраса	**Музична скринька**
자수	민속의상
Вишиванка	**Національний костюм**

<table>
<tr><td>자기
Фарфор</td><td>민속공예품점
Магазин народних виробів</td></tr>
<tr><td>도예품
Гончарні вироби</td><td>터키석
Бірюза</td></tr>
<tr><td>지방특산품
Місцевий виріб</td><td>목공예품
Різьблення</td></tr>
</table>

귀금속 (Коштовності)

손목시계를 보여 주세요.

Покажіть, будь ласка, наручний годинник.

뽀까쥐뜨,　　　부드　라스까,　나루치이　　호듸니이끄.

귀걸이를 보여 주세요.

Покажіть, будь ласка, сережки.

뽀까쥐뜨,　　　부드　라스까,　쎄레쥐끼.

반지를 보여 주세요.

Покажіть, будь ласка, каблучку.

뽀까쥐뜨,　　　부드　라스까,　까블루츠쿠.

목걸이를 보여 주세요.

Покажіть, будь ласка, ланцюжок.

뽀까쥐뜨,　　　부드　라스까,　란쮸죠끄.

팔찌를 보여 주세요,

Покажіть, будь ласка, браслет.

뽀까쥐뜨,　　　부드　라스까,　브라스레뜨.

<table>
<tr><td>팔찌
Браслет</td><td>악세서리
Біжутерія</td></tr>
<tr><td>브롯치
Брошка</td><td>다이아몬드
Діамант</td></tr>
</table>

귀걸이
Сережки

반지
Каблучка

에메랄드
Смарагд

은도금의
Посріблений

금
Золото

타이핀
Шпилька для краватки

도금된
Позолочений

여행용 알람시계
Дорожній будильник

귀금속
Коштовності

손목시계
Наручний годинник

목걸이
Ланцюжок

여성용 시계
Дамський годинник

진주
Перли

남성용 시계
Чоловічий годинник

구슬 목걸이
Намисто

펜던트
Купон

응용회화

Діалог 1: У кіоску

Дмитро:　　　　Скажіть, будь ласка, чи у вас є журнал 《Комерсант》?

Продавщиця:　Так, є.

Дмитро:　　　　Покажіть, будь ласка. Скільки коштує?

Продавщиця: 3 гривни .

Дмитро: Дайте, будь ласка.

            Чи є у вас ручка з червоною пастою?

Продавщиця: Так.

Дмитро: Дайте мені, будь ласка, 2 ручки.

Продавщиця: Ось, будь ласка.

Дмитро: Скільки з мене?

Продавщиця: 5 гривень.

Діалог 2: У сувенірному магазині міста Черкаси

Анатолій: Будьте ласкаві . Мені треба зробити
            подарунок.

            Що ви порадите?

Продавщиця: Подарунок? Кому?

Анатолій: Моїй подрузі.

Продавщиця: Купіть CD зі звуками Черкаських дзвонів.

            Та альбом краєвидів Черкас.

            Дуже цікавий.

Анатолій: Покажіть, будь ласка.

Продавщиця: Будь ласка. Це сподобається вам.

Анатолій: Куплю подрузі та собі!

                    На згадку про мою поїздку!

                    А де можна купити інші сувеніри?

Продавщиця: В наступному відділі.

Діалог 3: В книжному магазині

Георгій: Пробачте, будь ласка... Дівчино!

Продавщиця: Так, я вас слухаю.

Георгій: Підкажіть, чи є у вас Шевченко?

Продавщиця: А що вам треба? Що вас цікавить?

Георгій: Мені потрібні 《Кобзар》 та 《Гайдамаки》.

Продавщиця: 《Кобзаря 》, на жаль, зараз не має

                    А 《Гайдамаки》 є.

Георгій: Добре. А скільки коштує 《Гайдамаки》?

Продавщиця: 10 гривень

Георгій: Платити вам?
Продавщиця: Ні, в касу.
Георгій: А де вона?
Продавщиця: З того боку зали.

헤오르히: 실례합니다. 아가씨!
판매원: 네, 말씀하세요.
헤오르히: 셰브첸코 책이 있습니까?
판매원: 무슨 책이 필요하신데요? 관심 있는 책이 뭔가요?
헤오르히: 저는 《꼬브자르》와 《하이담끼》가 필요합니다.
판매원: 유감스럽게도 《꼬브자르》는 지금 없습니다. 《하이담
             끼》는 있습니다.
헤오르히: 좋습니다. 《하이담끼》는 얼마인가요?
판매원: 10흐리브냐 입니다.
헤오르히: 당신에게 지불해야 하나요?
판매원: 아뇨, 계산대에서 하세요.
헤오르히: 어디 있나요?
판매원: 홀 저쪽에 있습니다.

Діалог 4: Взуття

Надя: Покажіть, будь ласка, чорне взуття.
Продавщиця: Який вам розмір?
Надя: Тридцять п'ятий.
Продавщиця: Будь ласка.
Надя: Дякую. Можна приміряти?
Продавщиця: Звичайно.
Надя: Мені подобається.
                Дайте мені, будь ласка, ці туфлі.
                Скільки коштують?

Продавщиця: 1500 гривень.

Діалог 5: У універмазі

Катя:　Скажіть, будь ласка, де я можу купити жіночий одяг?

Перехожий:　Жіночий одяг?
У відділі жіночого одягу. Він знаходиться на другому поверсі.

Катя:　Дякую.
(Катя у відділі жіночого одягу)

Катя:　Будьте ласкаві, покажіть цю сукню.

Продавець:　Який розмір?

Катя:　Середній.

Продавець:　Будь ласка.

Катя:　Ця сукня мені подобається. Я візьму її.

Діалог 6: Е-покупки

Катерина: Мені треба купити взуття.

Але у мене немає часу на шопінг

Петро: Тобі не треба ходити у магазин(до крамниці).

Можна купити товар по Інтернету.

Катерина: Я чула, але жодного разу не користувалася таким сервісом.

Петро: Електронна комерція вже поширена по всьому світу.

За допомогою електронної комерції

Можливо скоротити час та гроші на купівлю.

Крім того, там великий вибір.

Катерина: Яким чином можливо купити товари по Інтернету?

Петро: Дуже легко. Спочатку підключися до Інтернету, відвідай сайт інтернет-магазину.

Потім подивися каталог товарів, і замов той товар, який ти хочеш.

Катерина: Як заплатити?

Петро: Можна платити кредитними картками чи електронними грошима.

까떼리나: 구두를 사야 하는데 쇼핑할 시간이 없어.

뻬뜨로: 상점에 갈 필요 없어. 인터넷을 물건을 살 수 있잖아.

까떼리나: 들어보긴 했는데, 한 번도 그 서비스를 이용해 본 적이 없어.

뻬뜨로: 전자상거래는 이미 전 세계적으로 확산되어 있어. 전자상거래를 하면 쇼핑에 들어가는 시간과 돈을 절약할 수 있어. 게다가 선택의 폭이 넓단다.

까떼리나: 어떻게 인터넷으로 물건을 구매하면 되나?

뻬뜨로: 아주 쉬워. 먼저 인터넷에 접속해. 그 다음에 인터넷 상점 사이트를 방문해서 상품목록을 보고 네가 원하는 물건을 주문하면 돼.

까떼리나: 어떻게 지물하니?

뻬뜨로: 신용카드나 전자화폐로 지불하면 되지.

계절 (Пори року)

어느 계절을 가장 좋아하세요?
Яка пора року вам подобається найбільше?
약카 뽀라 로꾸 밤 뽀도바예뜨싸 나이빌쉐?

저는 봄/여름/가을/겨울을 가장 좋아합니다.
Найбільше мені подобається весна.
나이빌쉐 메니 뽀도바예뜨싸 베스나.

Найбільше мені подобається літо.
나이빌쉐 메니 뽀도바예뜨싸 리또.

Найбільше мені подобається осінь.
나이빌쉐 메니 뽀도바예뜨싸 오신.

Найбільше мені подобається зима.
나이빌쉐 메니 뽀도바예뜨싸 즤마.

어떤 계절을 좋아하십니까?
Яку пору року ви любите?
야꾸 뽀루 로꾸 브이 류븨떼?

저는 봄/여름/가을/겨울을 좋아합니다.
Я люблю весну.
야 휴블류 베스누.

Я люблю літо.
야 휴블류 리또.

Я люблю осінь.
야 휴블류 오신.

Я люблю зиму.
야 휴블류 즤무.

봄/여름/가을/겨울이 왔습니다.

Настала весна.
나스딸라   베스나.

Настала літо.
나스딸라   리또.

Настала осінь.
나스딸라   오신.

Настала зима.
나스딸라   즤마.

봄/여름/가을/겨울 날씨는 어떻습니까?

Яка погода навесні?
약까 뽀호다   나베스니?

Яка погода влітку?
약까 뽀호다   우리뜨꾸?

Яка погода восени?
약까 뽀호다   보쎄늬?

Яка погода взимку?
약까 뽀호다   우짐꾸?

봄은 따뜻합니다.

Навесні тепло.
나베스니   떼쁠로.

여름은 덥습니다.

Влітку жарко.
우리뜨꾸   좌르꼬.

가을은 서늘합니다.

Восени прохолодно.
보세늬   쁘로홀로드노.

겨울은 춥습니다.

Взимку холодно.
우짐꾸   홀로드노.

봄에는 보통 따뜻했습니다. / 따뜻할 겁니다.

Навесні зазвичай було/буде тепло.
나베쓰니   자즈비차이   불로 /부데   떼블로.

여름에는 보통 더웠습니다. / 더울 겁니다.
Влітку зазвичай було/буде жарко.
우리뜨꾸 자즈비차이 불로/ 부데 좌르꼬.

가을에는 보통 선선했습니다. / 선선할 겁니다.
Восени зазвичай було/буде прохолодно.
보세늬 자즈비차이 불로/ 부데 쁘로호로드노.

겨울에는 보통 추웠습니다. / 추울 겁니다.
Взимку зазвичай було/буде холодно.
우짐꾸 자즈비차이 불로/ 부데 호로드노.

당신 나라에서는 언제 봄이 시작되나요?
Коли починається весна у вас на батьківщині.
꼴리 뽀치나예뜨싸 베-스나 우 바쓰 나 바뜨끼우쉬치니.

우리나라에서는 봄이 3월에 시작됩니다.
У нас на батьківщині весна починається у березні.
우 바쓰 나 바뜨끼우쉬치니 베스나 뽀취나예뜨싸 우 베레즈니.

키예프는 봄이 언제 시작되나요.
Коли починається весна у Києві.
꼴리 뽀취나예뜨싸 베스나 우 끄이예비?

키예프는 봄이 4월에 시작됩니다.
У Києві весна починається у квітні.
우 끄이예비 베스나 뽀취나예뜨싸 우 크비뜨니.

당신 나라는 여름이 언제 시작되나요.
Коли починається літо у вас на батьківщині.
꼴리 뽀취나예뜨싸 리또 우 바쓰 나 바띠끼우쉬치니?

우리나라는 여름이 6월에 시작됩니다.
У нас на батьківщині літо розпочинається з червня.
우 나스 나 바뜨끼우쉬치니 리또 로즈뽀취나예뜨싸 즈 체르브냐.

키예프는 언제 여름이 시작되나요?
Коли починається літо у Києві?
꼴리 보취나예뜨싸 리또 우 끄이예비?

키예프는 여름이 7월에 시작됩니다.
У Києві літо розпочинається з липня.
우 끄이예비 리또 로즈뽀취나예뜨싸 즈 리쁘냐.

당신 나라의 여름은 어떻습니까?
Яким буває звичайне літо у вас на батьківщині?
약끔 부바예 즈븨차이네 리또 우 바스 나 바띠끼브쉬치니?

우리나라 여름은 덥습니다.
У нас літо жарке.
우 나스 리또 짜릐께.

우리나라 여름은 폭염입니다.
У нас літо спекотне.
우 나스 리또 쓰뻬꼬뜨네.

우리나라 여름에는 보통 비가 많이 옵니다. 그런데 올해는 가물었습니다.
У нас літо зазвичай дощове. Але цього року літо
우 나스리또 자즈브이차이 도쉬초베. 알레 쪼호 로꾸 리또

посушливе.
뽀쑤쉬릐베.

키예프는 비가 많이 오나요?
Чи багато буває дощів у Києві?
취 바하또 부바예 도쉬치브 우 끄이예비?

키예프는 비가 자주 오지 않습니다.
У Києві не часто йдуть дощі.
우 끄이예비 네 차스또 이두뜨 도쉬치.

건조한 여름입니다.
Зазвичай сухе літо.
자즈뷔차이 수헤 리또.

여름에 비가 자주 오나요?
Чи часто влітку йдуть дощі?
취 차스또 우리뜨꾸 이두뜨 도쉬치?

한국은 언제 장마철이 시작되나요?
Коли починається сезон дощів в Кореї?
꼴리 뽀취나예뜨싸 쎄존 도쉬치브 우 꼬레이?

한국은 장마철이 7월에 시작됩니다.
У Кореї сезон дощів починається в липні.
우 꼬레이 쎄존 도쉬치브 뽀취나예뜨싸 우 릐쁘니.

당신 나라의 여름 기온은 몇 도입니까?

Яка температура влітку буває зазвичай у вас на
약까 뗌뻬라뚜라 우리뜨꾸 부바예 자즈빅차이 우 바스 나

батьківщині?
바디끼우쉬치니?

여름을 어디에서, 어떻게 보내십니까?

Де та як ви проводите літо?
데 따 약 브이 쁘로보딕떼 리또?

여름을 어떻게 보내십니까?

Де ви проводите літо?
데 브이 쁘로보딕떼 리또?

저는 여름을 시골에서 보냅니다.

Я проводжу літо в селі.
야 쁘로보드쥬 리또 우 세리.

저는 여름을 해외에서 보냅니다.

Я проводжу літо за кордоном.
야 쁘로보드쥬 리또 자 꼬르도놈.

당신 나라에서 가을은 언제 시작되나요?

Коли починається осінь у вас на батьківщині?
꼴리 뽀취나예뜨싸 오신 우 바스 나 바뜨끼우쉬치니?

우리나라에선 가을이 8월에 시작됩니다.

У нас на батьківщині осінь починається у вересні.
우 나스 나 바뜨끼우쉬치니 오신 뽀취나예뜨싸 우 베레스니.

9월에 날씨가 어떤가요?

Яка погода буває у вересні?
약까 뽀호다 부바예 우 베레스니?

당신 나라 겨울은 어떻습니까?

Коли буває зима у вас на батьківщині?
꼴리 부바에 즤마 우 바스 나 바뜨끼우쉬치니?

겨울이 얼마나 계속되나요?

Чи довго продовжується(триває) зима у вас на
취 도우로 쁘로도브쮜예뜨싸 (뜨리바예) 즤마 우 바스 나

батьківщині?
바뜨끼우쉬치니?

우리나라의 겨울은 오래, 넉 달 정도 됩니다.
У нас на батьківщині зима триває довго, місяці чотири.
우 나스 나 바뜨끼우쉬치니 즈마 뜨리바예 도우로, 미싸찌 초띄릐.

키예프의 겨울은 긴가요?
Чи довго триває зима у Києві?
취 도우호 뜨리바예 즈마 우 끄이예비?

키예프의 겨울은 매우 깁니다. 다섯 달 정도 됩니다.
У Києві зима триває дуже довго, місяців п'ять.
우 끄이예비 즈마 뜨리바예 두줴 도우로, 미싸찌브 쁘야뜨.

당신 나라는 눈이 많이 오나요?
Чи багато снігу(випадає) взимку у вас на батьківщині?
취 바하도 스니후 (븨빠다예) 우짐꾸 우 바스 나 바뜨끼우쉬치니?

우리나라 겨울은 눈이 많이 안 옵니다.
У нас взимку випадає трохи снігу.
우 나스 우짐꾸 븨빠다예 뜨로히 스니후.

겨울을 어떻게 나시나요?
Як ви переносите зиму?
약 브이 뻬레노싀떼 짐꾸?

추위를 어떻게 이기시나요?
Як ви переносите холод?
약 브이 뻬레노씌떼 호로드?

운동을 합니다.
Я займаюся спортом.
야 자이마유싸 스뽀르똠.

겨울 휴가를 어떻게 보내시나요?
Як ви відпочиваєте взимку?
약 브이 비드뽀취바예떼 우짐꾸?

스키를 탑니다.

Я катаюся на лижах.

야 까따유싸　나 리좌흐.

날씨 (Погода)

날씨가 좋구나!

Яка хороша погода!

약까 호로샤　뽀호다!

날씨가 아주 좋구나!

Яка чудова погода!

약까 추도바　뽀호다!

Яка прекрасна погода!

약까 뻬레끄라스나　뽀호다!

날씨가 나쁘구나!

Яка погана погода!

약까 뽀하나　뽀호다!

날씨가 아주 구질구질하구나!

Яка жахлива погода!

약까 좌흐리바　뽀호다!

오늘 날씨가 어떻습니까?

Яка сьогодні погода?

약까 쇼호드니　뽀호다?

오늘은 따뜻합니다.

Сьогодні тепло.

쇼호드니　떼쁠로.

오늘은 덥습니다.

Сьогодні жарко.

쇼호드니　좌르꼬.

오늘은 무덥습니다.

Сьогодні задушливо.

쇼호드니　자두쉬리보.

오늘은 서늘합니다.
Сьогодні прохолодно.
쇼호드니　　쁘로호로드뉴.

오늘은 춥습니다.
Сьогодні холодно.
쇼호드니　　호로드뉴.

오늘은 흐립니다.
Сьогодні хмарно.
쇼호드니　　흐마르뉴.

오늘은 습합니다.
Сьогодні волого.
쇼호드니　　보로호.

오늘은 바람이 많습니다.
Сьогодні вітряно.
쇼호드니　　비뜨랴노.

오늘은 맑습니다.
Сьогодні сонячно.
쇼호드니　　쏜냐취노.

오늘은 안개가 꼈습니다.
Сьогодні туманно.
쇼호드니　　뚜만뉴.

내일은 날씨가 어떤가요?
Яка завтра буде погода?
약까 자우뜨라 부데　뽀호다?

내일은 따뜻할 겁니다.
Завтра буде тепло.
자우뜨라 부데　떼쁠로.

내일은 더울 겁니다.
Завтра буде жарко.
자우뜨라 부데　좌르꼬.

내일은 무더울 겁니다.
Завтра буде задушливо.
자우뜨라 부데　자두쉬리보.

내일은 서늘할 겁니다.
Завтра буде прохолодно.
자우뜨라 부데 쁘로호로드노.

내일은 추울 겁니다.
Завтра буде холодно.
자우뜨라 부데 호로드노.

내일은 흐릴 겁니다.
Завтра буде хмарно.
자우뜨라 부데 흐마르노.

내일은 습할 겁니다.
Завтра буде вологого.
자우뜨라 부데 보로호.

내일은 바람이 많이 불겁니다.
Завтра буде вітряно.
자우뜨라 부데 비뜨랴노.

내일은 맑을 겁니다.
Завтра буде сонячно.
자우뜨라 부데 쏜냐취노.

내일은 안개가 낄 겁니다.
Завтра буде туманно.
자우뜨라 부데 뚜만노.

어제는 비가 왔습니다.
Вчора йшов дощ.
우초라 이쇼브 도쉬치.

어제는 눈이 왔습니다.
Вчора йшов сніг.
우초라 이쇼브 스니흐.

비가 옵니다.
Йде дощ.
이데 도쉬치.

눈이 옵니다.
Йде сніг.
이데 스니흐.

비가 올 겁니다.

Буде(очікується) дощ.

부데 (오친꾸예뜨싸) 도쉬치.

눈이 올 겁니다.

Буде(очікується) сніг.

부데 (오친꾸예뜨싸) 스니흐.

도로가 미끄럽습니다.

Дороги слизькі.

도로흐 스리즈끼.

스노우 체인이 필요합니다.

Потрібний ланцюг проти ковзання.

뽀뜨리브니이 란쪼흐 쁘로띠 꼬브잔냐.

어디에서 우산을 살 수 있나요?

Де можна купити парасольку?

데 모쥐나 꾸쁘띠 빠라솔꾸?

어디에서 우비를 살 수 있나요?

Де можна купити плащ?

데 모쥐나 꾸븨띠 쁠라쉬치?

일기예보 (Прогноз погоди)

내일 일기예보를 들으셨나요?

Чи ви чули прогноз погоди на завтра?

취 브이 추리 쁘로흐노즈 뽀로디 나 자우뜨라?

라디오에서 맑을 거라고 했습니다.

По радіо сказали, що буде сонце.

뽀 라디오 스까자리, 쉬초 부데 손쩨.

낮 기온은 몇 도인가요?

Скільки градусів вдень?

스낄끄이 흐라두시브 우덴?

오늘 기온은 몇 도인가요?

Скільки сьогодні градусів?

스낄끼 쇼호드니 흐라두시브?

Яка сьогодні температура?
약까 쇼호드니　템뻬라뚜라?

오늘은 기온이 높습니다. 영상 28도입니다.
Сьогодні висока температура, плюс 28 градусів.
쇼호드니　비소까　템뻬라뚜라,　　블류스 드바드쨔뜨 비심 흐라두시브.

오늘은 기온이 낮습니다. 영하 7도입니다.
Сьогодні низька температура, мінус 7 градусів.
쇼로드니　니즈까　템뻬라뚜라,　미누스 심 흐라두시브.

영상25도 입니다.
Плюс 25 градусів.
블류스 드바드짜드 쁘얏뜨.

영하 3도입니다.
Мінус 3 градуси.
미누스 뜨리 흐루두식.

섭씨 영하 10도입니다.
Мінус 10 градусів по Цельсію.
미누스　데샤뜨 흐라두시브 뽀 쩰시유.

화씨 54도입니다.
Мінус 54 градуси по Фаренгейту.
미누스　쁘얏데샤뜨 초뜨리 흐라두식 뽀 파렌헤이뚜.

오늘 비가 온다고 예보했습니다.
Передавали, що сьогодні буде дощ.
뻬레다발리,　쉬초 쇼호드니　부데　도쉬치.

오늘 따뜻하다고 예보했습니다.
Обіцяли, що сьогодні буде тепло.
오비쨜리,　쉬초 쇼호드니　부데　떼쁠로.

응용회화

Діалог 1: Прогноз погоди

Марія:　Яка погана погода!
Дмитро: Так, йде дощ з грозою.

Марія: Чи ти чув прогноз погоди на завтра?

Яка погода буде завтра?

Дмитро: По радіо сказали(передали), що буде сонце.

Марія: Скільки градусів вдень?

Дмитро: Плюс 25 градусів.

마리야: 날씨가 이렇게 나쁠 수가!

드미뜨로: 그래. 천둥이 치면서 비가 오네.

마리야: 너 내일 일기예보 들었니? 내일 날씨가 어떻대?

드미뜨로: 라디오에서 내일은 맑대.

마리야: 낮 기온은?

드미뜨로: 영상 25도래.

Діалог 2: Зимовий холод

Лідія: Просто дивно, до чого холодно?

Мирон: Що ж тут дивовижного?

Бюро погоди повідомило, що похолодання пояснюється вторгненням холодних мас повітря з Чорного моря. Завтра буде ще холодніше.

Настав так званий собачий холод.

Лідія: Діти ходять до школи?

Мирон: Ні, звичайно.

Їх не пускають гуляти, і вони нудяться удома.

Лідія: Я не люблю зиму, хоча я дуже люблю, коли йде сніг.

Мирон: Дуже шкода, в цю зиму мало снігу.

Тому літні люди турбуються.

Лідія:　Чому?

Мирон:　В Україні говорять, що зима без снігу – літо без хлібу.

Лідія:　У нас в Кореї також говорять так:

Зима без снігу–без дуже хорошого врожаю.

리지야: 얼마나 추운지 놀라울 뿐이야,

미론:　이 정도 추위에 놀라다니. 기상청에 따르면 이번 추위는 흑해의 찬공기 영향 때문이래 내일은 더 추울 거야. 소위 말하는 혹한이 왔어.

리지야: 아이들은 학교에 가니?

미론:　아니, 아이들은 밖에 내보내지도 않아. 그래서 집에서 심심해하지.

리지야: 나는 겨울이 아주 싫어. 눈 오는 것은 아주 좋아하지만 말이야.

미론:　아주 유감인걸 올 겨울에는 눈이 적게 내린다고 했는데. 그래서 어른들이 걱정하시잖아.

리지야: 왜?

미론:　눈이 내리지 않으면 여름에 곡식이 없다고 우크라이나에서는 말을 하거든.

리지야: 우리 한국에서도 그렇게 말해. 겨울에 눈이 안 내리면 가을에 흉년이 든다고.

Діалог 3: Настала осінь

Ханна:　Нарешті, настала осінь.

Антон:　Чи ти любиш осінь?

Ханна:　Так, дуже люблю.

Восени небо голубе, ліс дуже гарний.

А яка погода у вас восени?

Антон: У нас восени зазвичай прохолодно.

А коли восени стоїть тепла погода з сонцем, такий час називається бабине літо.

Ханна: Бабине літо?! Я зрозуміла.

В Кореї говорять《Ниттоуй》.

Ну, восени небо високе та кінь стане товстим.

한나: 드디어 가을이 왔어.

안톤: 너는 가을 좋아하니?

한나: 응, 아주 좋아해. 가을에는 하늘이 파랗고, 숲이 아주 아름답잖아. 너희 나라는 가을에 날씨가 어떠니?

안톤: 우리나라는 가을에 보통 서늘하지. 그런데 가을에 태양이 작열하면서 날이 더우면? 바븨네 리또?(늦더위)라 고 불러.

한나:《바븨네 리또》라고?! 알겠어. 한국에서는《늦더위》라고 해. 아무턴 가을은 천고마비의 계절이야.

예술·취미생활
Мистецтво та хобі

미장원에서 (Жіноча зала)

어디에 좋은 미용실이 있습니까?
Де хороший салон краси?
데 호로쉬이　살론　끄라씌?

무엇을 하시겠습니까?
Що вам зробити?
쉬쵸 밤　즈로븨띠?

염색을 하시겠습니까?
Вам пофарбувати волосся?
밤　뽀콰르부바띄　볼로쌰?

다듬기만 하실 건가요?
Тільки поправити?
찔끼　뽀뜨라븨띠?

드라이해도 될까요?
Можна феном?
모즈나　페놈?

이제 거울을 보십시오.
Зараз погляньте(подивіться) в дзеркало.
자라스　뽀흘럄떼　(뽀듸빗짜)　브 드제르깔로.

내일 예약할 수 있나요?
Чи можливо(можна) записатися на завтра?
취　모즈리보　(모즈나)　자삐싸띄쌰　나 잡뜨라?

머리를 감긴 다음 잘라 주세요.
Вимийте мені голову та зробіть стрижку, будь ласка.
븨믜이떼　메니 홀로부　따 즈로비찌　스뜨릐직꾸,　붇　라스까.

세트를 말아 주세요.

Зробіть укладку волосся, будь ласка.

즈로비찌　우끄라드꾸　볼로쌰,　　붇　라스까.

최신 유행하는 머리로 해 주세요.

Зробіть мені модну зачіску, б будь ласка.

즈로비찌　메니　모두누　자치스꾸,　브 붇　　라스까.

매니큐어를 해 주세요.

Зробіть манікюр.

즈로비찌　　마니뀨르.

얼굴 마사지를 해 주세요.

Зробіть масаж обличчя.

즈로비찌　　마사즤　오블리챠.

드라이 해 주세요.

Зробіть укладання волосся феном, будь ласка.

즈로비찌　우끌라단냐　　볼로샤　　페놈,　붇　라스까.

파마 해 주세요.

Зробіть хімічну завивку волосся(перманент), будь ласка.

즈로비찌　히미최누　자븨브꾸　볼로샤　（뻬르마넨트),　붇　　라스까.

염색을 해야합니다.

Мені потрібно пофарбувати волосся.

메니　　뽀뜨리브노　　뽀파르부바띠 볼로쌰.

웨이브 넣어서 해 주세요.

Що-небудь с кучерями.

쉬쵸-네부지　　스 꾸췌랴믜.

스프레이는 약간만요.

Зовсім не багато лаку.

조브씸　　네 바하또　라꾸.

충분합니다.

Так, досить.

딱,　　도싀찌.

어디에 좋은 이발소가 있습니까?
Де гарна перукарня?
데 하르나 뻬르까르냐?

얼마나 기다려야 하나요?
Чи довго мені чекати?
취 도브호 메니 췌까띠?

다음 차례입니다.
Ні, ви наступний.
니, 브의 나스뚭늬.

이발해 주십시오.
Підстрижіть, будь ласка.
삐드스뜨리즤찌, 붇 라스카.

면도해 주십시오.
Поголіть, будь ласка.
뽀홀리찌, 붇 라스까.

이발하고 싶습니다.
Я бажаю(хочу) підстригтися.
야 바좌유 (호츄) 삐드스트릭흐띄쌰.

면도하고 싶습니다.
Я бажаю(хочу) поголитися.
야 바쟈유 (호츄) 뽀홀리띄쌰.

어떻게 이발해 드릴까요?
Як вас підстригти?
약 바스 삐드스트리흐티?

뒤에는 짧게, 앞에는 길게 해 주세요.
Позаду коротко, а з переду довго.
뽀자두 꼬로뜨꼬, 아 즈 뻬레두 도브호.

위쪽을 약간 잘라 주세요.
Підстрижіть не багато з верху.
삐드스뜨릐지찌 네 바하또 즈 베르후.

너무 짧지 않게 해 주세요.

Не надто коротко.

네 낟또 꼬로뜨꼬.

머리 감겨 드릴까요?

Чи помити вам голову?

취 뽀믜띄 밤 홀로부?

아뇨, 됐습니다.

Ні, не треба.

니, 네 뜨레바.

옆머리를 약간 더 짧게 해 주세요.

Можна по бокам коротше.

모즈나 뽀 보깜 꼬롯셰.

가르마를 똑바로 타십니까?

Вам зачесати прямо та назад волосся?

밤 자체사띄 쁘랴모 따 나자드 볼로쌰?

아뇨, 난 왼쪽 가르마입니다.

НІ, у мене проділ наліво.

니, 우 메네 쁘로딜 나리보.

수염을 다듬어 주세요,

Підправте, будь ласка, вуси.

삐드쁘라브떼, 붇 라스까, 부씨.

면도칼로요? 전기 면도기로만요?

Ножицями або тільки бритвою?

노즈쨔믜 아보 찔끼 브릐뜨보유?

Діалог 1

Ірина: Алло! Це перукарня?

Голос: Так, слухаю вас.

Ірина: Скажіть, будь ласка, чи у вас велика черга на зачіску?

Голос: У нашій перукарні немає живої черги.

У нас запис на всі види робіт: на стрижку, зачіску, фарбування та завивку.

Ірина: Чи можливо записатися на сьогодні на зачіску? Годин на п'ять до будь-якого майстра?

Голос: Почекайте хвилинку. Зараз я подивлюся, хто з майстрів вільний в п'ять годин.

Так-так-так.Ось знайшов. Як ваше прізвище?

Ірина: Бондаренко.

Голос: Ваш майстер-Михайленко. Крісло під номером три.

Приходьте за десять хвилин.

Ірина: Щиро дякую вам.

이리나: 여보세요, 미장원이죠?

홀로스: 네, 말씀하세요.

이리나: 머리 하려면 많이 기다려야 하나요?

홀로스: 우리 미장원은 기다릴 필요가 없습니다. 커트, 머리 손질, 염색, 파마 등 모든 미용 업무가 예약제입니다.

이리나: 오늘 머리 예약할 수 있나요? 5시쯤 아무 미용사나 괜찮아요.

홀로스: 잠깐만 기다리세요. 5시에 어느 미용사가 시간이 비는

지 살펴볼게요. 그러니까, 네, 찾았습니다.

이리나: 본다렌꼬입니다.

홀로스: 손님 담당 미용사는 미하일렌코입니다. 3번 좌석입니다.
　　　　예약 시간 10분 전에 오세요.

이리나: 대단히 감사합니다.

Діалог 2

Перукар: Зараз ваша черга.

　　　　Сюди, будь ласка.

　　　　Зніміть піджак, так вам буде зручніше.

　　　　Слухаю вас.

Ольга:　 Я хочу підстригтися та зробити перманент.

Перукар: Як будемо стригтися?

Ольга:　 Підріжте волосся трохи ззаду.

Перукар: Зверху(згори) волосся не знімати?

Ольга:　 Мабуть. Не знімати. Вони у мене короткі.

Перукар: Ну ось і готово.

　　　　Вам подобається стрижка.

Ольга:　 Так, подобається.

미용사: 손님 차례입니다. 이쪽으로 오세요. 겉옷을 벗으세요. 그
　　　　게 더 편할 겁니다. 뭐 하시려는지 말씀하시지요.

올하:　 머리를 자르고 파마하고 싶어요.

미용사: 어떻게 커트할까요?

올하:　 뒷머리를 약간 잘라 주세요.

미용사: 윗머리도 자를까요?

올하:　 됐어요, 윗머리는 짧으니까 놔두세요.

미용사: 자, 다 됐습니다. 커트가 마음에 드시나요?

올하:　 네, 마음에 듭니다.

어떤 취미 활동이 가장 인기 있습니까?

Яке захоплення-найпопулярніше?

야께 자호쁠렌냐– 나이뽀뿔랴르니셰?

음악입니다.

Музика.

무지까.

스포츠입니다.

Спорт.

스뽀르뜨.

독서입니다.

Читання.

취딴냐.

여가 시간에 무엇을 합니까?

Чим ви займаєтеся у вільний час?

췸   븨이 자이마예떼쌰 우 빌늬 촤스?

컴퓨터 게임을 좋아하세요?

Вам подобається грати у комп'ютерні ігри?

밤   뽀도바옛짜   흐라띠 우 꼼쁘유떼르니 이흐릐?

요리하는 것을 좋아하세요?

Вам подобається готувати?

밤   뽀도바옛짜   호뚜바띄?

도미노를 좋아하세요?

Чи подобається доміно?

취   뽀도바옛짜   도미노?

그림 그리는 것을 좋아하세요?

Чи подобається вам малювати?

취   뽀도바옛짜   밤   말류바띄?

영화를 좋아하세요?

Чи подобається вам кіно?

취   뽀도바옛짜   밤   끼노?

정원 가꾸기를 좋아하세요?

Чи подобається вам садівництво?

취 뽀도바엣쨔 밤 사지브늬쯔뜨보?

음악을 좋아하세요?

Чи подобається вам музика?

취 뽀도바엣쨔 밤 무즤까?

당신은 미술을 좋아하십니까?

Чи подобається вам живопис?

취 뽀도바엣쨔 밤 쥐보쁴스?

사진 찍기를 좋아하세요?

Чи подобається вам фотографувати?

취 뽀도바엣쨔 밤 포또흐라푸바띠?

독서를 좋아하세요?

Чи подобається вам читати?

취 뽀도바엣쨔 밤 취따띠?

쇼핑을 좋아하세요?

Чи подобається вам ходити по магазинам?

취 뽀도바엣쨔 밤 호듸띠 뽀 마하즤남?

친구 만나는 것을 좋아하세요?

Чи подобається вам зустрічатися з друзями?

취 뽀도바엣쨔 밤 주스트리촤띠쌰 즈 드루쟈믜?

스포츠를 좋아하세요?

Чи подобається вам спорт?

취 뽀도바엣쨔 밤 스뽀르뜨?

인터넷을 좋아하세요?

Чи подобається вам Інтернет?

취 뽀도바엣쨔 밤 인떼르넷?

여행을 좋아하세요?

Чи подобається вам подорожувати?

취 뽀도바엣쨔 밤 뽀도로쥬바띠?

TV시청을 좋아하세요?

Чи подобається вам дивитися телебачення(телевізор)?

취 뽀도바엣쨔 밤 드븨띠쌰 뗄레바첸냐 (뗄레비조르)?

발레를 좋아하세요?

Чи подобається вам балет?

취　뽀도바옛쨔　　밤　발렛?

목욕을 좋아하세요?

Чи подобається вам лазня?

취　뽀도바옛쨔　　밤　라즈냐?

체스를 좋아하세요?

Чи подобаються вам шахи?

취　뽀도바옛쨔　　　밤　샤희?

스케이트 타기를 좋아하세요?

Чи подобається вам катання на ковзанах?

취　뽀도바옛쨔　　밤　까딴냐　　나　꼬브쟈나흐?

버섯 따기를 좋아하세요?

Чи подобається вам збирати гриби?

취　뽀도바옛쨔　　밤　즈비라띄　흐리븨?

카드놀이를 좋아하세요?

Чи подобається вам карти?

취　뽀도바옛쨔　　밤　까르띄?

사우나를 좋아하세요?

Чи подобається вам сауна?

취　뽀도바옛쨔　　밤　사우나?

연극을 좋아하세요?

Чи подобається вам театр?

취　뽀도바옛쨔　　밤　떼아뜨르?

음악 (Музика)

음악회에 다니십니까?

Ви ходите на концерти?(Чи відвідуєте ви концерти?)

븨이 호듸떼　나　꼰쩨르띄?　(취　빝비두예떼　븨이 꼰쩨르띄?)

음악 감상을 하시나요?

Чи ви слухаєте музику?

취　브의 슬루하예떼　무직꾸?

어떤 악기를 연주하세요?
Чи ви граєте на якому-небудь інструменті?
취 브의 흐라예떼 나 야꼬무-네붇 인스뜨루멘띠?

노래 부르세요?
Ви співаєте?
브의 스삐바예떼?

오페라 구경 가고 싶습니다.
Мені хочеться піти на оперу.
메니 호쳇짜 삐띠 나 오뻬루.

음악회에 가고 싶습니다.
Мені хочеться піти на концерт.
메니 호쳇짜 삐띠 나 꼰쩨르트.

오페라 표가 있습니까?
Чи є квитки на оперу?
취 예 끄비트끼 나 오뻬루?

음악회 표가 있습니까?
Чи є квитки на концерт?
취 예 끄비뜨끼 나 꼰쩨르트?

어떤 음악을 좋아하십니까?
Яку(-а) музику(-а) ви любите(вам подобається)?
야꾸 (까) 무즤꾸 (까) 브의 류븨떼 (밤 뽀도바옛짜)?

어떤 그룹을 좋아하십니까?
Які гурти ви любите?
야끼 후루쁴 븨이 류븨떼?

어떤 가수를 좋아하십니까?
Яких співаків ви любите?
야끼흐 스삐바끼브 븨이 류븨떼?

어떤 음악가를 좋아하십니까?
Яких музикантів ви любите?
야끼흐 무즤깐찌브 븨이 류븨떼?

저는 클래식 음악을 좋아합니다.
Я люблю класичну музику.
야 류블류 끌라식취누 무즤꾸.

저는 전자음악을 좋아합니다.
Я люблю електрону музику.
야 류블류　엘렉뜨로누　무지꾸.

저는 전통음악을 좋아합니다.
Я люблю традиційну музику.
야 류블류　뜨라디찌누　무지꾸.

저는 민속음악을 좋아합니다.
Я люблю народну музику.
야 류블류　나로드누　무지꾸.

저는 민요를 좋아합니다.
Я люблю народні пісні.
야 류블류　나로드니　삐스니.

저는 재즈를 좋아합니다.
Я люблю джаз.
야 류블류　드좌즈.

저는 팝을 좋아합니다.
Я люблю поп(популярну музику).
야 류블류　뽑　(뽑뿔랴르누　무지꾸).

저는 락을 좋아합니다.
Я люблю рок.
야 류블류　록.

저는 월드 뮤직을 좋아합니다.
Я люблю світову музику.
야 류블류　스비또부　무지꾸.

블루스 **Блюз**	음악회 **Концерт**
합창 **Хор**	챔버 콘서트 **Камерний концерт**
고전음악 **Класична музика**	심포니 콘서트 **Симфонічний концерт**

지휘자
Диригент

포크
Фольклор

민중음악
Народна музика

재즈
Джаз

오케스트라
Оркестр

팝
Поп(популярну музику)

록
Рок

랩
Реп

레게
Реггі

가수
(Співак(-чка)

솔리스트
Соліст(-ка)

테크노
Техно

미술 (Мистецтво)

몇 시에 화랑이 문을 엽니까?
У які години працює галерея?
우 야끼 호듸늬　　쁘라쭈예　할레레야?

몇 시에 박물관은 개관합니까?
У які години працює музей?
우 야끼 호듸늬　　쁘라쭈예　무제이?

소장품은 뭐가 있습니까?
Що в колекції?
쉬쵸 브 꼴렉찌이?

레삔 전시회입니다.
Це виставка Рєпіна.
쩨　브의스따브까 레삔나.

이 전시회에 대해 어떻게 생각하십니까?
Що ви думаєте про цю виставку?
쉬쵸 븨이 두마예떼 쁠호 쮸 븨스따브꾸?

성상화에 대해서 어떻게 생각하십니까?
Що ви думаєте про іконопис?
쉬쵸 븨이 두마예떼 쁘로 이꼬노쁴스?

저는 우크라이나 화가 그림에 관심이 있습니다.
Я цікавлюся картинами українських(російських)
야 찌까블류 쌰 까르띠나믜 우끄라인스끼흐 (로씨스끼흐)

художників.
후도즈늬끼브.

저는 컴퓨터 미술에 관심이 있습니다.
Я цікавлюся комп'ютерним мистецтвом.
야 찌까블류싸 꼼프유떼르늼 믜스쩨즈트봄.

저는 디자인에 관심이 있습니다.
Я цікавлюся дизайном.
야 찌까블류 쌰 듸자이놈.

저는 샤갈 작품을 좋아합니다.
Я люблю твори Шагала.
야 류블류 뜨보릐 솨할라.

저는 교회미술을 좋아합니다.
Я люблю церковне мистецтво.
야 류블류 쩨르꼬브네 믜스쩨쯔뜨보.

저는 표현주의 작품을 좋아합니다.
Я люблю твори експресіонізму.
야 류블류 뜨보릐 엑스뻬레시오니즈무.

이 그림은 우크라이나 자연을 연상시킵니다.
Це мені нагадує українську природу.
쩨 메니 나하두예 우끄라인스꾸 쁘리로두.

| 샤갈 | 화가 |
| Шагал. | Художник |

| 칸딘스키 | 그림 |
| Кандинський | Картина |

| 말레비치 | 회화 |
| Малевич | Живопис |

| 레삔 | 조각가 |
| Рєпін | Скульптор |

| 스째빠노바 | 조각 |
| Степанова | Скульптура |

| 알렉산드르 | 조각상 |
| Олександр | Статуя |

| 뻬뜨롭스끼 | 스튜디오 |
| Петровський | Студія |

| 시로프 | 스타일 |
| Сєров | Стиль |

| 건축 | 테크닉 |
| Архітектура | Техніка |

| 작품 | 목공예 |
| Твори | Ремесло |

| 조각 | 비잔틴 양식 |
| Різьблена робота | Візантійський стиль |

| 디자인 | 고전주의 |
| Дизайн | Класицизм |

| 에칭 | 구조주의 |
| Гравіювання | Конструктивізм |

| 전시회 | 표현주의 |
| Виставка | Експресіонізм |

예술 · 취미 생활

인상주의	그래픽 미술
Імпресіонізм	Графічне мистецтво

낭만주의	종교 예술
Романтизм	Церковне мистецтво

사회주의 리얼리즘	르네상스 시대 예술
Соціалістичний реалізм	Мистецтво епохи відродження

절대(지상) 주의	성상
Супрематизм	Ікона

상징주의	성상 화가
Символізм	Іконописець

모더니즘	성상 화술
Модернізм	Іконопис

포스트 모더니즘
Постмодернізм

미래주의
Футуризм

응용회화

Діалог: У галереї Терещенків

Михайло: Даруйте, я трохи запізнився.

Катерина: Нічого страшного.

Я милуюся будівлею галереї.

Михайло: Тобі подобається?

Ця будівля побудована в 1880-х роках за проектом архітектора Ніколаєва.

Основу галереї склала колекція київських промисловців та меценатів Терещенків.

Катерина: Скільки ж картин зібрали Терещенки?

Михайло: Близько 200.

А зараз в галереї зібрано більше 20 тисяч картин.

Ось тобі путівник по галереї.

Тут є роботи Шишкіна, Рєпіна та Врубеля.

Катерина: Дякую, Михайло.

미하일로: 미안해, 내가 좀 늦었어.

카테리나: 괜찮아. 미술관 건물 감상 중이었어.

미하일로: 마음에 드니? 이 건물은 1880년대에 건축가 니콜라 예바의 설계로 건축된 거야. 이 미술관 창립자는 키에프 공장주이자 트레쉬첸가 가문의 후원인이야.

카테리나: 트레쉬첸코는 그림을 몇 점이나 모았니?

미하일로: 약 200점 정도 모았지. 현재 이 미술관은 2만 점 이상의 그림을 소장하고 있어. 자, 여기 미술관 안내 책자야. 여기에 쉬쉬킨, 레핀 그리고 브루벨의 그림이 있어.

카테리나: 고마워, 미하일로.

영화 &연극 & 콘서트 (Кіно/театр/концерт)

발레 구경을 가고 싶습니다.

Мені хочеться піти на балет.

메니　호췟짜　삐띄 나 발렛.

영화 구경을 가고 싶습니다.

Мені хочеться піти на фільм.

메니　호췟짜　삐띄 나 필름.

오페라 구경을 가고 싶습니다.

Мені хочеться піти на оперу.

메니　호췟짜　삐띄 나 오뻬루.

음악회를 가고 싶습니다.

Мені хочеться піти на концерт.

메니 호쳇짜 삐띠 나 꼰쩨르뜨.

연극 구경을 가고 싶습니다.

Мені хочеться піти на виставу.

메니 호쳇짜 삐띠 나 븨이스따부.

만화 영화를 보러가라고 권합니다.

Я пропоную піти на мультфільм.

야 브로뽀누유 삐띠 나 물뜨필름.

뮤지컬 영화 보러가자.

Давай підемо на музичні фільми.

다바이 삐데모 나 무즤취니 필름믜.

영화 자주 보러 갑니까?

Чи часто ви ходите в кіно?

취 챠스또 븨이 호듸떼 브 끼노?

네, 자주요. 일주일에 한 번 갑니다.

Так, часто. Раз на тиждень.

딱 촤스또. 라스 나 띄즤덴.

아뇨, 아주 드물게 갑니다.

Ні, дуже рідко.

니, 두줴 리드꼬.

당신은 조조, 낮, 저녁 상영 편 중 주로 어떤 것을 보시나요?

На які сеанси ви зазвичай ходите: уранішні, денні, вечірні?

나 야끼 세안싀 브의 자즈븨차이 호듸떼: 우라니쉬니, 덴니, 베취르니?

저는 주로 조조 영화를 봅니다.

Я зазвичай ходжу на уранішні сеанси.

야 자즈븨차이 홋쥬 나 우라니쉬니 세안씌.

저는 주로 낮 상영 편을 봅니다.

Я зазвичай ходжу на денні сеанси.

야 자즈븨차이 홋쥬 나 단니 세안씌.

저는 주로 저녁 상영 편을 봅니다.

Я зазвичай ходжу на вечірні сеанси.

야 자즈븨차이 홋쥬 나 베취르니 세안씌.

어디에서 표를 구할 수 있나요?

Де можна дістати квитки?

데 모즈나 지스따띄 끄비뜨끼?

《지젤》 발레 표를 구할 수 있나요?

Де можна дістати квитки на 《Жизель》?

데 모즈나 지스따띄 끄비뜨끼 나 《쥐젤》?

발레 표가 있나요?

Чи є квитки на балет?

취 예 끄비뜨끼 나 발렛?

영화표가 있나요?

Чи є квитки на фільм?

취 예 끼비뜨끼 나 필름?

오페라 표가 있나요?

Чи є квитки на оперу?

취 예 끼비뜨끼 나 오뻬루?

음악회 표가 있나요?

Чи є квитки на концерт?

취 예 끼비뜨끼 나 꼰쩨르뜨?

연극표가 있나요?

Чи є квитки на виставу?

취 예 끼비뜨끼 나 브의스따부?

남는 표가 있나요?

Чи є зайві квитки?

취 예 자이비 끄비뜨끼?

더 싼 표를 원합니다.

Я б хотів(-а) квитки дешевші.

야 브 호찌브 (–아) 끄비뜨끼 데셰브쉬.

더 좋은 표를 원합니다.

Я б хотів(-а) квитки трохи кращі.

야 브 호찌브 (–아) 끄비뜨끼 뜨로히 끄라쉬치.

발레가 마음에 들었습니까?

Чи сподобався вам балет?

취　스뽀도바브샤　밤　발렛?

영화가 마음에 들었습니까?

Чи сподобався вам фільм?

취　스뽀도바브샤　밤　필름?

오페라가 마음에 들었습니까?

Чи сподобалася вам опера?

취　스뽀도발라샤　밤　오뻬라?

음악회가 마음에 들었습니까?

Чи сподобався вам концерт?

취　스뽀도바브샤　밤　꼰쩨르뜨?

연극이 마음에 들었습니까?

Чи сподобалася вам вистава?

취　스뽀도바브샤　밤　븨이스따바?

오늘 저녁에 극장에서 무슨 공연이 있는지 말씀해 주세요.

Чи не скажете мені, що йде сьогодні увечері у театрі.

취　네 스까졔떼　메니,　쉬쵸 이데 쏘호드니　오베체리　우 떼아뜨리.

영화관에서 무엇을 상영하나요?

Що йде в кіно?

쉬쵸　이데 브 끼노?

극장에 무슨 공연이 있나요?

Що йде в театрі?

쉬쵸　이데 브 떼아뜨리?

내일 저녁 영화관에서 무엇을 상영하나요?

Що завтра увечері йде в кіно?

쉬쵸 잡뜨라　우베춰리　이데 브 끼노?

좋은 연극 하나 추천해 주시겠어요?

Чи ви не порадите мені гарну виставу?

취　븨이 네 뽀라디떼　메니 하르누　븨이스따부?

낮 공연이 있습니까?

Чи є денна вистава?

취　예 덴나　븨이스따바?

공연이 언제 시작됩니까?

Коли розпочинається вистава?

꼴리 로즈뽀취나옛짜 브이스따바?

어디에서 표를 살 수 있나요?

Де можна узяти квитки?

데 모즈나 우쟈띄 끄비뜨끼?

오늘 저녁시간으로 표 두 장 주세요.

Два квитки на сьогоднішній вечір, будь ласка.

드바 끄비뜨끼 나 쑈호드니쉬니 베취르, 붇 라스까.

20 흐리브냐 자리 좌석으로 두 장 주세요.

Два місця за 20 гривень, будь ласка.

드바 미스쨔 자 드바드짜찌 흐리벤, 붇 라스까.

프로그램을 살 수 있나요?

Чи можна узяти програму?

취 모즈나 우쟈띄 쁘로흐라무?

이것은 영어로 합니까?

Це англійською(мовою)?

쩨 안흘리스코유 (모보유)?

이 영화는 영어 자막이 있나요?

Цей фільм з англійськими субтитрами?

쩨이 필름 즈 안흘리스키미 수브티트라미?

자리 있습니까?

Це місце зайняте?

쩨 미스쩨 자이냐떼?

빈자리입니까?

Це місце вільне?

쩨 미스쩨 빌네?

이 영화 보셨나요?

Чи ви бачили цей фільм?

취 브이 바췰리 쩨이 필름?

이 영화에 누가 출연하나요?

Хто грає в цьому фільмі?

흐또 흐라예 브 쪼무 필름미?

주인공은 마뜨볘에프입니다.

Головну роль виконує(грає) Матвєєв.

홀로부누　　롤　　　브의꼬누예 (흐라예)　마뜨뻬에프.

어떤 영화를 좋아합니까?

Які фільми ми любимо?

야끼 필름의　　　　의이 류비모?

나는 액션 영화를 좋아합니다(좋아하지 않습니다).

Я(не) люблю бойовики.

야(네)　류블류　　보요븨끼.

나는 만화 영화를 좋아합니다(좋아하지 않습니다).

Я(не) люблю мультфільми.

야(네)　류블류　　물뜨필름의.

나는 코메디 영화를 좋아합니다(좋아하지 않습니다).

Я(не) люблю комедії.

야(네)　류블류　　꼬메디이이.

나는 다큐멘터리 영화를 좋아합니다(좋아하지 않습니다).

Я(не) люблю документальні фільми.

야(네)　류블류　　도꾸멘딸니　　　　　필름의.

나는 멜로 영화를 좋아합니다(좋아하지 않습니다).

Я(не) люблю драму.

야(네)　류블류　　드라무.

나는 공포 영화를 좋아합니다(좋아하지 않습니다).

Я(не) люблю фільми жахів.

야(네)　류블류　　필름의　　좌히브.

나는 우크라이나 영화를 좋아합니다(좋아하지 않습니다).

Я(не) люблю українське кіно.

야(네)　류블류　　우끄라인스께　　끼노.

나는 공상 과학 영화를 좋아합니다(좋아하지 않습니다).

Я(не) люблю наукову фантастику.

야(네)　류블류　　나우꼬부　　판타스띄꾸.

나는 단편 영화를 좋아합니다(좋아하지 않습니다).

Я(не) люблю короткометражні фільми.

야(네)　류블류　　꼬롯뜨꼬메뜨라쥐니　　　필름의.

나는 스릴러 영화를 좋아합니다(좋아하지 않습니다).
Я(не) люблю сенсаційні фільми(Трилер).
야(네) 류블류 센사지니 필름믜(뜨리레르).

나는 전쟁 영화를 좋아합니다(좋아하지 않습니다).
Я(не) люблю фільми про війну.
야(네) 류블류 필름믜 쁘로 비이누.

나는 사랑 영화를 좋아합니다(좋아하지 않습니다).
Я(не) люблю про кохання.
야(네) 류블류 쁘로 꼬한냐.

나는 심리 영화를 좋아합니다(좋아하지 않습니다).
Я(не) люблю психологічні фільми.
야(네) 류블류 쁘싀홀로히취니 필름믜.

나는 역사 영화를 좋아합니다(좋아하지 않습니다).
Я(не) люблю історичні фільми.
야(네) 류블류 이스또리취니 필름믜.

나는 추리 영화를 좋아합니다(좋아하지 않습니다).
Я(не) люблю детективні фільми.
야(네) 류블류 데떽띄브니 필름믜.

제 생각에는 아주 좋았습니다.
Здається, було відмінно.
즈다옛짜, 불로 빝미노.

다소 길었습니다.
Здається, було занадто довго.
즈다옛짜, 불로 자나드또 도브호.

괜찮았습니다.
Здається, нормально.
즈다옛짜, 노르말노.

연극 연출이 훌륭합니다.
Вистава поставлена прекрасно.
브의스따바 뽀스따블렌나 쁘레끄라스노.

연극 연출이 흥미롭습니다.
Вистава поставлена цікаво.
븨이스따바 뽀스따블렌나 찌까보.

연극 연출이 재미없습니다.
Вистава поставлена не цікаво.
븨이스따바 뽀스따블렌나　네 찌까보.

배우들이 연기를 아주 잘 했습니다.
Артисти грають ролі прекрасно.
아르띄스띄 흐라유찌　롤리 쁘레끄라스노.

배우들이 연기를 흥미롭게 했습니다.
Артисти грають ролі цікаво.
아르띄스띄 흐라유찌 롤리　찌까보.

배우들이 재능 있는 연기를 했습니다.
Артисти грають ролі талановито.
아르띄스띄 흐라유찌　롤리　딸라노븨또.

배우들이 연기를 생생하게 했습니다.
Артисти грають ролі живо.
아르띄스띄 흐라유찌 롤리　쥐보.

배우들이 연기를 못했습니다.
Артисти грають ролі погано.
아르띄스띄 흐라유찌　롤리 뽀하노.

예매 **Попередній продаж**	프로그램 **Програма**
옷 보관소 **Гардероб**	입장표 **(Вхідний) квиток**
페스티발 **Фестиваль**	매표소 **Каса**
휴식시간 **Антракт**	배우(여배우) **Актор(актриса)**
공연 **Вистава**	발레 **Балет**

(관람석의) 층
Ярус

희극
Комедія

댄서
Танцівник(-ниця)

희곡
П'єса

뮤직홀
Вар'єте

뮤지컬
Мюзикл

노천극장
Літній театр

오페라
Опера

오페레타
Оперета

공연
Вистава

연극
Вистава

첫 공연
Прем'єра

각색
Інсценування

레퍼토리
Репертуар

레뷔 극장
Театр мініатюр

비극
Трагедія

2층 특별석
Балкон

박스석
Ложа

보통석
Бельетаж

옷 보관소
Гардероб

음악회 홀
Концертний зал

드라마 극장
Драматичний театр

오케스트라
Оркестр

로얄석
Партер

관람석의 층
(перший, другий, третій)
Ярус

연출가, 감독
Режисер

필름, 영화
Фільм

액션영화 **Бойовик**	단편영화 **Короткометражка**
흑백영화 **Чорно-білий фільм**	스릴러 **Трилер**
컬러영화 **Кольоровий фільм**	서부영화 **Вестерн**
만화영화 **Мультфільм**	주역 **Головна роль**
고전영화 **Класика**	영화배우 **Кіноактор(кіноактриса)**
코메디 **Комедія**	영화관 **Кіно**
다큐멘터리 영화 **Документальний фільм**	특수효과 **Спецефекти**
멜로드라마 **Мелодрама**	서브 타이틀 **Субтитри**
공상과학 영화 **Наукова фантастика**	

응용회화

Діалог 1: Підемо до театру

Валерій: Людмило, в театральній касі є квитки на неділю в театр ім. Франко.

Людмила: А що там йде? Яка річ?

Валерій: Йде 《Наталка Полтавка》 І.П. Котляревського. Давай сходимо?

Людмила: Можна сходити.

А ти не чув, вистава вдала?

Валерій: Здається, це прем'єра, грають чудові актори, постанова Б. Прокоповича.

Це повинно бути цікаво.

Людмила: Давай підемо.

Валерій: У мене в неділю вільний вечір.

Тоді я прямо зараз піду і куплю квитки.

발레리: 류드밀라, 극장 매표소에 일요일 날 이반프랑코 극장 표가 있어.

류드밀라: 거기서 무슨 공연을 하는데? 어떤 거야?

발레리: 코틀랴레브스키의 《나딸카 뽈타브카》를 공연하고 있어. 거기 가지 않을래?

류드밀라: 갈 수 있어. 그런데 그 공연이 성공적이라고 하던?

발레리: 이 공연이 초연이야. 아주 훌륭한 배우들이 출연하고, 프로고포비치가 연출을 맡았어. 틀림없이 재미있을 거야.

류드밀라: 가자. 나 일요일 저녁은 한가해.

발레리: 그럼 지금 당장 가서 표를 사야겠다.

Діалог 2: Музичний фільм

Сергій: Алло! Галино?

Галина: Так, це я.

Сергій: Це Сергій. В 《Київській Русі》 йде 《Жінка, яка співає》.

Давай підемо в кіно.

Галина: Я не знаю, що це за фільм.

Сергій: Це музичний фільм з Аллою Пугачовою в головній ролі.

Галина: О. Алла Пугачова!

Я хочу його подивитися.

Коли розпочинається цей сеанс?

Сергій: О 7(сьомій) годині.

Зустрінемося за 15(п'ятнадцять) хвилин до початку сеансу.

Галина: Домовилися.

세르히: 여보세요. 할리나?

할리나: 네, 전데요.

세르히: 나, 세르히야. 《키예프루스》 극장에서 《노래 부르는 여자》가 상영중인데, 같이 극장 가자.

할리나: 어떤 영화인지 잘 모르는데.

세르히: 알라 뿌가쵸바가 주연한 뮤지컬이야.

할리나: 아, 알라 뿌가쵸바! 나도 보고싶어, 언제 영화가 시작되니?

세르히: 7시에, 영화시작 15분전에 만나자.

할리나: 그렇게 하자.

Діалог 3: Квиток до театру ім. Лесі Українки

Володимир: Чи ти не хочеш сходити до театру?

Сунмі: Чудова ідея. А куди сьогодні можна потрапити?

У Києві, напевно, важко дістати квитки на щось цікаве?

Володимир: Дивлячись на що. І куди б ти хотіла піти?

Сунмі: Звичайно, до театру ім. Лесі Українки.

(Біля під’їзду вони зустрічаються).

Володимир: Добрий вечір. Можеш мене привітати.

Дістав два квитки.

Правда, місця не дуже хороші, другий ярус,

але вибирати не доводиться.

У нас є навіть і із цього приводу прислів’я:

《На безриб’я і рак риба》.

Сунмі: Що це означає?

Володимир: Прислів’я таке означає, що за відсутністю

кращого годиться і те, що є.

Сунмі: Все ясно. У нас теж є таке прислів’я:

За відсутністю фазана згодиться курка.

볼로디미르: 극장 구경 가지 않을래?

순미: 좋은 생각이야. 그런데 어느극장에 가지? 아마도 키예프에서는 재미있는 공연 표는 구하기가 힘들 것 같은데.

볼로디미르: 그렇다 해도 가야지. 어느 극장에 가고 싶니?

순미: 그야 물론 레샤 우크라이나인카 극장이지.

(레샤 우크라이나인카 극장 입구에서 만난다)

볼로디미르: 좋은 저녁! 축하해줘. 표를 두 장 구했어. 자리는 그다지 좋지 않아. 2층이야. 하지만 선택의 여지가 없었어. 우리나라에는 이런 경우를 두고 말하는 속담이 있어. 《물고기가 없는 곳에서는 가재도 물고기다》

순미: 무슨 뜻이야?

볼로디미르: 이 속담의 뜻은 《최상의 것이 없을 때는 그 자리에 있는 것이 쓸모 있다》라는 거야.

순미: 알겠어. 우리나라에도 그런 속담이 있어. 《꿩 대신 닭》이라고 말하지.

Володимир: Чи є у вас квитки на 《Бориса Годунова 》?
Касир: Ні, всі продано.
Володимир: Що йде в театрі ім. Франко?
Касир: Комедія 《Кайдашева сім'я》.
Володимир: Чи є квитки?
Касир: На який день?
Володимир: На неділю, на вечір. Дайте, будь ласка, 2
             квитки.
Касир: 2 квитки? Є, але не в партері, а у бельетажі.
             Не погані місця:
             перший ряд, середина. Візьмете?
Володимир: Так, візьму.

볼로디미르: 《보리스 가두노프》 표 있어요?
매표소 직원: 아뇨, 모두 팔렸어요.
볼로디미르: 이반 프랑코 극장에서는 무슨 공연을 하나요?
매표소 직원: 코메디극 《카이다셰의 가족》이요.
볼로디미르: 표 있습니까?
매표소 직원: 무슨 요일로요
볼로디미르: 일요일 저녁 걸로 두 장 주세요.
매표소 직원: 그런데 로얄석이 아니고 보통석입니다. 나쁜 자리
             는 아니에요. 1열 중간입니다. 사시겠어요?
볼로디미르: 네, 살게요.

여가시간 (Вільний час)

여가시간을 어떻게 보내십니까?
Як ви проводите свій вільний час?
약   비이 쁘로보드іте   스비 빌늬   챠스?

운동을 합니다.
Я займаюся спортом.
야 자이마유샤 스뽀르뜸.

영화를 봅니다.
Я дивлюся фільм.
야 디블유샤 필름.

컴퓨터를 합니다.
Я сиджу за комп'ютером.
야 식드쥬 자 꼼쁘유떼롬.

주말을 어떻게 보내세요?
Як ви проводите суботу та неділю?
약 븨이 쁘로보듸떼 수보뚜 따 네딜류?

토요일에 야외에 나갑니다.
Я проводжу суботу на повітрі.
야 쁘로보드쥬 수보뚜 나 뽀비뜨리.

산에 갑니다.
Я ходжу в гори.
야 홋쥬 브 호릐.

여름 휴가를 어떻게 보내고 싶으세요?
Як ви хочете провести літню відпустку?
약 븨이 호체떼 쁘로베스띄 릿뜨뉴 빋푸스트꾸?

흑해에서 여름휴가를 보내고 싶습니다.
Я хочу провести літню відпустку на Чорному морі
야 호츄 쁘로베스띄 리뜨뉴 빋푸스트꾸 나 쵸르노무 모리.

황금 고리 도시를 다녀오고 싶습니다.
Я хочу поїздити по Кримським горам.
야 호츄 뽀이즈듸띄 뽀 끄림스꿤 호람.

명승지를 구경하고싶습니다.
Я хочу оглянути пам'ятки.
야 호츄 오흘랴누띄 빰야뜨끠.

유럽 여행을 하고 싶습니다.
Я хочу(подорожувати) здійснити поїздку по Європі.
야 호추 (뽀도로쥬바띄) 즈디이스늬띄 뽀이즈드꾸 뽀 예브로삐.

우크라이나를 여행하고 싶습니다.

Я хочу подорожувати по Україні.

야 호츄　뽀도로쥬바띠　　뽀 우끄라이니.

저는 여가시간이 많습니다.

У мене багато вільного часу.

우 메네　바하또　빌노호　　좌수.

저는 여가시간이 적습니다.

У мене мало вільного часу.

우 메네　말로　빌노호　　좌수.

저는 여가시간이 거의 없습니다.

У мене майже немає вільного часу.

우 메네　마이졔　네마예　빌노호　　좌수.

저는 여가시간이 전혀 없습니다.

У мене зовсім немає вільного часу.

우 메네　조브심　네마예　빌노호　　좌수.

여름방학이 시작되었습니다.

Розпочинаються(починаються) літні канікули.

로즈뽀취나유쨔　　　　(뽀취나윳짜)　　　리트니　까니꿀릐.

겨울방학이 시작되었습니다.

Закінчуються зимові канікули.

자낀츄유쨔　　　　즤모비　　까니꿀릐.

여름 방학 계획은 무엇입니까?

Який план у вас(тебе) на літні канікули?

야끼　　쁠란　우 바스(떼베)　나 리뜨니 까니꿀릐?

겨울 방학 계획은 무엇입니까?

Який план у вас(тебе) на зимові канікули?

야끼　　쁠란　우 빠르(떼베)　나 즤모비　　까니꿀릐?

저는 특별한 계획이 없습니다.

У мене ніяких особливих планів.

우 메네　니야끼흐　오소블릐비흐　　플란니브.

해외 여행을 가려고 합니다.

Я збираюся подорожувати за кордоном.

야 즈비라유샤　　뽀도로쥬바띠　　　자 꼬르도놈.

Діалог 1: Літні канікули

Єлизавета: Ура! Закінчується семестр!

Віктор: Нарешті. У нас починаються літні канікули.
Я дуже радий, що ми не вчимося.

Єлизавета: Який план у тебе на літні канікули?

Віктор: У мене немає ніяких особливих планів.
Може статися, що я буду у родичів у Карпатах.

Єлизавета: А що ти будеш робити?
Ти повернешся додому на Батьківщину?

Віктор: Ні, я не повернуся.
Мені тут треба влітку займатися українською мовою.

Єлизавета: Ти нікуди не поїдеш відпочивати?

Віктор: Можливо, у мене буде можливість поїхати в гори Криму.

엘리자베따: 만세! 학기가 끝났어!

빅또르: 드디어 여름방학이 시작되었군. 공부를 하지 않게 되어 무척 기쁘다.

엘리자베따: 여름방학 계획이 뭐니?

빅또르: 특별한 계획 없어. 카르파티아에 계신 부모님 댁에 갈 것 같아.

엘리자베따: 너는 뭐할 거니? 고국으로 돌아가니?

빅또르: 아니, 안가. 여름에 여기 남아서 우크라이나어 공부해야 해.

엘리자베따: 어쩌면, 크림 반도의 산들에 갈 기회가 생길 것 같아.

빅또르: 넌 아무데도 놀러 가지 않을 거야?

Діалог 2: Вільний час

Сергій: Як ти проводиш свій вільний час?

Ірина: У мене майже немає вільного часу.

Робота та сім'я займають увесь мій час.

Але я захоплююся фільмами.

Сергій: А як субота та неділя?

Ірина: Сиджу удома і займаюся домашніми справами.

А як ти проводиш вільний час?

Сергій: Я захоплююся спортом, займаючись в різних

секціях: футбол, хокей, фехтування.

세르히: 너는 여가시간을 어떻게 보내니?

이리나: 나는 여가시간이 거의 없어. 일과 가족에 내 시간을 전부 뺏겼어. 그런데 영화 보는 것을 좋아해.

세르히: 그러면 토요일과 일요일은 어떻게 보내니?

이리나: 집에 있어. 집안일을 하지. 그런데 너는 여가시간을 어떻게 보내니?

세르히: 난 운동을 좋아해서 다양한 운동을 해. 축구, 하키, 펜싱을 해.

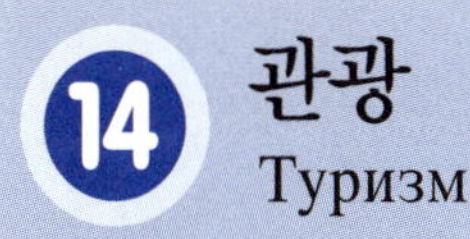

관광
Туризм

관광 안내소에서 (У туристичному довідковому бюро)

키예프 시내 지도가 필요합니다.
Мені потрібна мапа міста Києва.
메니　뽀뜨리브나　마빠　미스따 끼예바.

이번 주 행사 프로그램이 있습니까?
Чи у вас є програма заходів на цей тиждень?
취　우 바스 예 쁘로흐라마　자호디브　나 쩨이 띄즈덴?

시내 자동차 투어가 있습니까?
Чи проводяться автобусні екскурсії по місту?
취　쁘로보쟈쨔　　아브또부스니　엑스꾸르씨이이 뽀 미스뚜?

관광요금이 얼마입니까?
А скільки коштують екскурсії?
아 스낄끼　꼬쉬뚜유찌　엑스꾸르씨이이?

어떤 명승지가 있는 지 말씀해 주시겠어요?
Не підкажете, які тут є пам'ятки?
네 삗까졔떼,　야끼 뚿　야 빰야뜨끼?

키예프–뻬체르스키 수도원을 반드시 구경해야 합니다.
Вам обов'язково потрібно оглянути Києво-Печерську
밤　오보브야즈꼬보　뽀뜨리브노　오흘랴누띄　끼예보– 뻬체르스끼

Лавру.
라브릐.

황금 문을 반드시 방문해야 합니다.
Вам обов'язково потрібно оглянути Золоті ворота.
밤　오보브야즈꼬보　뽀뜨리브노　오흘랴누띄　졸로찌　보로따.

언제 박물관을 여나요?
Коли музей відкритий?
꼴리　무제이　빋끄릐띄?

다음 관광은 언제인가요?
Коли розпочинається наступна екскурсія?
꼴리　로즈뽀취나옛짜　　나수뚭나　엑스꾸르씨야?

관광은 영어로 진행되나요?
Чи проводяться екскурсії англійською мовою?
취　쁘로보쟈쨔　　엑스꾸르씨이이 안흘리스꼬유　　모보유?

사진촬영해도 되나요?
Чи можна фотографувати?
취　모즈나　　포또흐라푸바띄?

매표소에서 (В касі)

표 두 장 주세요.
Два квитки, будь ласка.
드바　끄븨뜨끼,　붇　　라스까.

성인 표 두 장과 어린이 표 한 장요.
Два дорослих та один дитячий.
드빠　도로슬릐흐　　따　오딘　　디따취.

학생 할인이 됩니까?
Чи є знижка для студентів?
취　예 즈늬즤까　들랴 스뚜덴찌브?

어린이 할인이 됩니까?
Чи є знижка для дітей?
취　예 즈늬즤까　들랴 디떼이?

연금수령자 할인 됩니까?
Чи є знижка для пенсіонерів?
취　예 즈늬즤까　들랴 뻰씨오네리브?

단체 할인이 됩니까?
Чи є знижка для груп?
취　예 즈늬즤까　들랴 흐룹?

전시회 카탈로그가 있습니까?

Чи є каталог експонатів виставки?

취　예　까딸로흐　엑스포나찌브　비스따브끼?

이 건물은 언제 지어졌나요?

Коли була збудована ця будівля?

꼴릐　불라　즈두보반나　짜　부지블랴?

이 그림을 누가 그렸나요?

Хто намалював цю картину?

흐또　나말류바브　쮸　까르띠누?

우리는 어디에서 출발하나요?

Звідки ми вирушаємо?

즈비드끼　믜이　비루샤예모?

언제 만납니까?

Коли зустрінемося?

꼴릐　주스트리네모샤?

안드리브스키 거리를 지나가나요?

Чи поїдемо повз Андріївський узвіз?

취　뽀이데모　뽀브즈 안드리브스끼　우즈비즈?

시장도 가나요?

Відвідаємо також базар?

빋비다예모　따꼬즈　바자르?

언제 돌아가나요?

Коли ми поїдемо назад?

꼴릐　믜이 뽀이데모　나자드?

키예프의 인구는 얼마입니까?

Яка чисельність населення Києва?

야까　취셀니스찌　나셀렌냐　끼예바?

300만 명 이상입니다.

Більше 3 млн. чоловік.

빌셰　뜨리 밀리온나　촐로빅.

Які музеї та театри Києва користуються великою
야끼 무제이 따 떼아뜨리 끼예바 꼬리수뚜유쨔 벨리꼬유
знаменитістю та і популярністю?
즈냐메늬찌스쭈 따 뽀뿔랴르니스쭈?

키예프-페체르스키 수도원, 소피야 대성당, 안드리브스키 거리가 유명하고 인기가 있습니다.

Великою знаменитістю та і популярністю користуються
벨리꼬유 즈나메늬찌스쭈 따 이 뽀뿔랴르니스쭈 꼬리수뚜유쨔
Києво-Печерська Лавра, Софіїївський собор, Андріївський
끼예보- 뻬췌르스까 라브라, 소피이스끼 소보르, 안드릐브스끼
узвіз і т.д.
우주비스 탁 달리.

키예프는 무엇이 자랑입니까?
Чим Київ славиться?
침 끼이브 슬라븨띄쌰?

키예프는 역사적 문화재를 자랑으로 여깁니다.
Київ славиться історичними культурними пам'ятниками.
끼이브 슬라븨띄쌰 이스또리춰늬미 꿀뚜릐믜 빰야뜨늬까미.

저는 카네브 관광을 다녀왔습니다.
Я був(-а) на екскурсії у Каневі.
야 부븝 (불라) 나 엑스꾸루씨이이 우 까네비.

저는 체르히호브 관광을 다녀왔습니다.
Я був(-а) на екскурсії у Чернігові.
야 부븝 (불라) 나 엑스꾸루씨이이 우 체르히호비.

저는 자포로쥐 관광을 다녀왔습니다.
Я був(-а) на екскурсії у Запоріжжі.
야 부븝 (불라) 나 엑스꾸루씨이이 우 자뽀리쥐.

저는 키예프 관광을 다녀왔습니다.
Я був(-а) на екскурсії у Києві.
야 부븝(불라) 나 엑스꾸루씨이이 우 끼예비.

저는 관광에서 큰 만족을 얻었습니다.
Я одержав(-а) велике задоволення від екскурсії.
야 오데르좌브 (–아) 벨리께 자도볼렌냐 빋 엑스꾸르씨이이.

Я задоволений(-а) екскурсією.

야 자도블렌늬   (–아) 엑스끄루씨예유.

Я одержав(-а) велике враження від екскурсії до України.

야 오데르좌브 (–아) 벨리게   브라줸냐   빈 엑스꾸르씨이이 도 우끄라이늬.

Частина
II
관광

응용회화

Діалог 1: На екскурсії у Музеї Пирогово.

Борис: Я чула, що ти була на екскурсії у Музеї Пирогово?

Ольга: Так, я їздила у неділю у Музеї Пирогово.

Борис: Ну, як з'їздила?

Ольга: Добре, бачила традиціїні будівлі поч.18 ст, вітряки.

Музей мені дуже сподобався.

Я одержала велике задоволення, хоча трохи втомилася.

Борис: Недивно, це досить далеко від Києва.

Ольга: Туди їхати від Хрещатика автобусом півтори години.

Це, звичайно, стомливо, зате все було дуже цікаво.

Я дуже задоволена екскурсією.

보리스: 피로호보 박물관에 소풍을 갔다 왔다면서?

올햐: 응. 일요일에 피로호보 박물관을 다녀왔어.

보리스: 그래, 어땠어?

올햐: 좋았어. 18세기초 전통식으로 건조한 풍차를 보았어. 박물관이 아주 마음에 들더라. 아주 만족스러웠어. 조금 피곤하긴 했지만.

Діалог 2: Екскурсія у Львів

Галина: Вибачте(пробачте), будь ласка, ви корінний львів'янин?

Перехожий: Так.

Галина: Я туристка. Чи ви могли б відповісти мені на декілька питань?

Перехожий: Із задоволенням.

Галина : Скажіть, що по-вашому, варто подивитися у Львові в першу чергу?

Перехожий: Здається, передусім вам потрібно провести екскурсію в містом, побувати у Костелі Заручин Марії і монастирі Сакраментока, сходити в Міський арсенал та відвідати Палац Потоцьких.

Галина: Куди ви порадите піти в суботу?

Перехожий: Мені здається, що в суботу краще всього піти до театру імені Марії Заньковецької.

Галина: У Львові багато парків?
Я хочу погуляти парком.

Перехожий: Так багато.

Але я раджу вам відвідати парк на Замковій горі.

Відвідати крамниці та таверну…

Галина: Щиро дякую. До побачення.

할리나: 실례합니다만, 르비우에 사시는 분인가요?

행인: 네

할리나: 저는 관광객인데요. 몇 가지 여쭤 봐도 될까요?

행인: 네, 그러세요.

할리나: 르비우에서 제일 먼저 어디를 구경해야한다고 생각하세요?

행인: 제 생각에는 먼저 시내 투어를 하고, 마리아 성당과 사크라멘톡 수도원에 가보고 도시 무기고로 내려와서 포토츠키 궁전을 방문해 보라고 권하겠어요.

할리나: 토요일에는 어디를 가는 게 좋을까요?

행인: 토요일에는 마리아 잔코베츠카 극장을 가는 게 가장 좋을 거예요.

할리나: 르비우에는 공원이 많나요? 전 공원을 산책하고 싶어요.

행인: 많습니다만, 잠코비 언덕의 공원을 산책하고, 상점이나 카페에도 가보라고 권하고 싶습니다.

할리나: 대단히 고맙습니다. 안녕히 가세요.

Діалог 3

Тарас: Знайомство з Києвом краще всього розпочати з цього місця.

Поглянь(подивися), Олена, який чудовий краєвид Он-Труханів острів, попереду Дніпро.

Олена: Чудово! А де ж музей ВВВ?

Тарас: На іншому березі Дніпра.
        Зараз ми туди підемо. Поглянь(подивися) направо, ось і Батьківщина-Мати.
Олена: Дивина! Тарас, це мабуть найвища скульптура в Україні.
Тарас: Цілком вірно. А тепер йдемо до Печерської Лаври. Вона зовсім поряд.
Олена: Як блищать купола на сонці!
        Тарасе, давай підійдемо ближче.
Тарас: У Печерськії Лаврі розташований музей історичних коштовностей України.
        найбільший музей у всьому світі.

타라스: 키에프 소개는 여기서부터 시작하는 게 가장 좋아. 봐, 올레나, 왼쪽에 멋진 풍경이 있어. 트루하니프 섬이 있지. 앞쪽에 드니프로 강이 있어.
올레나: 멋지구나! 따라스, 그런데 어디에 BBB 박물관이 있니?
타라스: 드니프로 강 저편에 있어. 지금 거기로 가 보자. 오른쪽을 봐. 바로 이게 조국−어머니상이야.
올레나: 멋지다! 따라스, 아마도 우크라이나에서 가장 높은 조각일거야.
타라스: 정확히 맞았어. 지금 페체르스카 동굴 수도원으로 가보자. 아주 가까이에 있어.
올레나: 사원의 둥근 지붕이 햇볕에 빛나구 있구나! 타라스로 가까이 가보자.
타라스: 페체르스카 동굴 수도원에는 우크라이나의 역사적 유물이 보존된 세계에서 가장 큰 박물관이 있어.

건강
Все про здоров'я

약국에서 (В аптеці)

먹는 약이 끝났어요.
В мене закінчилися ліки.
브 메네　자낀칄리싸　　　리끼.

보통 저는 이 약을 복용합니다.
Я зазвичай приймаю ці ліки.
야 자즈비촤이　쁘리이마유　찌 리끼.

두통약을 주시겠습니까?
Чи не могли б ви мені дати засіб від головного болю?
취　네　모흘리　브 비이 메니　다띄　자시브 빋 홀로부노호　　볼유?

인후염약을 주시겠습니까?
Чи не могли б ви мені дати таблетки(пігулки) від болю
취　네　모흘리　브 비이 메니　다띄　따블렛뜨끼 (삐훌끼)　　빋 볼유
у горлі?
우 호를리?

저는 두통약이 필요합니다.
Мені потрібне що-небудь від головного болю.
메니　뽀뜨리브네　쉬쵸–네부디　빋 홀로부노호　　볼유.

항생제를 사려면 처방전이 있어야 하나요?
Чи потрібен рецепт на антибіотики?
취 뽀뜨리벤　레쩹뜨　라 안띄비오띄끼?

복용법이 어떻게 되나요?
Яка правильна(вірна) доза?
야까 쁘라빌나　　(비르나) 도자?

아스피린
Аспірин

밴드
Пластир

화상연고
Мазь від опіків

강심제
Сердечно судинний засіб

솜
Вата

기침 시럽
Мікстура від кашлю

소독약
Дезінфікуючий засіб

(안약 등의 점적약)
Краплі

점적 귀약
Краплі у вуха

탄력 밴드
Еластичний бинт

점적 안약
Очні краплі

거즈 밴드
(Марлевий) бинт

두통약
Таблетки(пігулки) від головного болю

방충제
Засіб від укусів

인슐린
Інсулін

요오드 액
Настоянка йоду

설사약
Послаблюючий (проносний) засіб

약
Ліки

연고
Мазь

진통제
Болезаспокійливі пігулки (знеболюючий засіб)

알약
Пігулки(таблетки)

파우더
Пудра

처방전
Рецепт

치료법
Засіб

수면제
Снодійне
Снодійне(в таблетках) (в пігулках)

Sunburn 연고
Мазь від сонячних опіків

좌약
Свічки

체온계
Градусник(термометр)

인후염 정제
Таблетки(пігулки) від
болю у горлі

카모밀라 액
Настойка ромашки

진정제
Заспокійливий засіб

비타민 정
Вітаміни в таблетках
(пігулках)

성분
Склад

사용방법
Спосіб застосування

주의
Протипоказання

부작용
Побічна дія

약 상호작용
Взаємодія

복용법
Дозування

하루 1회
Один раз на день

하루 3회
Три рази на день

하루 몇 회 복용
Приймати декілька раз
на день

1정
Одну таблетку(пігулку)

20방울
Двадцять крапель

1 계량 컵
Один мірний кухоль

식전
До їжі, перед їжею

식후
Після їжі

공복으로
На порожній шлунок

물과 함께 씹지 않고 삼킨다.
Запити водою не
розжовуючи.

물에 녹인다.
Розчинити у воді.

입에서 녹인다.
Розтанути у роті.

외복용
Зовнішній

피부에 얇게 발라서 문지른다.
Нанести тонким шаром
на шкіру та втерти.

유아
Грудні діти

(~세까지 어린이)
Діти(до …. років)

(성인)
Дорослі

어린이 손에 닿지 않는 곳에 보관!
Зберігати у недоступному для дітей місці!

처방전이 있습니다.
У мене є рецепт(я маю рецепт).

여기 처방전입니다.
Ось рецепт.
오쓰 레쩹뜨.

하루에 몇 번 먹나요?
Скільки разів на день?
스낄끼   라지브 나 덴?

이 약을 식후 하루 세 번 복용하십시오.
Приймайте ці ліки три рази на день після їжі.
쁘릐이마이떼   찌 리끼 뜨릐 라즤 나 덴   삐슬랴 이쥐.

얼마입니까?
Скільки це коштує?
스낄끼   쩨 꼬쉬뚜예?

보험처리용 영수증을 주실 수 있습니까?
Чи можна квитанцію для моєї страховки?
취   모즈나   끄삑딴찌유   들야 모예이 스트라호브끼?

나는 의사가 필요합니다.
Мені потрібен лікар.
메니   뽀뜨리벤   리까르.

영어를 할 줄 아는 의사가 필요합니다.
Мені потрібен лікар, який говорить на англійській мові.
메니　뽀뜨리벤　리까르, 아끼　호보리치　나 안흘리스끼　모비.

의사를 추천해 주시겠습니까?
Чи не могли б ви мені порекомендувати лікаря?
취　네 모흘리　브 븨이 메니　뽀레꼬멘두바띄　리까랴?

안과 의사를 추천해 주시겠습니까?
Чи не могли б ви мені порекомендувати окуліста
취　네 모흘리　브 븨이 메니　뽀레꼬멘두바띄　오꾸리스타
(офтальмолог)?
(오프탈몰로흐)?

산부인과 의사를 추천해 주시겠습니까?
Чи не могли б ви мені порекомендувати гінеколога?
취　네 모흘리　브 븨이 메니　뽀레꼬멘두바띄　히네꼴로하?

이비인후과 전문의를 추천해 주시겠습니까?
Чи не могли б ви мені порекомендувати лора,
취　네 모흘리　브 븨이 메니　뽀레꼬멘두바띄　로라,
оториноларинголога?
오또리놀라린홀로하?

피부과 전문의를 추천해 주시겠습니까?
Чи не могли б ви мені порекомендувати дерматолога?
취　네 모흘리　브 븨이 메니　뽀레꼬멘두바띄　데르마똘로하?

소아과 의사를 추천해 주시겠습니까?
Чи не могли б ви мені порекомендувати дитячого лікаря?
취　네 모흘리　브 븨이 메니 뽀레꼬멘두바띄　디쨔쵸호　리까랴?

비뇨기과 전문의를 추천해 주시겠습니까?
Чи не могли б ви мені порекомендувати уролога?
취　네 모흘리　브 븨이 메니　뽀레꼬멘두바띄　우로홀하?

치과의사를 추천해 주시겠습니까?
Чи не могли б ви мені порекомендувати зубного лікаря
취　네 모흘리　브 븨이 메니 뽀레꼬멘두바띄　줍노호　리까랴
(стоматолога)?
(스또마똘로하)?

어디에서 진료하나요?
Де він(вона) приймає?
데 빈 (보나) 쁘리이마예?

여의사에게 진료 접수해 주시겠어요?
Чи можна(можливо) записатися до жінки-лікаря?
취 모즈나 (모즐리보) 자삐싸띄쌰 도 진끼- 리까랴?

의사 선생님이 제 집에 올 수 있나요?
Чи може лікар прийти до мене?
취 모줴 리까르 쁘리이띄 도 메네?

24시간 되는 전화번호가 있습니까?
Чи є цілодобовий номер?
취 예 찔로도보삐이 노메르?

간염 접종을 했습니다.
Мені робили щеплення проти гепатиту.
메니 로빌리 쉬체쁠렌냐 쁘로띄 헤빠띄뚜.

파상풍 접종을 했습니다.
Мені робили щеплення проти правця.
메니 로빌리 취체쁠렌냐 쁘로띄 쁘라브쨔.

장티푸스 예방접종을 했습니다.
Мені робили щеплення проти черевного тифу.
메니 로빌리 취체쁠렌냐 쁘로띄 체레브노호 띄푸.

저는 콘택트 렌즈가 필요합니다.
Мені потрібні контактні лінзи.
메니 뽀뜨리브니 꼰딱뜨니 린직.

저는 안경을 맞추어야 합니다.
Мені потрібні окуляри.
메니 뽀뜨리브니 오꿀랴릐.

증상 & 몸 상태 (Симптоми)

의사의 말
(Розмова з лікарем)
로즈모바 즈 리까렘

어디가 불편하신가요?

На що ви скаржитеся?

나　쉬쵸 븨이 스까르쥐떼쌰?

Що з вами?

쉬쵸 즈 바믜?

어디가 편찮으신가요?

Що(вас) турбує?

쉬쵸 (바쓰) 뚜르부예?

어디가 아프신가요?

Де болить(боляче)?

데 볼릐찌　　(볼랴췌)?

열이 있습니까?

Чи є температура?

취　　예 뗌뻬라뚜라?

이 상태가 얼마나 오래 되었나요?

Як давно у вас цей стан?

약　 다브노　우 바쓰 쩨이　스딴?

이전에도 이런 증상이 있었습니까?

У вас це раніше було?

우 바스 쩨 라니셰　　불로?

얼마나 오래 동안 여행 하였습니까?

Як довго ви подорожуєте?

약　 도브호　　븨이 뽀도로주예떼?

술을 마십니까?

Ви п'єте?

븨이 쁘예떼?

담배를 피십니까?

Ви палите?

븨이 빨릐떼?

복용하는 약이 있습니까?

Ви приймаєте ліки?

븨이 쁘릐이마예떼　　리끠?

알레르기가 있습니까?
У вас є алергія на що-небудь?
우 바쓰 예 알레르히야 나 쉬쵸-네부지?

귀가하셔야 합니다.
Ви повинні повернутися додому.
븨이 뽀븨니   뽀베르누띄쌰   도도무.

심각하지 않습니다.
Нічого серйозного.
니쵸호   세료즈노호.

환자의 말
(Відповіді хворого)
빋뽀비지   흐보로호

저는 매우 아픕니다.
Я дуже хворію.
야 두줴   흐보리유.

내 친구가 아픕니다.
Мій приятель(-ка) хворіє.
미   쁘리야뗄   흐보리예.

내 아이가 아픕니다.
Моя дитина хворіє.
모야   디띄나   흐보리예.

그가 타박상을 입었습니다.
Я помилився(-лася).
야 뽀밀리브쌰   (라쌰)

여기가 아픕니다.
Тут болить.
뚣   볼릐찌.

알레르기 반응이 있습니다.
У мене алергічна реакція.
우 메네   알레르히취나   레악찌야.

천식입니다.
У мене астматична реакція.
우 메네   아스트마띄취나   레악찌야.

간질병이 있습니다.

У мене епілептичний припадок.

우 메네　에삐렙띄취늭　　삘리빠독.

심장발작이 있습니다.

У мене серцевий напад.

우 메네　쎄르쩨븨　　나빠드.

열이 있습니다.

У мене жар.

우 메네　좌르.

열이 높습니다.

У мене висока температура.

우 메네　븨이소까　뗌뻬라뚜라.

구역질이 자주 납니다.

Мене часто нудить.

메네　　촤스또　누듸찌.

자주 머리가 어지럽습니다.

Я сильно(дуже) застудився(-лася).

야 씰노　　　(두줴)　　자스뚜뒤브쌰　(라쌰).

심하게 감기 걸렸습니다.

У мене болить голова.

우 메네　볼리찌　　홀로바.

머리가 아픕니다.

У мене болить горло.

우 메네　볼리찌　　호르로.

기침 감기입니다.

У мене кашель.

우 메네　　까셸.

감기에 걸렸습니다.

У мене грип.

우 메네　흐맆.

Я хворію на грип.

야 흐보리유　나　흐맆.

Я хворий грипом.
야 흐보릐   흐맆뽐.

얼마 전 독감에 걸렸었습니다.
Нещодавно у мене була нежить.
네쉬쵸다브노   우 메네   불라   네쥐찌.

얼마 전 폐렴에 걸렸었습니다.
Нещодавно у мене була запалення легенів.
네쉬쵸다브노   우 메네   불라   자빨렌냐   레헤니브.

벌에 쏘였습니다.
Мене вжалила бджола.
메네   브자릴라   븓졸라.

위가 아팠습니다.
У мене розболівся шлунок.
우 메네   로즈볼리브쌰   쉴루녹.

설사가 났습니다.
У мене пронос(діарея).
우 메네   쁘로노스 (디아레야).

변비에 걸렸습니다.
У мене закріп.
우 메네   자끄맆.

저는 우울증이 있습니다.
У мене депресія.
우 메네   데쁘레씨야.

열병에 걸렸습니다.
У мене напад лихоманки.
우 메네   나빠드   릐호만끼.

오한이 듭니다.
У мене озноб.
우 메네   오즈노브.

저는 허약합니다.
У мене слабкість.
우 메네   슬라브끼스찌.

저는 탈수증이 있습니다.
У мене обезводнення організму.
우 메네　오베즈봇녠냐　오르하니즈무.

신경계에 문제가 있습니다.
У мене не в порядку нерви.
우 메네　네 브 뽀랴드꾸　네르븨.

다리에 쥐가 납니다.
У мене судома в ногах
우 메네　수도마　브 노하흐.

몸 상태가 나쁩니다.
Я почуваю себе погано.
야 뽀츄바유　세베　뽀하노.

몸 상태가 더 나빠졌습니다.
Я почуваю себе гірше.
야 뽀츄바유　세베　히르셰.

몸 상태가 나아졌습니다.
Я почуваю себе трохи краще.
야 뽀츄바유　세베　뜨로희　끄라쉬체.

여기서 음식을 받지 않습니다.
Я не переношу тутешню їжу.
야 네　뻬레노슈　뚜떼쉬뉴　이쥬.

잠을 못 잡니다.
Мені не спиться.
메니　네　스삐쨔.

상처를 입었습니다.
Я поранився(-лася).
야 뽀라늬브쌰　(라쌰).

넘어졌습니다.
Я упав(-ла).
야 우빠브 (라).

몸을 움직일 수가 없습니다.
Я не можу рухатися.
야 네 모쥬　루하띄쌰.

감기약을 주시겠습니까?

Чи не могли б ви мені дати що-небудь від грипу?

취 네 모흘리 브 브이 메니 다띠 쉬쵸-네부지 빝 흐맆뿌?

Чи не могли б ви мені виписати що-небудь від грипу?

취 네 모흘리 브 브이 메니 븨삐싸띠 쉬쵸-네부지 빝 흐맆뿌?

고혈압입니다.

У мене підвищений тиск.

우 메네 쁱브이이쉬첸늬 띄스끄.

저혈압입니다.

У мене знижений тиск.

우 메네 즈늬젠늬 띄스끄.

당뇨병 환자입니다.

Я діабетик.

야 디아베떽.

AIDS
СНІД

천식
Астма(задишка, задуха)

감기
Застуда

기침감기
Кашель

몸살감기
Нежить

독감
Грип

변비
Закріп(закреп)

당뇨병
Діабет

설사
Пронос

뇌염
Енцефаліт(мозковиця, мозкозапалення)

두통
Головний біль

치통
Зубний біль

저체온증
Гіпотермія(охолодження)

폐렴
Запалення легенів

라임병
Хвороба Лайма

구역질
Нудота

골절
Перелам кістки

화상
Опік

후두염
Ангіна

콜레라
Холера

장티푸스
Дифтерія

식중독
Харчове отруєння

간염
Гепатит

심장질환
Серцева недуга

종양
Пухлина

말라리아
Жовта лихоманка

고혈압
Високий кров'яний тиск

감염
Інфекція

불면증
Безсоння

중이염
Запалення середнього вуха

방광염
Запалення нирок

통증
Біль

사스
(SARS)
Атипова пневмонія

조류독감
Пташиний грип

티푸스
Тиф

장티푸스
Черевний тиф

발진티푸스
Висипний тиф

궤양
Виразка

위궤양
Виразка шлунку

상처
Рана

성병
Венерична хвороба

무엇을 도와 드릴까요?
Чим я зможу допомогти?
췸 야 즈모쥬 도뽀모흐띠?

어디가 아픕니까?
Де у вас болить?
데 우바쓰 볼릐찌?

여기가 아픕니다.
Тут болить у мене.
뚯 불릐찌 우 메네.

옷을 벗으세요.
Будь ласка, роздягніться.
붇 라스까, 로즈쨔흐니쨔.

소매를 약간 올리세요.
Будь ласка, підніміть рукав.
붇 라스까, 삩니미찌 루까브.

입을 벌리세요.
Відкрийте рота.
빋끄릐이떼 로따.

숨을 깊게 들이 쉬세요.
Глибоко вдихніть
흘릐보꼬 브듸흐니찌.

숨을 참으세요.
Затримайте дихання.
자뜨릐마이떼 듸한냐.

피검사를 해야 합니다.
Потрібно зробити аналіз крові.
뽀뜨리브노 즈로븨띠 아날리즈 끄로비.

소변검사를 해야 합니다.
Потрібно зробити аналіз сечі.
뽀뜨리브노 즈로븨띠 아날리즈 세취.

엑스레이를 찍어야 합니다.
Потрібно вам зробити рентген.
뽀뜨리브노 밤 즈로븨띠 렌뜨헨.

수술을 해야 합니다.

Вам потрібно зробити операцію.

밤 뽀뜨리브노 즈로븨띄 오뻬라찌유.

며칠 입원해야 합니다.

Ви повинні дотримуватися декілька днів постільного режиму.

븨이 뽀븬니 도뜨리무바띄쌰 데낄까 드니브 뽀츠찔노호

레쥐무.

병세가 심각하지 않습니다.

Нічого серйозного.

니쵸호 스료즈노호.

저는 간염 예방접종을 했습니다.

Я прищеплений(-а) проти гепатиту.(Я маю щеплення проти гепатиту).

야 쁘릐쉬체쁠렌늬 (아) 쁘로띄 헤빠띄뚜. (야 마유 쉬체쁠렌냐

쁘로띄 헤빠띄뚜).

알레르기 (Алергія)

피부 알레르기가 있습니다.

У мене шкіряна алергія.

우 메네 쉬끼르야나 알레르히야.

항생제 알레르기가 있습니다.

У мене алергія на антибіотики.

우 메네 알레르히야 나 안띄비오띄끼.

항 염증약 알레르기가 있습니다.

У мене алергія на протизапальні засоби.

우 메네 알레르히야 나 쁘로띄자빨니 자소븨.

아스피린 알레르기가 있습니다.

У мене алергія на аспірин.

우 메네 알레르히야 나 아스피륀.

벌침 아레르리가 있습니다.

У мене алергія на бджолиний укус.

우 메네 알레르히야 나 븓죨리늬 우꾸스.

코대인(진통 수면제) 알레르기가 있습니다.
У мене алергія на кодеїн.
우 메네　알레르히야 나　꼬대인.

페니실린 알레르기가 있습니다.
У мене алергія на пеніцилін.
우 메네　알레르히야 나　베니찔린.

꽃가루 알레르기가 있습니다.
У мене алергія на пилок.
우 메네　알레르히야 나　삘록.

설파제 알레르기가 있습니다.
У мене алергія на сірчані препарати.
우 메네　알레르히야 나　시르촤니　쁘레빠라띄.

산부인과 (Жіночі хвороби)

의사의 말
(Слова лікаря)
슬로바　리까랴

피임제를 사용하십니까?
Ви вживаєте протизаплідні засоби?
븨이 브찌바예떼　쁘로띄자흘리드니　자소븨?

생리가 있습니까?
Чи у вас є місячні?
취　우 바스 예 미쌰취니?

임신 중입니까?
Ви вагітна?
븨이 바히뜨나?

마지막 생리가 언제입니까?
Коли у вас були останні місячні?
꼴릐　우 바스 불릐　오스딴니　미쌰취니?

임신입니다.
Ви вагітна.
븨이 바히뜨나.

환자의 말

(Слова хворого)

슬로바   흐보로호.

임신한 것 같습니다.

Я думаю, що я вагітна.

야 두마유,   쉬쵸 야 바히뜨나.

피임약을 복용하고 있습니다.

Я вживаю протизаплідні засоби.

야 브쥐바유   쁘로띠자쁠리드니   자소븨.

(6)주동안 생리가 없습니다.

У мене(шість) тижнів затримка.

우 메네   (쉬츠찌)   띄즤니브   자띄림까.

여기 혹이 있습니다.

У мене тут пухлина.

우 메네   뚵   뿌흘리나.

생리통이 있나요?

Чи маєте ви що-небудь від менструального болю?

취   마예떼   븨이 쉬쵸-네부지   빌   멘스뜨루알노호   볼유?

요도염이 있습니다.

У мене запалення сечового каналу.

우 메네   자빨렌냐   세쵸보호   까날루.

질에 염증이 있습니다.

У мене запалення піхви.

우 메네   자빨렌냐   삐흐븨.

임신 검사를 해보고 싶습니다.

Я хочу(бажаю) зробити аналіз на вагітність.

야 호츄   (바자유)   즈로븨띄   아날리즈 나   바히뜨니스찌.

피임제를 원합니다.

Я хочу(бажаю) протизаплідні засоби.

야 호츄   (바자유)   쁘로띠자쁠리드니   자소븨.

저는 양의학 치료를 받지 않습니다.
Я не користуюся західною медециною.
야 네 코리스투유샤 자히드노유 메딕찌누유.

저는 대체의학을 선호합니다.
Я вважаю за краще.
야 우바좌유 자 끄라쉬체.

침술을 하는 사람을 만날 수 없을까요?
Чи можна бачити кого-небудь, хто займається
취 모즈나 바취띠 꼬호- 네브지, 흐또 자이마예쨔
акупунктурою?
아꾸뿐크뚜로유?

자연요법을 하는 사람을 만날 수 없을까요?
Чи можна бачити кого-небудь, хто займається
취 모즈나 바취띠 꼬호- 네브지, 흐또 자이마예쨔
натуропатією?
나뚜로빠찌예유?

마사지 요법을 하는 사람을 만날 수 없을까요?
Чи можна бачити кого-небудь, хто займається
취 모즈나 바취띠 꼬호- 네브지, 흐또 자이마예쨔
рефлексологією?
레프렉솔로히예유?

치과에서 (У зубного лікаря)

이가 아픕니다.
У мене(дуже) болить зуб.
우 메네 (두줴) 볼리찌 줍.

치통이 있습니다.
У мене зубний біль.
우 메네 줍늬 빌.
У мене болить зуб.
우 메네 볼리찌 줍.

사랑니가 아픕니다.
У мене болить зуб мудрості.
우 메네 볼리찌 줍 무드로스찌.

잇몸이 아픕니다.
У мене болять ясна.
우 메네 볼랴찌 야스나.

이쪽 이가 아픕니다.
Цей зуб болить.
쩨이 줍 볼리찌.

이쪽 윗니가 아픕니다.
Цей верхній зуб болить.
쩨이 베르흐니 줍 볼리찌.

이쪽 아랫니가 아픕니다.
Цей нижній зуб болить.
쩨이 늬즈니 줍 볼리찌.

이쪽 앞니가 아픕니다.
Цей передній зуб болить.
쩨이 뻬레드니 줍 볼리찌.

뒤에 이가 아픕니다.
Цей задній зуб болить.
쩨이 자드니 줍 볼리찌.

떼운 것이 빠졌습니다.
У мене випала пломба.
우 메네 븨이빨라 쁠롬바.

이가 부러졌습니다.
У мене зламався зуб.
우 메네 즈라마브쌰 줍.

이에 구멍이 났어요.
У мене діра в зубі.
우 메네 디라 브 주비.

의치를 망가뜨렸습니다.
У мене зламався протез.
우 메네 즈라마브쌰 쁘로떼즈.

주사를 놓아 주세요.
Зробіть мені ін'єкцію.
즈로비찌　메니　인옉찌유.

주사를 놓지 말아 주세요.
Не робіть мені ін'єкцію.
네　로비찌　메니　인옉찌유.

이것은 임시 치료입니다.
Це тимчасове лікування.
쩨　띰최소베　리꾸반냐.

이를 빼야 합니다.
Вам треба видалити зуб.
밤　뜨레바　삐달리띄　줍

이를 빼고 싶지 않습니다.
Я не хочу(бажаю) видаляти зуб.
야 네 호츄　(바쟈유)　븨달랴띄　줍

마취를 해주십시오.
Знебольте, будь ласка.
즈네볼떼,　붇　라스까.

응용회화

Діалог 1

Олексій:　　Чи можна замовити ліки?

Фармацевт:　Чи ви маєте рецепт?

Олексій:　　Ось, будь ласка.

Фармацевт:　Гроші в касу, ліки будуть готові завтра
　　　　　　вранці.

Олексій:　　А пігулки від головного болю у вас є?

Фармацевт:　Є. Різні ліки. Таіренол та Аспірин…

Олексій:　　Добре. Дайте мені, будь ласка Таіренол та
　　　　　　Аспірин.

Діалог 2

Лікар: Що болить у вас?

Ніна: Болить голова.

Лікар: А на що ви скаржитеся?

Ніна: Я погано сплю і швидко втомлююся.

        У мене поганий апетит.

Лікар: Яка у вас температура?

Ніна: Сьогодні у мене нормальна температура.

Лікар: Я випишу вам 2(два) рецепти.

        Цей рецепт на ліки від головного болю, а цей

        засіб від безсоння.

        Приймайте ліки три рази на добу після їжі, та

        раджу вам відпочивати та приймати вітаміни

        або пити лимонний сік.

Ніна: Дякую.

니나: 잠을 잘 못자고, 쉽게 피로를 느낍니다. 식욕도 없고요.
의사: 체온은요?
니나: 오늘은 정상입니다.
의사: 처방전을 두 개 써드리지요. 하나는 두통약 처방이고, 또 하나는 수면제 처방입니다. 하루 세 번 식후에 복용하세요. 그리고 충분히 휴식을 취하고 비타민을 섭취하거나 레몬주스를 마실 것을 권합니다.
니나: 감사합니다.

16 비즈니스
Бізнес

컨퍼런스에 와 있습니다.
Я на конференції.
야 나   꼰페렌찌이.

회의 중입니다.
Я на зборах.
야 나   즈보라흐.

무역박람회에 와 있습니다.
Я на торговому ярмарку.
야 나   또르호보무   야르마르꾸

비즈니스 센터가 어디 있습니까?
Де знаходиться бізнес-центр?
데   즈나호디쟈   비즈네스–쩬뜨르?

어디에서 컨퍼런스가 열립니까?
Де відбудеться конференція?
데   빋부델쨔   꼰페렌찌야?

어디에서 회의가 열립니까?
Де відкриються збори?
데   빋끄리유쨔   즈로븨?

저는 컴퓨터를 원합니다.
Я б хотів(-ла) комп'ютер.
야 브 호찌브 (라)   꼼쁘유떼르.

저는 인터넷 접속을 해야 합니다.
Я б хотів(-ла) комп'ютер.
야 브 호티브 (라)   꼼쁘유떼르.

Я б хотів(-ла) бажав(-ла) підключення до Інтернету.
야 브 호티브 (라)   바좌브 (라)   삐드끌류첸냐   도   인떼르네뚜.

저는 통역이 필요합니다.
Я б хотів(-ла) бажав(-ла) перекладача.
야 브 호티브 (라)   바좌브 (라)   뻬레끌라다촤.

명함을 원합니다.
Я б хотів(-ла) бажав(-ла) візитні картки.
야 브 호티브 (라)   바자브 (라)   비즤뜨니   까르뜨끼.

팩스를 보내고 싶습니다.
Я б хотів(-ла) бажав(-ла) відіслати факс.
야 브 호티브 (라)   바자브) (라)   비즤띄니   팍스.

제 주소입니다.
Це моя адреса.
쩨   모야   아드레싸.

제 이메일 주소입니다.
Це мій і-мейл.
쩨   미   이메일

제 팩스 번호입니다.
Це номер мого факсу.
쩨   노메르   모호   팍쑤.

제 핸드폰 번호입니다.
Це мій мобільний номер.
쩨   미   모빌늬   노메르

제 전화번호입니다.
Це мій номер(телефону).
째   미   노메르   (뗄레포누)

당신 번호도 주시겠어요?
Чи можна(можливо) ваш?
취   모즈나   (모즬리보)   바쉬?

모든 것이 성공적으로 끝났습니다.
Все пройшло успішно.
브쎄   쁘로이쉴로   스스삐쉬노.

당신과 거래하는 것은 유쾌합니다.
Приємно мати справу з вами.
쁘리엠노   마띄   스쁘라부 즈 바믜.

Дякую за ваш час.
쨔꾸유   자 바쉬 촤스.

레스토랑에 가시겠어요?

Чи бажаєте(піти, сходити) відвідати(до) ресторан(у)?
취 바좌예떼 (삐띄, 스호듸띄) 빝비다띄 (도) 레스또란) (우)?

오늘은 제가 대접하겠습니다.

Сьогодні я пригощаю.
쑈호드니   야 쁘리호쉬촤유.

응용회화

Діалог 1: Призначення зустрічі

Володимир: Слухаю вас.

Марія: Володимир? Здраствуйте(Вітаю). Це Марія.

Володимир: Добрий день, Марія. Дуже радий вас чути.
           Ви звідки?

Марія: Я тут, у готелі 《Київ》. Я вже цілу годину
           дзвоню (телефоную) вам.

Володимир: Я був дуже зайнятий. Майк дзвонив
           (телефонував) мені з Америки. Ми говорили
           дуже довго.

Марія: Коли ми зможемо зустрітися? У мене до
           вас багато питань.

Володимир: Котра година зараз?

Марія: Зараз десять годин.

Володимир: Ви можете приїхати зараз?

Марія: На жаль, зараз не можу. У мене ще одна
           зустріч сьогодні, в одинадцять годин.

Володимир: Можливо, пообідаємо у годину дня?

Марія: Вибачте(пробачте), але я вже домовилася пообідати з колегами, з якими я зустрічаюся в одинадцять. Може зустрінемося в три?

Володимир: У три не можу. А якщо о пів на п'яту? Вам зручно?

Марія: Добре.

Володимир: Домовилися. Я буду чекати вас у чотири тридцять у себе у кабінеті.

Марія: Володимир, я хочу запитати, чи є у вас яка-небудь інформація про фірму, де працює Майк? Ми хотіли б створити спільне підприємство з американською фірмою.

Володимир: Так, вони прислали нам рекламні проспекти.

Марія: Чудесно! Тоді до зустрічі.

Володимир: До зустрічі, Марія. Усього доброго.

볼로디미르: 여보세요?

마리야: 안녕하세요? 볼로디미르! 마리야입니다.

볼로디미르: 안녕하세요? 마리야! 목소리를 들으니 반갑습니다. 어디세요?

마리야: 여기 《키예프》 호텔입니다. 1시간이나 계속 당신한테 전화 돌린 것 같아요.

볼로디미르: 제가 너무 바빴습니다. 마이크가 미국에서 전화를 해서 아주 오래 동안 통화했어요.

마리야: 언제 만날 수 있을까요? 당신한테 할 질문이 아주 많아요.

볼로디미르: 지금 몇 시입니까?

마리야: 지금 10시입니다.

볼로디미르: 지금 오실 수 있나요?

마리야: 죄송하지만 지금은 안 됩니다. 11시에 선약이 있어
서요.
볼로디미르: 그럼, 1시에 점심을 같이 할 수 있나요?
마리야: 죄송합니다만, 점심은 11시에 만나는 동료들과 하기
로 약속이 되어 있습니다. 3시에 안될까요?
볼로디미르: 3시는 제가 안 됩니다. 4시 반 어떠세요? 괜찮으세요?
마리야: 좋아요.
볼로디미르: 약속했습니다. 4시 반에 제 사무실에서 기다리고
있겠습니다.
마리야: 볼로디미르! 마이크가 다니는 회사에 대한 정보가
있는 지 물어 보고 싶네요. 우리 회사가 미국 기업
과 합작기업을 만들려고 하거든요.
볼로디미르: 네, 있어요. 그 회사가 홍보자료를 보낸 게 있습니다.
마리야: 잘 됐네요! 그럼, 있다가 뵈어요.
볼로디미르: 있다 뵙겠습니다. 안녕히 계세요.

Діалог 2: В офісі

Віктор: Здравствуйте(Вітаю), Софіє.

Софія: Здравствуйте(Вітаю), Вікторе. Як справи?

Віктор: Нормально. А що нового у вас?

Софія: У мене все по-старому. Як завжди багато роботи.

Віктор: Бажаєте чаю? Чи кави?

Софія: Ні, дякую. Я дуже багато пила кави сьогодні.
Можна мінеральну воду?

Віктор: Звичайно! Ось мінеральна вода, а ось копії
рекламних проспектів з Америки.

Софія: Дякую….Хмм… Цікаво. Я думаю, що це якраз
те, що нам потрібно…
А коли ви зможете приїхати до нас до Москви?

Ми з вами повинні обговорити питання про спільне підприємство з моїм новим керівником Микитою Тарасовичем Пронько.

Віктор: Яке сьогодні число? Двадцять перше?

Софія: Двадцять перше листопада, вівторок.

Віктор: Я зможу приїхати до вас через тиждень. Скажімо, в середу двадцять дев'ятого.

Софія: Відмінно! Я знаю, що Микита Тарасович буде вільний в середу.

빅또르: 안녕하세요? 소피야!

소피야: 안녕하세요? 빅또르! 일은 어때요?

빅또르: 정상이에요. 당신은 뭐 새로운 일 없나요?

소피야: 이전 그대로에요. 항상 그렇듯 일이 많지요.

빅또르: 차를 드실래요? 아님, 커피요?

소피야: 고맙지만 됐어요. 오늘 커피를 너무 마셨어요. 미네랄 워터 마실 수 없을까요?

빅또르: 물론이지요. 여기 미네랄 워터요. 그리고 여기 미국에서 보내 온 홍보자료 복사본입니다.

소피야: 고맙습니다. 흠… 이게 바로 우리가 필요로 하는 자료인 것 같군요. 언제 모스크바에 오시지 않으시겠어요? 우리 회사의 새 상사, 믜끼따 따라소븨취와 합작기업 문제에 대해 의논해야 합니다.

빅또르: 오늘은 며칠이지요? 21일 인가요?

소피야: 오늘은 11월 21일 화요일입니다.

빅또르: 일주일 후에 갈 수 있을 것 같습니다. 그러니까 29일 수요일요.

소피야: 아주 좋아요. 믜끼따 따라소븨취가 수요일에 시간이 있는 걸로 알고 있어요.

저한테 30분만 할애해 주십시오.
Ви не змогли б приділити мені півгодини.
비이 네 즈모흘리 브 쁘릳딜릭띠   메니 삩호딕니.

매우 바쁘신 것을 알기에 오랫동안 지체하진 않겠습니다.
Я знаю, що ви дуже зайняті, і довго не затримаю вас.
야 즈나유, 쉬쵸 비이 두줴 자이냐띠, 이 도브호 네 자뜨리마유   바쓰.

몇 가지 중요한 문제를 토의해야 합니다.
Нам треба обговорити низку важливих запитань.
남   뜨레바 옵호보릭띠   닉즈꾸 바쥘리비흐   자삑딴.

제가 바로 이것에 대해 이야기하고 싶었습니다.
Якраз про це я хотів(-ла) поговорити з вами.
약라스   쁘로 쩨 야 호찍브 (라) 뽀호보릭띠   즈 바믹.

다음 질문에 답변 요청합니다.
Прошу вас відповісти на наступні питання.
브로슈   바쓰 빋뽀비스띠   나 나스뚭니   삑딴냐.

이 기업은 사기업인가요? 공기업인가요?
Це підприємство приватне чи державне?
쩨 삩쁘리옘스뜨보   쁘리바뜨네   취 데르좌브네?

이 기업 소유주는 누구입니까?
Хто власник цього підприємства?
흐또 블라스닉   쬬호   삩쁘리옘스뜨바?

공장을 견학한 후 상장을 만나고 싶습니다.
Я хотів(-а) оглянути завод і зустрітися з директором.
야 호찍브 (라) 오흘랴누띠   자볻   이 주스뜨리띠싸 즈 띡렉또롬.

이것에 대해 책임 엔지니어와 더 자세하게 이야기 하고 싶습니다.
Я хотів(-ла) б детальніше поговорити про це з головним
야 호찍브 (라) 브 데딸니셰   뽀호보릭띠   쁘로 쩨 즈 홀로브님

інженером.
인줴네롬.

고정 자본은 어떻습니까?
Який основний капітал?
야끼   오스노브니   까삐딸?

유통자금은 어떻습니까?

Який оборотний капітал?
야끼 오보로뜨늬 까삐딸?

이 공장에서는 무엇을 생산하나요?

Що випускають на цьому заводі?
쉬쵸 븨이뿌츠까유찌 나 쪼무 자보디?

이 공장은 언제 지어졌나요?

Коли збудований цей завод?
꼴리 즈부도반늬이 쩨이 자볻?

누가 당신 측 납품자입니까?

Хто ваш постачальник?
흐또 바쉬 뽀스따촬닉?

귀사는 직원이 몇 명입니까?

Скільки чоловік у вас працює на фірмі?
스낄끼 촐로빅 우 바쓰 쁘라쮸예 나 피르미?

어느 나라로 귀사 제품을 수출합니까?

У які країни експортуються ваші продукти?
우 야끼 끄랴이늬 엑스뽀르뚜유쨔 바쉬 쁘로둑띄?

귀사의 최근 카탈로그를 볼 수 있을까요?

Можна подивитися ваш останній каталог?
모쥐나 뽀디븨띄쌰 바쉬 오스딴니 까딸로흐?

이 설비가 작동하는 것을 볼 수 있을까요?

Можна подивитися цю установку у дії?
모쥐나 뽀디븨띄쌰 쮸 우스따노브꾸 우 디이이?

어떤 기술 사양이 있습니까?

Які основні технічні характеристики?
야끼 오스노브늬 떼흐니취니 하락떼리스띄끼?

설비의 용량은요?

Яка потужність установки?
야까 뽀뚜쥐니스찌 우스따노브끼?

생산성은요?

Яка продуктивність?
야까 쁘로둑띄브니스찌?

이 설비를 구입하고 싶습니다.
Ми хотіли б придбати це устаткування.
믜이 호찔리 브 쁘릗바띄 쪠 우스땉꾸반냐.

귀사 가격은 우리에게 적합합니다(적합하지 않습니다).
Ваші ціни(не) влаштовують нас.
바쉬 찐늬 (네) 블라슈또부유찌 나쓰.

가격이 높게 책정되어 있습니다.
Ціни завищені.
찌늬 자븨쉬쳰니.

얼마만큼의 할인해줄 수 있습니까?
Яку знижку ви можете надати?
야꾸 즈늬즤꾸 븨이 모쥐떼 나다띄?

상품공급은 언제 시작되나요?
Коли почнеться постачання товарів?
꼴릐 뽀취녯쨔 뽀스따챤냐 또바리브?

부품은 배나 비행기로 공급할 수 있습니다.
Запасні частини можна поставляти пароплавом або літаком.
자하스니 챠스띄늬 모즤나 뽀스따블랴띄 빠룦라봄 아보 리따꼼.

화물을 어떻게 포장할 건가요?
У якій упаковці ви поставлятимете вантаж?
우 야끼 우빠꼬브찌 븨이 뽀스따블랴띄메떼 반따쥐?

합작 기업을 만들고 싶습니다.
Ми хочемо створити спільне підприємство.
믜이 호췌모 스뜨보리띄 스찔네 삗쁘릐옘스뜨보.

이러한 형태의 협력은 많은 이점을 갖습니다.
Така форма співпраці має багато переваг.
따까 포르마 스삐브쁘라찌 마예 바하또 빠레바흐.

이러한 협력은 상호유익하고 전망 있을 겁니다.
Така співпраця може бути взаємовигідною і перспективною.
따까 스삐브쁘라쨔 모줴 부띄 드자예모듸히드노휴 이 뻬르스뻭띄브노유.

계약 조건을 토의합시다.
Давайте обговоримо умови контракту.
다바이떼　옵호보리모　우모븨　꼰뜨락뚜.

누가 이 프로젝트에 재정지원을 합니까?
Хто фінансуватиме цей проект?
흐또　피난수바띠메　쩨이　쁘로엑뜨?

어떤 결제 형태를 사용하고 있습니까?
Які форми розрахунків ви практикуєте?
야끼　포름의　로즈라훈끼브　븨이　쁘락띄꾸예떼?

지불은 어떤 화폐로 사용하고 있습니까?
У якій валюті здійснюватимуться платежі?
우 야끼　발유띠　즈띄스뉴바띄무쨔　쁠라떼찌?

건실한 은행의 보증이 필요합니다.
Знадобиться гарантія солідного банку.
즈나도븨쨔　하란찌야　솔리드노호　반꾸.

어떤 조건에서 대출 해줄 수 있습니까?
На яких умовах ви можете надати кредит?
나 야끼흐 우모바흐　븨이 모줴떼　나다띄　끄레딧?

대출 이자는 몇 %인가요?
Який відсоток бере банк за надання кредиту.
야끼　빌소똑　베레 반끄 자 나단냐　끄레듸뚜.

대출은 5년 내에 상환할 것입니다.
Кредит буде сплачений впродовж п'яти років.
끄레띨　부데　스쁠라쳰늬　브쁘로도브찌 쁘야찌 로끼브.

어떤 상품을 바터 무역으로 공급할 수 있나요?
Які товари можна поставити по бартеру?
야끼 또바릐　모쥐나　뽀스따븨띄　뽀 바르떼루?

이 프로젝트는 대자본 투자를 필요로 하지 않습니다.
Цей проект не потребує великих капіталовкладень.
쩨이　브로엑뜨 네 뽀뜨레부예　벨릐끼흐　까삐딸로브까뎬.

설비 임대료가 얼마나 될까요?
Скільки коштуватиме оренда приміщення?
스낄끼　꼬쉬뚜바띠메　오렌다　쁘릐미쉬쳰냐?

우리 제품을 수출할 계획을 갖고 있습니다.
Ми плануємо експортувати частину нашої продукції.
의이 쁠라누예모   엑스뽀르뚜바띄   촤스띄누   나쇼이   쁘로둑찌이.

이윤은 어떻게 분배하나요?
Як розподілятиметься прибуток?
약   로즈뽀딜랴띄메쨔   쁘릐부똑?

이윤은 50:50으로 합니다.
Прибуток розподіляється навпіл.
쁘릐부똑   로즈뽀질랴옛쨔   납띨.

좋은 광고를 기획해야 합니다.
Треба організувати хорошу рекламу.
떼레바   오르하니주바띄   호로슈   레끌라무.

당사는 귀국에 대표부를 개설하길 원합니다.
Наша фірма хотіла б відкрити своє представництво у
나샤   피르마   호찔라   브 빋끄릐띄   스보예 쁘롄스따븨쯔뜨보   우
вас в країні
바스 브 끄라이니.

우리는 이 비즈니스에 많은 자본을 투자했습니다.
Ми вклали великий капітал в цей бізнес.
의이   브끌랄리   벨릐끼   까삐딸   브 쩨이 비즈네스.

저는 처음으로 협상에 참여합니다.
Я уперше беру участь в переговорах.
야 우뻬르셰   베레   우촤스찌 브 뻬레호보라흐.

제 파트너들과 상의해야 합니다.
Я повинен(-на) порадитися зі своїми партнерами.
야 뽀븨넨   (나)   뽀라디띄쌰   지 스보임   빠르뜨네라믜.

신사협정을 체결합시다.
Давайте укладемо джентльменську угоду.
다바이떼   우끌라데모   드쪤뜰멘스끄   우호두.

언제 최종답변을 받을 수 있나요?
Коли ми отримаємо остаточну відповідь?
꼴리   믜이 오뜨릐마예모   오스따또취누   빋뽀비지?

우리 입장은 바뀌지 않았습니다.
Наша позиція не змінилася.
나샤 뽀즈찌야 네 즈미닐라쌰.

우리가 의견 일치를 한 것이 기쁩니다.
Я радий, що ми порозумілися.
야 라띄, 쉬쵸 미이 뽀로주밀릐쌰.

이 문서를 검토하려면 며칠이 필요합니다.
Мені буде потрібно декілька днів, щоб розглянути ці
메니 부데 뽀뜨리브노 데낄까 드니브, 쉬쵸브 로즈흘랴누띄 찌
документи.
도꾸멘띄.

모든 문서가 준비되었습니다.
Усі документи готові.
우씨 도꾸멘띄 호또비.

우리는 계약서에 서명할 준비가 되었습니다.
Ми готові підписати угоду.
미이 호또비 삗삐싸띄 우호두.

귀사와 사업관계를 확대하고 싶습니다.
Ми хотіли б розширювати ділові зв'язки з вашою фірмою.
미이 호찔리 브 로즈싀류바띄 디로비 즈브야즈끼 즈 바쇼유 피르모유.

우리의 결실 있는 협력이 강화되길 바랍니다.
Сподіваюся на зміцнення нашої плідної співпраці.
스뽀지바유쌰 나 즈미즈넨냐 나쇼이 쁠리드노이 스삐브쁘라찌.

응용회화

Діалог 1

Куценко: Добрий день! Пан Лі!
Ми раді, що ви прийняли наше запрошення і
приїхали до Києва.

Лі Мінсу: Здрастуйте! Пан Куценко! Я із задоволенням
приїхав до Києва.

Куценко: Влаштовуйтеся зручніше. Чи хочете(бажаєте) чай або каву?

Лі Мінсу: Дозвольте відразу приступити до обговорення питання, заради якого я приїхав сюди. Можна подивитися ваш останній каталог?

Куценко: Добре! Я приніс специфікації. Подивіться їх, будь ласка. На цьому малюнку ви бачите ВЕУ (Вітроенергоустановки). Нижче наведені технічні характеристики. Ліворуч вказані ціни.

Лі Мінсу: О, у вас декілька моделей!

Куценко: Так, ось це новітня модель.

Лі Мінсу: Мені здається, це краща модель.

Куценко: Я теж так думаю, але все таки ціна дуже висока. Тут вказана попередня ціна. Знижка на ціну залежить від об'єму вашого замовлення. Більше установок - нижче ціна.

Лі Мінсу: Я зв'яжуся з нашою фірмою в Сеулі і дам вам відповідь завтра.

Куценко: Чудово! Побачимося завтра.

꾸쩬코: 안녕하세요? 미스터 리! 우리 초청을 받아들여 키예프에 와서 기쁩니다.

이민수: 안녕하세요? 꾸쩬코씨! 기쁜 마음으로 키예프에 출장을 왔습니다.

꾸쩬코: 편히 하세요. 차나 커피를 드시겠어요?

이민수: 차로 주십시오. 꾸쩬코씨! 곧바로 제가 여기 온 목적인 문제 토의로 들어 갔으면 합니다.

꾸쩬코: 알았습니다. 제가 사양서를 가져왔습니다. 자, 한 번 살펴보시지요. 이 그림에서 풍력발전 설비를 보고 계십니다. 아래에는 기술사양이 제시되어 있습니다. 왼편에는 가격이 나와 있고요.

이민수: 오, 몇 가지 모델이 있군요!

꾸쩬코: 에, 이것이 최신 모델입니다.

이민수: 제 생각에는 이것이 가장 좋은 모델 같습니다.

꾸쩬코: 저 역시 그렇게 생각합니다. 그러나 가격대가 아주 높습니다. 여기에는 예비가격이 제시되어 있습니다. 가격할인은 주문량에 좌우됩니다. 설비를 많이 주문할수록 가격은 더 내려가지요.

이민수: 제가 서울 본사와 연락해 본 후 내일 답변 드리겠습니다.

꾸쩬코: 아주 좋습니다. 내일 뵙겠습니다.

Діалог 2

Лі Мінсу: Я зв'язався з Сеулом. Фірма готова закупити (купити) ваші установки.

Це наше пробне замовлення. Тепер можна почати переговори про ціни.

Яку знижку ви можете надати?

Куценко: Вас влаштує трьохпроцентна знижка?

Лі Мінсу: Не зовсім. Річ у тому, що ми хочемо купити у вас спочатку десять установок та подивитися, як вони працюватимуть в наших умовах.

Потім ми купимо ще сто установок.

Замовлення велике,та і ми сподіваємося отримати у вас велику знижку.

Куценко: Я згоден дати вам знижку в п'ять відсотків, але більше не можу понизити(знизити) ціни.

Лі Мінсу: Я не уповноважений вирішити це питання. Мені треба відіслати факс в Сеул, та потім продовжимо переговори.

Куценко: Я не заперечую. Чекаю вашого дзвінка.

이민수: 서울과 연락했습니다. 회사는 귀사의 설비를 구매하려고 합니다. 이것이 우리 주문 견적서입니다. 이제 가격 협상을 시작하지요? 얼마나 할인해 줄 수 있습니까?

꾸쩬코: 3% 할인이면 괜찮습니까?

이민수: 전혀요. 우리는 먼저 귀사 설비 10대를 먼저 구입해서 우리 상황에서 어떻게 작동하는 지를 보려고 합니다. 그 후에 우리는 200대를 추가 구입할 겁니다. 대량 주문입니다. 그래서 귀사로부터 할인을 많이 받기를 바랍니다.

꾸쩬코: 5% 할인을 해주는 것에 동의합니다만, 그 이상은 가격 인하를 해 줄 수가 없습니다.

이민수: 이 문제를 결정할 권리가 제겐 없습니다. 서울로 팩스를 보내야 겠습니다. 그 다음에 협상을 계속 하도록 하지요.

꾸쩬코: 반대하지 않습니다. 전화 기다리겠습니다.

Діалог 3

Лі Мінсу: Здрастуйте, пан Куценко! Здається, у нас непогані справи. Президент нашої фірми згоден на п'ятивідсоткову знижку.

Куценко: Я дуже радий. Нам залишається обговорити умови постачання та платежу. Розпочнемо з умов постачання.

Лі Мінсу: Нам було б зручніше отримати ваші установки однією партією.

Куценко: Я не заперечую. Ми зазвичай поставляємо товар на умовах СІФ.
Таким чином, ми забезпечуємо страхування і фрахт товару.

Лі Мінсу: Добре! Ми не заперечуємо проти постачання на умовах СІФ.

Куценко: А як щодо терміну постачання?

Лі Мінсу: Ми хотіли б отримати товар півроку після підписання контракту тобто в листопаді.

Куценко: Домовилися. Тепер давайте обговоримо умови платежу.

Лі Мінсу: Добре! Ми будемо робити сплату через Корейський банк іноземної валюти по безвідкличному підтвердженому акредитиву.

Куценко: Коли ви відкриєте акредитив?

Лі Мінсу: Як тільки отримаємо ваше повідомлення про готовність товару до відвантаження.
Ми хотіли б отримати розстрочку платежу впродовж ста двадцяти днів з дати коносамента.

Куценко: Ми можемо надати сто днів.

Лі Мінсу: Добре! Ми про все домовилися. Давайте складемо контракт та підпишемо його.

이민수: 안녕하세요? 꾸쩬코씨! 우리 일이 잘 될 것 같습니다. 우리 사장님이 5% 할인가에 동의했습니다.
꾸쩬코: 매우 기쁩니다. 납품과 지불조건을 협상하는 일만 남았군요. 납품조건부터 시작합시다.

이민수: 우리는 귀사 설비를 한 조로 받는 것이 편할 것 같습니다.

꾸쩬코: 반대하지 않습니다. 보통 우리 회사는 보험료 운임포함 조건으로 납품합니다. 그렇게 해서 우리 회사는 상품의 운송과 보험을 보장합니다.

이민수: 좋습니다. 보험료 운임 포함 조건으로 납품하는 것에 동의합니다.

꾸쩬코: 그럼, 납품 기간은 어떻게 할까요?

이민수: 계약 체결 후 반 년 내에 상품을 공급받길 원합니다. 그러니까 11월에요.

꾸쩬코: 합의했습니다. 이제 지불 조건을 협의하도록 하지요.

이민수: 그러지요. 한국외환은행을 통해 취소불능 보증 신용장으로 지불하겠습니다.

꾸쩬코: 언제 신용장을 개설할 겁니까?

이민수: 상품 발송 준비 완료에 대한 귀 측의 통지를 받는 즉시 개설 할 겁니다. 선화증권 일자로부터 120일 기간 동안 분화지급을 원합니다.

꾸쩬코: 100일 분할 지급을 제안합니다.

이민수: 좋습니다. 모든 것에 대해 합의를 했습니다. 이제 계약서를 작성하고 서명하도록 하지요.

취업 & 구직 (Працевлаштування)

어디에 구인광고가 났습니까?
Де рекламується робота?
데 레끌라무옛쨔 　 로보따?

취업광고를 알아보고 싶습니다.
Я хочу дізнатися відносно оголошення про роботу.
야 호츄 디즈나띠쌰 빈노스노 오홀로셴냐 　 쁘로 로보뚜.

저는 업무경력이 있습니다.
У мене є робочий стаж.
우 메네 예 로보취 　 스따쥐.

여기 일은 어떤가요?
Як тут щодо роботи?
약 뚣 쉬쵸도 로보띄?

봉급은 어떻게 됩니까?
Яка буде зарплатня?
야까 부데 자르쁠라뜨냐?

편집장 자리를 찾고 있습니다.
Я шукаю роботу редактором.
야 슈까유 로보뚜 레닥또롬.

(영어) 교사 자리를 찾고 있습니다.
Я шукаю роботу вчителя англійської мови.
야 슈까유 로보뚜 브취뗄라 안흘리스꼬이 모븨.

기사직을 찾고 있습니다.
Я шукаю роботу журналістом.
야 슈까유 로보뚜 주르날리스똠.

아나운서직을 찾고 있습니다.
Я шукаю роботу диктором.
야 슈까유 로보뚜 딕또롬.

통역 일을 찾고 있습니다.
Я шукаю роботу перекладачем.
야 슈까우 로보뚜 뻬레끌라다쳄.

임시직을 찾고 있습니다.
Я шукаю тимчасову роботу.
야 슈까유 띰촤소부 로보뚜.

정규직을 찾고 있습니다.
Я шукаю роботу на повну ставку.
야 슈까유 로보뚜 나 뽀브누 스따브꾸.

반 정규직을 찾고 있습니다.
Я шукаю роботу на пів-ставки.
야 슈까유 로보뚜 나 삐브–스따브끼.

자동차가 있어야 합니까?
Треба мати машину?
뜨레바 마띄 마쉬누?

계약서가 있어야 합니까?
Треба мати контракт?
뜨레바　마띠　꼰뜨락뜨?

경력이 있어야 합니까?
Треба мати робочий стаж?
뜨레바　마띠　로보취　스따쥐?

보험이 있어야 합니까?
Треба мати страхування?
뜨레바　마띠　스드라후반냐?

서류가 있어야 합니까?
Треба мати документи?
뜨레바　마띠　도꾸멘띄?

양식이 있어야 합니까?
Треба мати форму?
뜨레바　마띠　포르무?

취업허가서가 있어야 합니까?
Треба мати дозвіл на роботу?
뜨레바　마띠　도즈빌　나　로보뚜?

몇 시에 업무가 시작됩니까?
О котрій годині починається робочий день?
오 꼬뜨리　호드니　뽀취나옛짜　로보취　덴?

몇 시에 휴식시간이 시작됩니까?
О котрій годині починається перерва?
오 꼬뜨리　호드니　뽀취나옛짜　뻬레르바?

몇 시에 업무가 끝납니까?
О котрій годині закінчується робочий день?
오 꼬뜨리　호드니　자낀츄옛짜　로보취　덴?

내일 출근할 수 있습니까?
Ви можете вийти завтра?
븨이 모졔떼　븨이띄　잡뜨라?

내일 출근할 수 있습니다.
Я можу вийти завтра.
야 모쥬　븨이띄　잡뜨라.

다음 주에 출근할 수 있습니까?
Ви можете вийти на наступному тижні?
비이 모졔떼　비이띠　나 나스뚭노무　띄즈니?

다음 주에 출근할 수 있습니다.
Я можу вийти наступного тижня.
야 모쥬　비이띠　나스뚭노호　띄즈냐.

제 수표에 상세사항입니다.
Це подробиці мого рахунку.
쩨 뽀드로븨찌　모호　라훈꾸.

제 소개서입니다.
Це моє резюме.
쩨 모예 레쥬메.

제 비자입니다.
Це моя віза.
쩨 모야 비자.

제 취업 허가서입니다.
Це мій дозвіл на роботу.
쩨 미 도즈빌　나 로보뚜.

Діалог: Пошук роботи

Сергій: Коли ви закінчуєте університет?

Віра: Скоро, на початку майбутнього року.
Тепер я дуже турбуюся, оскільки важко влаштуватися на роботу.

Сергій: Я теж чув, із-за погіршення економічної ситуації країни, багато випускників не знаходять роботу.
А ви яку роботу шукаєте?

Віра:　Я хочу знайти роботу, на якій є можливість підвищувати кваліфікацію, та отримувати велику зарплату.

Сергій: У вас занадто великі вимоги, але бажаю вам успіху.

세르히: 언제 대학을 졸업하세요?

비라:　곧이요. 내년 초에 졸업해요 지금 취직하기 어려운 것 때문에 아주 걱정이에요.

세르히: 나도 들었어요. 국내경제가 악화되어서 많은 졸업생들이 일자릴 못 찾고 있다더군요. 그런데 당신은 어떤 직장을 원하세요?

비라:　저는 제 커리어를 쌓을 기회가 있는 직장을 찾고 싶어요. 월급도 많이 받고요.

세르히: 당신 요구사항이 많은 것 같네요. 아무튼 성공을 빕니다.

스포츠
спорт

당신은 운동을 하십니까?
Ви займаєтеся спортом?
븨이 자이메예떼쌰　스뽀르똠?

네, 합니다.
Так,(я) займаюся.
딱,　(야) 자이마유쌰.

아뇨, 하지 않습니다.
Ні, не займаюся.
니,　네　자이마유쌰.

어떤 운동을 하십니까?
Яким видом спорту ви займаєтеся?
야낌　　비돔　　스뽀르뚜 븨이 자이마예떼쌰?

어떤 운동에 관심 있나요?
Яким видом спорту ви цікавитеся?
야낌　　비돔　　스뽀르뚜 븨이 찌까비떼쌰?

체조를 합니다.
Я займаюся гімнастикою.
야 자이마유쌰　　힘나스띄꼬유.

달리기를 합니다.
Я займаюся бігом.
야 자이마유쌰　　비홈.

피트니스를 합니다.
Я займаюся фітнесом.
야 자이마유쌰　　피트네쏨.

축구를 합니다.
Я граю у футбол.
야 흐라유 우 푸드볼.

테니스를 합니다.
Я граю у теніс.
야 흐라유 우 떼니스.

골프를 합니다.
Я граю у гольф.
야 흐라유 우 홀프.

농구를 합니다.
Я граю у баскетбол.
야 흐라유 우 바스껫볼.

탁구를 칩니다.
Я граю у настільний теніс(пінг-понг).
야 흐라유 우 나스찔늬 떼니스 (삔-뽕).

배구를 합니다.
Я граю у волейбол.
야 흐라유 우 볼레이볼.

야구를 합니다.
Я граю у бейсбол.
야 흐라유 우 베이스볼.

하키를 합니다.
Я граю у хокей.
야 흐라유 우 호께이.

볼링을 합니다.
Я граю у боулінг.
야 흐라유 우 보울린흐

배드민턴을 합니다.
Я граю у бадмінтон.
야 흐라유 우 베드민똔.

스키를 탑니다.
Я катаюся на лижах.
야 까따유쌰 나 리좌흐.

스케이트를 탑니다.

Я катаюся на ковзанах.

야 까따유쌰　나　꼬브잔나흐.

아침운동을 합니까?

Ви робите уранішню зарядку?

븨이 로븨떼　우라니쉬뉴　자랴드꾸?

네, 합니다.

Так, роблю.

딱,　로블유.

아뇨, 하지 않습니다.

Ні, не роблю.

니, 네　로블유.

당신은 축구를 좋아하십니까?

Вам подобається футбол?

밤　뽀도바옛짜　푸드볼?

네, 많이 좋아합니다.

Так, дуже.

딱,　두줴.

그다지요.

Не дуже.

네두줴.

저는 보는 것을 더 좋아합니다.

Я вважаю за краще дивитися.

야 우바좌유　자　끄라쉬쳬　디븨띄쌰.

운동은 시간을 많이 뺐습니다.

Спорт віднімає багато часу.

스뽀르뜨 빋니마예　바하또　촤쑤.

운동할 시간이 없습니다.

Не залишається часу на спорт.

네　잘리솨옛쨔　촤수　나　스뽀르뜨.

운동할 기회가 없습니다.

Немає можливості займатися спортом.

네마예　모질리보스찌　자이마띄쌰　스뽀르똠.

어떤 스포츠가 당신 나라에서는 가장 인기 있습니까?

Які види спорту найбільш популярні у вашій країні?

야끼 비디　스뽀르뚜 나이빌쉬　뽀뿔랴르니　우 바쉬　끄라이니?

축구가 인기 종목입니다.

У нашій країні найбільш популярний футбол.

우 나쉬　끄라이니 나이빌쉬　뽀뿔랴르늬　푸드볼.

Частина Ⅱ

스포츠

경기 관람 (Перегляд ігор)

여기서 어떤 스포츠 이벤트가 있는지 말씀해 주시겠어요?

Ви не підкажете(скажете) мені, які спортивні заходи тут

비이 네 핃까졔떼　(스까졔떼)　메니, 야기 스뽀르찍브니　자호듸　뚣

проводяться?

쁘로보쟏쨔?

일요일에 권투 경기가 열립니다.

У неділю будуть змагання по боксу.

우 네딜류　부두찌　즈마한냐　뽀　복수

일요일에 피겨 스케이팅 경기가 열립니다.

У неділю відкриються змагання по фігурному катанню.

우 네딜류　빋끄리유짜　즈마한냐　뽀 피후르노무　까딴뉴.

В неділю проходитимуть змагання по фігурному катанню.

우 네딜류　쁘로호듸띄무찌　즈마한냐　뽀 피후르노무　까딴뉴.

일요일에 수영 경기가 열립니다.

В неділю відбудуться змагання по плаванню.

우 네딜류　빋부두쨔　즈마한냐　뽀 쁠라반뉴.

경기 구경 가시겠습니까?

Чи хочете піти на матч?

취 호췌떼　삐띄 나 맏취?

저는 축구를 보고 싶습니다.

Я б хотів(-а) подивитися футбол.

야 브 후티브 (아) 뽀듸븨띄싸　푸드볼.

언제 있나요?
Коли це буде?
꼴릐 쩨 부데?

어디에서 있나요?
Де це буде?
데 쩨 부데?

입장료가 얼마입니까?
Скільки коштує вхід?
스낄끼 꼬쉬뚜예 브히드?

누구를 응원하십니까?
За кого ви болієте?
자 꼬호 븨이 볼리예떼?

누가 시합합니까?
Хто грає?
흐또 흐라예?

Хто з ким грає?
흐또 즈 낌 흐라예?

우리 선발팀이 프랑스팀과 축구시합을 합니다.
Наша збірна грає у футбол з французькою командою.
나샤 즈비르나 흐라예 우 푸드볼 즈 프란쮸즈꼬유 꼬만도유.

누가 이기고 있습니까?
Хто веде?
흐또 베데?

몇 대 몇입니까?
Який рахунок?
야끼 라후녹?

2대 1입니다.
Два-один.
드바−오딘.

무승부입니다.
Нічия.
니취야.

경기는 3:1로 끝났습니다.
Матч закінчився з рахунком 3: 1(три:один).
맏춰　자낀취브쌰　　즈 라훈꼼　　　뜨리 오딘.

무승부로 끝났습니다.
Матч закінчився внічию 0: 0(нуль:нуль).
맏춰　자낀취브쌰　　브니취유　눌눌.

몇 점 났습니까?
Який матч-пойнт?
야끼　맏춰　뽀인뜨?

무득점입니다.
Сухий рахунок.
수희　　라후녹.

Нуль.
눌.

어제 우리 팀이 대학 팀과 배구 경기를 했습니다.
Учора наша команда грала у волейбол з командою
우쵸라　나샤　꼬만다　　흐랄라　우 볼레이볼　　즈 꼬만도유
університету.
우니베르싀떼뚜.

경기가 어땠나요?
Як зіграли?
약　지흐랄릐?

우리 팀이 3:1로 이겼습니다.
Наша команда виграла 3: 1(три:один).
나샤　꼬만다　　븨이흐랄라 뜨리 오딘.

우리 팀이 졌습니다.
Наша команда програла.
나샤　꼬만다　　쁘로흐랄라.

파울!
Порушення!
뽀루셴냐!

잘 쳤어!
Хороший удар!
호로쉬　　우다르!

골인!
Гол!
홀!

형편없는 경기이군!
Був поганий матч!
부브 뽀한늬　　맏취!

지루한 경기이군!
Був нудний матч!
부브 누드늬　　맏취!

훌륭한 경기이군!
Був відмінний матч!
부브 빋민늬　　맏취!

운동 (Спорт)

시합하시겠습니까?
Чи хочете(бажаєте) ви грати?
취　호췌떼　(바쫘예떼)　븨이 흐라띄?

같이 하실래요?
Можна приєднатися?
모쥐나　　쁘릐예드나띄쌰?

좋습니다.
З задоволенням.
즈 자도볼렌냠.

다쳤습니다.
Я забився(-лась).
야 자비브샤　(–라시).

당신 득점입니다.
Ваше очко.
바셰　　오취꼬.

내 득점입니다.
Моє очко.
모유　오츠꼬.

나한테 패스해 주세요!
Мені!
메니!

잘 하십니다.
Ви добре граєте.
브이 도브레 흐라예떼.

시합 감사합니다.
Дякую за гру.
다꾸유   자 흐루.

여기서 운동할 수 있습니까?
Які є тут можливості займатися спортом?
야끼 예 뚜드 모쥐리보스띠   자이마띠싸   스뽀르똠?

여기 어디에 골프장이 있습니까?
Де тут майданчик для гри в гольф(корт для гольфу)?
데 뚜드 마이단최끄   드냐 흐리 브 홀프 (꼬르뜨 드냐 홀푸)?

여기 어디에 체육관이 있습니까?
Де тут спортзал?
데 뚜드 스뽀르뜨잘?

여기 어디에 수영장이 있습니까?
Де тут басейн?
데 뚜드 바세인?

여기 어디에 테니스 코트가 있습니까?
Де тут тенісний корт?
데 뚜드 떼니스늬이   꼬르뜨?

여기 어디에 피트니스 센터가 있습니까?
Де тут фітнес-центр?
데 뚜드 피뜨네스–쩬뜨르?

볼링 경기비가 얼마입니까?
Скільки коштує пограти у боулінг?
스씰끼이   꼬쉬뚜예 뽀흐라띠   우 보우린흐?

당구비가 얼마입니까?
Скільки коштує пограти у більярд?
스낄끼이   꼬쉬뚜예 뽀흐라띠   우 빌랴르드?

일일 티켓이 얼마입니까?

Скільки коштує квиток на день?
스낄끼이　꼬쉬뚜예　끄비또끄　나 덴?

경기비가 얼마입니까?

Скільки коштує квиток на гру?
스낄끼이　꼬쉬뚜예　끄비또끄　나 흐루?

한 시간에 얼마입니까?

Скільки коштує квиток на годину?
스낄끼이　꼬쉬뚜예　끄비또끄　나 호디누?

일회에 얼마입니까?

Скільки коштує квиток на один раз?
스낄끼이　꼬쉬뚜예　끄비또끄　나 오딘　라즈?

공을 빌릴 수 있습니까?

Чи можна узяти на прокат м'яч?
취　모쥐나　우쟈띄　나 쁘로까뜨먀치?

자전거를 빌릴 수 있습니까?

Чи можна узяти на прокат велосипед?
취　모쥐나　우쟈띄　나 쁘로까뜨　벨로싀뼤드?

코트를 빌릴 수 있습니까?

Чи можна узяти на прокат корт?
취　모쥐나　우쟈띄　나 쁘로까뜨　꼬르뜨?

라켓을 빌릴 수 있습니까?

Чи можна узяти на прокат ракетку?
취　모쥐나　우쟈띄　나 쁘로까뜨　라께뜨꾸?

어디에서 피트니스를 하십니까?

Де ви займаєтеся фітнесом?
데　브이 자이마예떼싸　피뜨네솜?

회원제입니까?

Треба бути членом?
뜨레바　부띄　츠레놈?

여성만을 위한 세션이 있습니까?

Є сесія тільки для жінок?
예　세시야 띨끼　드냐 쥐노끄?

Де роздягальня?
데   로즈댜할냐?

축구
(Футбол)

디나모 선수로는 누가 나옵니까?
Хто грає за Динамо?
흐또   흐라예 자   디나모?

그는 훌륭한 선수입니다.
Він класний(гарний) футболіст.
빈   끄라스늬이 (하르늬이)   푸뜨볼리스뜨.

그는 이탈리아 전에서 잘 뛰었습니다.
Він прекрасно(гарно) грав проти Італії.
빈   쁘레끄라스노 (하르노)   흐라브 쁘로띠   이딸리이.

어느 팀이 챔피온전 승자입니까?
Яка команда є лідером чемпіонату?
약까 꼬만다   예 리데롬   쳄삐온나뚜?

디나모가 챔피온입니다.
Динамо-чемпіон.
디나모 –   쳄삐온.

아주 훌륭한 팀이구나!
Яка прекрасна(гарна, чудова) команда!
약까 쁘레끄라스나 (하르나,   추도바)   꼬만다!

아주 형편없는 팀이구나!
Яка жахлива команда!
약까 좌흐리바   꼬만다!

멋진 골이야!
Який гол!
약끠이 홀!

멋진 킥이야!
Який удар!
약끼이 우다르!

멋진 슛이야!
Який удар!
약끼이 우다르!

멋진 패스야!
Який пас(яка передача)!
약끼이 빠스 (약까 뻬레다차)!

스타디움 **Стадіон**	공 **М'яч**
축구경기 **Футбольний матч**	코치 **Тренер**
축구장 **Футбольне поле**	코너 **Корнер**
골문 **Ворота**	아웃 **Видалення з поля**
축구선수 **Футболіст**	팬 **Уболівальник(-ниця)**
골키퍼 **Воротар**	파울 **Порушення**
전반전 **Перший тайм**	프리 킥 **Вільний удар**
후반전 **Другий тайм**	골 **Гол**
패스 **Пас**	오프사이드 **Офсайд**
헤딩 **Пас головою**	패널티 **Пенальті**

선수
Гравець

스트라이커
Бомбардир

레드 카드
Червона картка

심판
Рефері(суддя)

옐로우 카드
Жовта картка

수영 (Плавання)

죄송합니다만, 여기에 수영장이 있습니까?
Вибачте(пробачте), будь ласка, чи є тут басейн?
븨바츠떼 (쁘로바츠떼), 부드 라스까, 취 예 뚜드 바세인?

죄송합니다만, 여기에 옥외 수영장이 있습니까?
Вибачте(пробачте), будь ласка, чи є тут відкритий басейн?
븨바츠떼 (쁘로바츠떼), 부드 라스까, 취 예 뚜드 비드끄릐띄이 바세인?

죄송합니다만, 여기에 실내 수영장이 있습니까?
Вибачте(пробачте), будь ласка, чи є тут критий басейн?
븨바츠떼 (쁘로바츠떼), 부드 라스까, 취 예 뚜드 끄릐뜨이 바세인?

죄송합니다만, 여기에 어린이 수영장이 있습니까?
Вибачте(пробачте), будь ласка, чи є тут дитячий басейн?
븨바츠떼 (쁘로바츠떼), 부드 라스까, 취 예 뚜드 듸땨치이 바세인?

표 한 장 주세요.
Один квиток, будь ласка.
오된 크븨또끄, 부드 라스까.

어디에 샤워장이 있는지 말씀해 주시겠어요?
Ви не скажете мені, де душові?
브이 네 스까줴떼 메니, 데 두쇼비?

어디에 탈의실이 있는지 말씀해 주시겠어요?
Ви не скажете мені, де роздягальня?
브이 네 스까줴떼 메니, 데 로즈댜할냐?

수영 가능자만!
Тільки для тих, що уміють плавати!
띨끼   드냐 띄흐, 쉬초 우미유뜨   쁘라바띠!

다이빙 금지!
Стрибати у воду забороняється!
스뜨리바띠   우 보두   자보론냐예뜨쌰!

수영 금지!
Купання заборонене!
꾸빤냐   자보론네네!

급류 조심!
Небезпечна течія!
네베즈뻬츠나   떼치야!

해변이 모래사장인가요?
Пляж піщаний?
쁘랴쥐   삐쉬차늬이?

해변에 돌이 많나요?
Пляж кам'янистий?
쁘랴쥐   깜야늬스띄이?

물살이 셉니까?
Течія сильна?
떼치야   실나?

아이들에겐 위험합니까?
Для дітей небезпечно?
드냐   디떼이   네베즈뻬츠노?

언제 썰물인가요?
Коли буває відлив?
꼴리   부바얘   비드릐브?

언제 밀물인가요?
Коли буває прилив?
꼴리   부바예   쁘르이릐우?

비치 의자를 빌리고 싶습니다.
Я хочу узяти напрокат шезлонг.
야 호츄   우쟈띠   나쁘로까뜨   쉐즈론흐.

비치파라솔을 빌리고 싶습니다.
Я хочу узяти напрокат парасольку від сонця.
야 호츄 우쟈띄 나쁘로까뜨 빠라솔꾸 비드 쏜쨔.

보트를 빌리고 싶습니다.
Я хочу узяти напрокат човен.
야 호츄 우쟈띄 나쁘로까뜨 초벤.

수상스키를 빌리고 싶습니다.
Я хочу узяти напрокат водні лижі.
야 호츄 우쟈띄 나쁘로까뜨 보드니 릐쮜.

초보자를 위한 수영 레슨을 받고 싶습니다.
Я б хотів(-а) узяти уроки плавання для початківців.
야 호띠브 (라) 우쟈띄 우로끼 쁘라반냐 드냐 뽀차뜨끼우찌우.

고급반을 위한 수영 레슨을 받고 싶습니다.
Я б хотів(-а) узяти уроки плавання для просунутих.
야 브 호띠브 (라) 우쟈띄 우로끼 쁘라반냐 드냐 쁘로수누띄흐.

스키 (Лижі)

알핀스키를 탈 수 있습니까?
Чи можна покататися на гірських лижах?
취 모쥐나 뽀까따끼싸 나 히르스끼흐 릐좌흐?

크로스-컨트리 스키를 탈 수 있습니까?
Чи можна покататися на звичайних лижах з палицями?
취 모쥐나 뽀까따띄쌰 나 즈븨차이늬흐 릐좌르 즈 빠릐쨔믜?

스노우보드를 탈 수 있습니까?
Чи можна покататися на сноуборді?
취 모쥐나 뽀까따띄싸 나 스노우볼디?

썰매를 탈 수 있습니까?
Чи можна покататися на санчатах?
취 모쥐나 뽀까따띄싸 나 산차따흐?

통행비가 얼마인가요?
Скільки коштує проїзний?
스낄끼 꼬쉬뚜예 쁘로이이즈늬이?

레슨을 받을 수 있나요?

Чи можна узяти уроки?

취 모쥐나 우쟈띠 우로끼?

스키부츠를 빌리고 싶습니다.

Я б хотів(-а) узяти напрокат черевики.

야 브 호띠브 (라) 우쟈띠 나쁘로까뜨 체르븨끼.

장갑을 빌리고 싶습니다.

Я б хотів(-а) узяти напрокат рукавички.

야 브 호띠브 (라) 우쟈띠 나쁘로까뜨 루까븨츠끼.

고글을 빌리고 싶습니다.

Я б хотів(-а) узяти напрокат лижні окуляри.

야 브 호띠브 (라) 우쟈띠 나쁘로까뜨 리쥐니 오꾸랼릐.

폴을 빌리고 싶습니다.

Я б хотів(-а) узяти напрокат палиці.

야 브 호띠브 (라) 우쟈띠 나쁘로까뜨 빠릐찌.

스키를 빌리고 싶습니다.

Я б хотів(-а) узяти напрокат лижі.

야 브 호띠브 (라) 우쟈띠 나쁘로까뜨 리쥐.

스키복을 빌리고 싶습니다.

Я б хотів(-а) узяти напрокат лижний костюм.

야 브 호띠브 (라) 우쟈띠 나쁘로까뜨 리쥐늬이 꼬스뜜.

슬로프 레벨이 어떻게 되나요?

Якого рівня складності цей схил?

약꼬호 리브냐 스끄라드노스띠 쩨이 스흘?

어떤 슬로프가 초보자에게 맞나요?

Який схил підійде для починаючого лижника?

약끼 스흘 삐디데 드냐 뽀취나유초호 리즈늬까?

스키를 타 본 사람에게는 어떤 슬로프가 맞나요?

Який схил підійде для досвідченого лижника?

약끼 스흘 삐디데 드냐 도스비드체노호 리즈늬까?

스키를 잘 타는 사람에게는 어떤 슬로프가 맞나요?

Який схил підійде для великодосвідченого лижника?

약끼 스흘 삐디데 드냐 벨릐꼬도스바두체노호 리즈늬까?

엘브러스에서 타는 것은 어떤가요?

Які умови для катання на Ельбрусі?

약끼 우모븨　　드냐 까딴냐　　나 엘브루시?

이 경로에서 타는 것은 어떤가요?

Які умови для катання на цій трасі?

약끼 우모븨　드냐 까딴냐　　나 찌이 뜨라시?

높은 데서 타는 것은 어떤가요?

Які умови для катання на висоті?

약끼 우모븨　　드냐 까딴냐　　나 븨쏘띠?

케이블 카 **Фунікулер**	핸드볼 **Гандбол**
체어 리프트 **Підвісний підйомник**	테니스 **Теніс**
교관 **Інструктор**	배드민턴 **Бадмінтон**
리조트 **Курорт**	탁구 **Пінг-понг**
스키 리프트 **Підйомник для лижників**	하키 **Хокей**
슬레드 **Санчата**	에어로빅 **Аеробіка**
축구 **Футбол**	조깅 **Пробіжка**
배구 **Волейбол**	체조 **Гімнастика**
농구 **Баскетбол**	사이클링 **Велоспорт**
야구 **Бейсбол**	하이킹 **Похід**

수영 Плавання	피겨 스케이팅 Фігурне катання
볼링 Боулінг	

응용회화

Діалог 1

Ольга: У тебе спортивна фігура. Ти займаєшся спортом?

Мирон: Так, займаюся.

Ольга: Якими видами?

Мирон: Взимку я катаюся на лижах, влітку катаюся на велосипеді і круглий рік плаваю.

Ольга: Ти як спортсмен.

У тебе на все вистачає часу?

Мирон: Не завжди.

У басейн я ходжу двічі на тиждень вранці.

На лижах катаюся тільки у неділю.

Ольга: Давно ти займаєшся спортом?

Мирон: Давно. З дитинства.

올하: 네 체격은 운동선수 같구나. 너 운동하니?
미론: 응, 운동하지.
올하: 어떤 운동을 하는데?
미론: 겨울에는 스키를 타고, 여름에는 자전거를 타. 그리고 일
　　　년 내내 수영을 하지.
올하: 넌 운동선수 같다. 그 운동을 다 할 충분한 시간이 있니?

미론: 항상 있지는 않아. 수영장에는 일주일에 두 번 아침마다
　　　가고, 스키는 일요일에만 타.
올하: 오랫동안 운동했니?
미론: 오래 됐지. 어렸을 때부터 했어.

Діалог 2

Володимир:　Ти зараз займаєшся яким-небудь видом
　　　　　　спорту?

Марія:　　　Коли я вчилася в середній школі, я
　　　　　　займалася ковзанами, а тепер, на жаль, нічим
　　　　　　не займаюся.

Володимир:　У сучасному житті спорт займає дуже
　　　　　　важливий місце.
　　　　　　Тобі треба займатися спортом для здоров'я.

Марія:　　　Знаю, але спорт віднімає багато часу.
　　　　　　На жаль, у мене часу на спорт не вистачає.

Володимир:　Не говори(кажи) так!

Марія:　　　Зараз, давай підемо разом зі мною,
　　　　　　поплаваємо у басейні.

볼로디미르: 요즘 운동하는 거 있니?
마리야:　　중학교 다닐 때는 스케이트를 탔어. 그런데 지금은
　　　　　유감스럽게도 아무 운동도 안해.
볼로디미르: 현대생활에서 스포츠는 매우 중요한 위치를 차지하
　　　　　고 있어. 건강을 위해서 넌 운동을 해야 해.
마리야:　　알아. 하지만 운동을 하면 시간을 너무 뺏겨. 안타
　　　　　깝지만 난 운동할 시간이 없어.
볼로디미르: 그런 소리 하지마! 지금 당장 나랑 수영장 가서 수
　　　　　영하자.

종교 (Релігія)

당신 종교는 무엇입니까?
Яка ваша релігія?
약까 바샤 레리히야?

당신은 신자입니까?
Ви віруючий(-а)?
브이 비루유치이 (차)?

저는 비신자입니다.
Я не віруючий(-а).
야 네 비루유치이 (차).

무신론자입니다.
Я атеїст.
야 아떼이쓰뜨.

불가지론자입니다.
Я агностик.
야 아흐노스띠끄.

불교신도입니다.
Я буддист(-ка).
야 부드듸스뜨 (까).

카톨릭 신자입니다.
Я католик(-чка).
야 까똘리끄 (츠까).

기독교인입니다.
Я християнин(християнка).
야 흐리스띠얀늬 (흐릐스띠얀까).

유대교인입니다.
Я єврей(єврейка).
야 예우레이(예유레이까).

회교도입니다.
Я мусульманин(мусульманка).
야 무술만늬　　　　　(무술만까).

정교도입니다.
Я православний(-а).
야 쁘라보슬라우늬이　(나).

저는 별자리 점을 믿습니다(믿지 않습니다).
Я(не) вірю в астрологію.
야(네)　비류　우 아스뜨로로히유.

저는 운명을 믿습니다(믿지 않습니다).
Я(не) вірю в долю.
야(네)　비류　우 돌류.

저는 신을 믿습니다(믿지 않습니다).
Я(не) вірю у Бога.
야(네)　비류　우 보하.

여기(어디에서) 오전 예배를 볼 수 있나요?
Можна тут(Де можна) ходити до Обідні?
모쥐나　뚜드 (데　모쥐나)　호듸듸　도　오비드니?

여기(어디에서) 예배를 볼 수 있나요?
Можна тут(Де можна) ходити до церковної служби?
모쥐나　뚜드 (데　모쥐나)　호듸띄　도　뻬르꼬우노이　스루쥐븨?

여기(어디에서) 기도를 할 수 있나요?
Можна тут(Де можна) ходити молитися?
모쥐나　뚜드 (데　모쥐나)　호듸띄　모리띄싸?

여기(어디에서) 경배를 할 수 있나요?
Можна тут(Де можна) ходити вклонотися?
모쥐나　뚜드 (데　모쥐나)　호듸띄　브클로니티샤?

문화 차이 (Культурна різниця)

이것은 지방풍속인가요?
Це місцевий звичай?
쩨　미스쩨븨이　즈븨차이?

이것은 민족 풍습인가요?
Це народний звичай?
쩨　나로드늬이　즈븨차이?

이것에 익숙하지가 않습니다.
Я не звик(-ла) до цього.
야 네　즈븨끄 (라)　도　쬬호.

저는 참석하지 않는 편이 낫겠습니다.
Я вважаю за краще не брати участь.
야 우바좌유　자　끄라쉐체 네　브라띄　우차스뜨.

해보겠습니다.
Я спробую.
야 스쁘로부유.

축제 & 명절 (Свято)

당신 나라에서는 크리스마스가 언제 인가요?
Коли зустрічають(відмічають, святкують) Різдво у
꼴릐　자스뜨리차유뜨　(비드미차유뜨,　스뱌뜨꾸유뜨)　리즈드보 우
вашій країні?
바쉬이　끄라이니?

미국에서는 크리스마스가 언제인가요?
Коли в Америці відмічають(святкують) Різдво?
꼴릐　우 아메릐찌　비드미차유뜨　(스뱌뜨꾸유뜨)　리즈드보?

12월 25일입니다.
Двадцять п'ятого грудня.
드바드쨔뜨　쁘야또호　흐루드냐.

우크라이나는 크리스마스가 언제인가요?

Коли в Україні відмічають(святкують) Різдво?
꼴리 우 우끄라이니 비드미차유뜨 (스뱌뜨꾸유뜨) 리즈드보?

우리 우크라이나는 구력에 따라 1월 7일이 크리스마스입니다.

У нас в Україні відмічають(святкують) Різдво сьомого
우 나스 우 우끄라이니 비드미차유뜨 (스뱌뜨꾸유뜨) 리즈드보 쇼모호

січня за старим календарем.
시츠냐 자 스따림 까렌다렘.

당신 나라 민족에게는 어떤 크리스마스 전통이 있나요?

Які існують різдвяні традиції у вашого народу?
약끼 이스누유뜨 리즈드뱌니 뜨라디찌이 우 바쇼호 나로두?

성탄절은 옛날부터 민중 풍습을 따라 지냅니다. 캐롤송, 별 보고 행진하기, 가장행렬 등을 합니다. 이교도 풍습과 기독교가 조화롭게 결합되어 있습니다.

Різдво здавна супроводжувалося барвистими народними
리즈드보 즈다우나 수쁘로보쥬발로싸 바르비스띄미 나로딕미

звичаями.
즈비차야믜.

Колядки, ходіння із зіркою, ряжені-тут гармонійно
꼴랴드끼, 호딘냐 이즈 지르꼬유, 랴제니- 뚜드 하르모니이노

поєднувалися язичництво і християнство.
뽀예드누바릐싸 야직츠닉쯔뜨보 이 흐리스띄야스뜨보.

당신 나라에서는 크리스마스를 어떻게 보냅니까?

Як вітають з Різдвом у вашій країні?
약 비따유뜨 즈 리즈드봄 우 바쉬이 끄라이니?

크리스마스에는 가장 가까운 사람들을 초대합니다.

У гості на Різдво прийнято звати(гукати) найближчих
우 호스띠 나 리즈드보 쁘릐냐또 즈바띄 (우까띄) 나이블릐쥐취흐

людей.
류데이.

트리를 어떻게 장식합니까?

Як ви прикрашаєте(наряджаєте) ялинку?
약 븨 쁘리끄라샤예떼 (나랴드좌예떼) 야릔꾸?

신년 인사드립니다.

Вітаю вас з Новим роком.
비따유 바스 즈 노븸 로꼼.

새해 건강을 기원합니다.

Бажаю вам здоров'я у Новому році.
바좌유 밤 즈도로브야 우 노보무 로찌.

새해 행복을 기원합니다.

Бажаю вам щастя у Новому році.
바좌유 밤 쉬차스땨 우 노보무 로찌.

새해 성공을 기원합니다.

Бажаю вам удачі у Новому році.
바좌유 밤 우다치 우 노보무 로찌.

새해 사업 성공을 기원합니다.

Бажаю вам успіхів у справах в Новому році.
바좌유 밤 우스뻬히브 우 스뜨라바흐 우 노보무 로찌.

한국에서는 설날 어떤 음식을 준비합니까?

Які спеціальні страви готують у вас в Кореї до Нового
약끼 스뻬찌알니 스뜨라븨 로뚜유뜨 우 바스 우 꼬레이 도 노보호
року?
로꾸?

설날 상엔 반드시 《떡국》을 차려 놓습니다.

У Новому році на кожному столі обов'язково буде
우 노보무 로찌 나 꼬쥐노무 스또리 오보우야꼬보 부데
《Токкук》 (суп з рисовими галушками на яловичому чи
《또끄꾹》 (수쁘 즈 리소븨믜 하루쉬까믜 나 야로븨초무 최
курячому бульйоні).
뀨랴초무 불리오니).

우크라이나에서는 설날 어떤 음식을 먹습니까?

Які спеціальні страви їдять(споживають) в Україні в
약끼 스뻬찌알니 스뜨라븨 이댜뜨 (스뽀쥐바유뜨) 우 우끄라이니 우
Новому році?
노보무 로찌?

새해에는 보통 《흐빌린까》 비스켓, 부풀린 생과자와 크림 카라멜을 먹습니다.

На Новий рік зазвичай їдять печиво, повітряне тістечко,
나 노븨이　리끄 자즈븨차이 이댜뜨 뻬치보　뽀비뜨랴네　띠스떼츠꼬,

вершкову карамель.
베르쉬꼬부　까르멜.

우크라이나인들은 여성의 날을 언제 기념합니까?

Коли святкують(відмічають) українці Жіночий день?
꼴리　스뱌뜨꾸유뜨 (비드미차유뜨)　우끄라이니찌 쥐노최이　덴?

우크라이나에서는 3월 8일이 여성의 날입니다.

Українці святкують Жіночий день 8-го березня.
우끄라이니찌 스뱌뜨꾸유뜨　쥐노최이　덴　보쇼호 베레즈냐.

한국에서는 어린이 날이 언제입니까?

Коли в Кореї святкують Дитячий день?
꼴리　우 꼬레이　스뱌뜨꾸유뜨　디따최이　덴?

5월 5일입니다.

5-го травня.
쁘야툐호 뜨라우냐.

한국에서는 어버이날이 언제입니까?

Коли в Кореї святкують День батьків?
꼴리　우 꼬레이　스뱌뜨꾸유뜨　덴　바뜨끼우?

5월 8일입니다.

8-го травня.
보쇼호 뜨라우냐.

우크라이나 경축일

(Українські і свята)

설날(새해)

Новий рік(1 січня)

성탄절
Різдво(7 січня)
День захисника Батьківщини(23 лютого)

세계 여성의 날
Міжнародний жіночий день(8 березня)

부활절
Паска(15 квітня)

노동절
Свято весни і праці(День міжнародної солідарності трудящих)(1-2 травня)

승전일
День Перемоги(9 травня)
Трійця(3 червня)

우크라이나 헌법의 날
День Конституції(28 червня)

우크라이나 독립 기념일
День Незалежності України(24 серпня)

Діалог 1

Зіна: Сьогодні двадцять п'яте грудня. Вітаю тебе з Різдвом.

Миша: З Різдвом. Зіна, чи ти знаєш, у нас сьогодні не відмічають(святкують) Різдво.

Зіна: А коли в Україні відмічають Різдво?

Миша: Сьомого січня.

Зіна: Як українці святкують Різдво?

Миша: У будинку ще стоїть новорічна ялинка. Люди не працюють, йдуть до церкви.

У будинках готують різдвяні пряники, і у гості на Різдво прийнято гукати найближчих людей.

지나: 오늘이 12월 25일이네. 메리 크리스마스!

미샤: 메리 크리스마스! 지나, 우리 나라에선 오늘이 크리스마스가 아니란다.

지나: 그러면 우크라이나에서는 언제가 크리스마스니?

미샤: 1월 7일이야.

지나: 우크라이나 사람들은 크리스마스를 어떻게 보내니?

미샤: 집에는 신년 트리를 계속 세워놓지. 그 날은 일을 하지 않고, 교회에 가. 집에서는 크리스마스당밀과자를 만들어. 그리고 가장 가까운 사람들을 집으로 불러.

Діалог 2

Зінаїда: Я дуже сумую за батьками.
Михайло: Я добре розумію.
Зінаїда: У Кореї скоро(незабаром) буде день батьків.
Михайло: День батьків?

У нас в Україні його не святкують.
Зінаїда: А яке свято у вас в травні?
Михайло: Травневе свято(1 Травня).

지나이다: 부모님이 너무 보고 싶다.
미하일로: 네 맘 이해해.
지나이다: 한국에서는 곧 어버이날이야.
미하일로: 어버이날? 우리 우크라이나에서는 어버이날은 없어.
지나이다: 그럼 5월에는 어떤 기념일이 있니?
미하일로: 노동절이 있어.

통신
Зв'язок

전화 일반정보
(Про телефон)

여기 어디에 가장 가까운 전화박스가 있는 지 말씀해주시겠어요?

Чи ви не можете мені підказати, де найближча телефонна
취 븨 네 모줴떼 메니 삐드까자띄, 데 나이브릐쮀차 뗄레폰나
будка?
부드까?

어디에 가장 가까운 공중전화가 있나요?

Де найближчий телефон-автомат?
데 나이블릐쥐치이 뗄레폰– 아우또마뜨?

당신 전화번호를 알려 주시겠어요?

Чи можна ваш номер телефону?
취 모쥐나 바쉬 노메르 뗄레폰누?

제 전화번호는 932-37-56입니다.

Мій телефон 932-37-56.
미이 뗄레폰 데브야소뜨뜨리드쨔뜨드바–뜨리드쨔뜨심–쁘야드데싸뜨쉬스뜨.

핸드폰 있습니까?

Чи є у вас мобільний телефон?
취 예 우 바스 모빌늬이 뗄레폰?

네, 있습니다.

Так, є
딱크, 예.

아뇨, 핸드폰 없습니다.

Ні, у мене немає мобільного телефону.
네, 우 메네 네마예 모빌노호 뗄레폰누.

당신 전화 좀 써도 될까요?

Чи можна подзвонити(зателефонувати) від вас?

취 모쥐나 뽀드즈보니띄 (자뗄레폰누바띄) 비드 바스?

전화카드를 주세요.

Мені, будь ласка, телефонну картку.

메니, 부드 라스까, 뗄레폰누 까르뜨꾸.

전화 카드를 사고 싶습니다.

Я б хотів(-а) купити телефонну картку.

야 브 호띠브 (라) 꾸삑띄 뗄레폰누 까르뜨꾸.

전화 코인을 사고 싶습니다.

Я б хотів(-а) купити жетон.

야 브 호띠브 (라) 꾸삑띄 줴똔.

서울로 전화하고 싶습니다.

Я б хотів(-а) подзвонити(зателефонувати) в Сеул.

야 브 호띠브 (라) 뽀드본늬띄 (자뗄레폰누바듸) 우 세울.

국제전화를 하고 싶습니다.

Я б хотів(-а) подзвонити(зателефонувати) за кордон.

야 브 호띠브 (라) 뽀즈본늬띄 (자뗄레폰누바띄) 자 꼬르돈.

콜렉트 콜로(수신자 부담으로) 전화하고 싶습니다.

Я б хотів(-а) подзвонити(зателефонувати) з оплатою того,

야 브 호띠브(라) 뽀즈보니띄 (자뗄레폰누바띄) 즈 오쁘라또유 또호,

що викликає.

쉬초 븨끌리까예.

Я б хотів(-а) подзвонити(зателефонувати) за рахунок

야 브 호띠브 (라) 뽀즈보니띄 (자뗄레폰누바띄) 자 라후노끄

абонента, що викликає.

아본네따, 쉬초 븨끌리까예.

3분만 통화하고 싶습니다.

Я б хотів(-а) поговорити три хвилини.

야 브 호띠브 (라) 뽀호보릐띄 뜨리 흐빌린.

1분에 얼마입니까?

Скільки коштує хвилина?

스낄끼 꼬슈뚜예 희빌리나?

우크라이나 지역 코드가 뭡니까?
Який код України?
약끄이 꼬드 우끄라이늬?

서울 지역 코드가 뭡니까?
Який код Сеула?
약끄이 꼬드 세울라?

상뜨 뻬쩨르부르크로 국제전화를 하고 싶습니다.
Я хочу міжміську розмову з Санкт-Петербургом.
야 호츄   미쥐미스꾸   로즈모부   즈 산뜨–   뻬떼르부르홈.

한국으로 국제전화를 하고 싶습니다.
Я хочу міжміську розмову з Кореєю.
야 호츄   미쥐미스꾸   로즈모부   즈 꼬레유.

콜렉트 콜을 예약하고 싶습니다.
Я хочу замовити розмову за рахунок абонента, що
야 호츄   자모븨띠   로즈모부   자 라후노끄   아본넨따,   쉬초
викликає.
븨끄리까예.

3번 부스로 가세요.
Зайдіть до(у) кабіни(у) номер три.
자이디츠   도 (우) 까빈늬   (우) 노메르   뜨리.

통화중입니다.
Зайнято.
자이냐또.

끊겼습니다.
Мене перервали.
메네   뻬레르발릐.

Мене роз'єднали.
메네   로즈예드나릐.

수화기를 놓지 마세요!
Не кладіть слухавку!
네   끌라디뜨   스루하우꾸!

수화기를 드세요!
Піднімайте слухавку!
뻬드니마이떼   이루하우꾸!

동전을 넣으세요!

Опустіть монету!

오뿌스띠뜨 모네뚜!

번호를 누르세요!

Набирайте номер!

나븨라이떼 노메르!

(Розмова по телефону)

여보세요!

Алло!

알로!

Слухаю(вас).

슬루하유 (바스).

저 라리사인데요.

Це говорить Лариса.

쩨 호보릐뜨 라리사.

이반 뻬뜨렌코입니다.

Це говорить Іван Петренко.

쩨 호보릐뜨 이반 뻬뜨렌꼬.

올렉산드르입니다.

Це Олександр.

쩨 올레끄산드르.

누구신가요?

Хто говорить?

흐또 호보릐뜨?

누군지 말씀해 주세요.

Представтесь(відрекомендуйтеся), будь ласка.

쁘레드스따우떼스 (비드레곰멘두이떼사), 부드 라스까.

여보세요, 전화거신 분은 누구신가요?

Алло, з ким я говорю(розмовляю)?

알로, 즈 낌 야 호볼류 (로즈모블랴유)?

안녕하세요? 라리사라고 합니다.
Здрастуйте(вітаю), мене звуть(звати) Лариса.
지드라스뚜이떼 (비따유), 메네 즈부뜨 (즈바띄) 라리사.

누구와 통화하시고 싶습니까?
З ким ви хочете поговорити?
즈 킴 븨 호체떼 뽀호보릐띄?

이바넨코씨와 통화할 수 있나요?
Можна поговорити з паном Іваненко?
모쥐나 뽀호보릐띄 즈 빤놈 이바넨꼬?

이반과 통화할 수 있나요?
Передайте, будь ласка, що телефонував(дзвонив) Іван?
베레다이떼, 부드 라스까, 쉬초 뗄레폰누바브 (즈보늬브) 이반?

이호리 흐레호리비치를 부탁합니다.
Можна попросити до телефону Ігоря Григоровича.
모쥐나 뽀쁘로싀띄 도 뗄레포누 이호랴 흐릐호로븨차.

제냐 좀 바꿔 주세요.
Будь ласка, Женю.
부드 라스까, 젠뉴.

Покличте, будь ласка, Женю.
뽀끌릭츠떼, 부드 라스까, 젠뉴.

Чи можна Женю.
위 모쥐나 젠뉴.

잠깐만요.
Хвилинку.
흐빌린꾸.

미안하지만, 지금 없습니다.
На жаль, його(її) немає.
나 잘, 요호 (이이) 네마얘.

전화 걸라고 할까요?
Чи може він(вона) передзвонити(пере телефонувати) вам?
취 모제 빈 (보나) 뻬레즈보늬띄 (뻬레뗄레폰누바띄) 밤?

이반이 전화했다고 전해 주십시오.
Передайте(перекажіть), будь ласка, що дзвонив
뻬레다이떼 (뻬레까쥐뜨), 부드 라스까, 쉬초 즈보늬브

(телефонував) Іван.
(뗄레포누바브)   이반.

라리사가 전화했다고 전해 주십시오.
Передайте, будь ласка, що дзвонила(телефонувала) Лариса.
뻬레다이떼,   부드   라스까,   쉬초 즈보니라   (뗄레폰누바라)   라리사.

전할 말씀 있나요?
Чи ви можете переказати(передати) йому(їй)?
취   븨   모줴떼   뻬레까자띄   (뻬레다띄)   요무   (이이)?

메모를 남기시겠습니까?
Хочете залишити повідомлення?
호체떼   자릐쉬띄   뽀비돔렌냐?

제가 전화했다고 말해 주십시오.
Скажіть йому(їй), будь ласка, що я подзвонив(а)
스까쥐뜨   요무   (이이), 부드   라스까,   쉬초 야 뽀즈보늬브   (바)
(телефонував(-ла).
뗄레폰누바브   (라).

다시 전화드리겠습니다.
Я передзвоню(пере телефоную) пізніше.
야 뻬레즈보뉴   (뻬레   뗄레폰누유)   비즈니쉐.

안녕!
Бувай!
부바이!

잘 안들리는데요!
Погано чутно!
뽀하노 추뜨노!

잘못 거셨습니다.
Ви не туди потрапили.
븨   네 뚜듸   뽀뜨라삐릐.

Ви помилилися номером.
븨   뽀믜맄릐싸   노메롬.

지금 거신 번호는 없는 번호입니다.
Вибраний вами номер невірний.
븨브란늬   바믜   노메르   네비르늬이.

셀폰 사용

(Мобільний телефон)

핸드폰을 임대하고 싶습니다.

Я б хотів(а) узяти напрокат мобільний телефон.

야 브 호띠브 (라) 우쟈띠　나쁘로까뜨　모빌늬이　　　뗄레폰.

선불 전화를 원합니다.

Я б хотів(а) узяти передплачений телефон.

야 브 호띠브　우쟈띠　뻬레들라첸늬이　　　뗄레폰.

스마트 카드를 사고 싶습니다.

Я б хотів(а) узяти СІМ-карту.

야 브 호띠브 (라) 우쟈띠　심-　까르뚜.

로밍 폰하고 스마트 카드를 주십시오.

СІМ-карту, будь ласка, з роумінгом.

심-　까르뚜,　부드　라스까,　즈 로우민홈.

로밍은 하지 않고 스마트 카드 주세요.

СІМ-карту, будь ласка без роумінгу.

심-　까르뚜,　부드　라스까　베즈 모우민후.

이 스마트 카트가 어느 지역을 커버합니까?

Яке охоплення території цієї СІМ-карти?

약께 오호브렌냐　　떼리또리이　　비이예이 심- 까르뚜?

요율표를 주십시오.

Дайте, будь ласка, роз друк тарифів.

다이떼,　부드　라스까,　로즈 드루끄　따리피브.

요율이 어떻게 되나요?

Які тарифи?

약끼 따리피?

30초에 5흐리브냐입니다.

П'ять гривень за тридцять секунд.

쁘야뜨　흐리벤　　자 뜨릳드쨔뜨　세꾼드.

Чи є кредитні картки провайдера.

취　예 끄레딛뜨니　까르뜨끼　쁘로바이데라.

100흐리브냐 짜리 카드로 몇 분 통화 가능합니까?

Скільки хвилин я можу говорити по картці за 100 гривень?

스낄끼　　흐비린　　야 모쥬　　호보리띠　　뽀　까르뜨찌 자 스또 흐리벤?

Діалог 1

Тетяна:	Слухаю вас.
Олександр Іванович:	Тетяно? Добрий день. Це Олександр Іванович.
Тетяна:	Здрастуйте(вітаю), Олександре Івановичу. Рада вас чути.
Олександр Іванович:	У вас все гаразд? Ви здорові?
Тетяна:	Дякую. У мене все добре. А у вас?
Олександр Іванович:	Дякую. У мене теж все гаразд. Тетяно, у мене до вас є одна справа. Скажіть, будь ласка, номер телефону лікаря Яковенко.

테탸나:	여보세요!
올렉산드르 이바노 비치:	테탸나? 안녕하세요? 올렉산드르 이바노비치입니다.
테탸나:	안녕하세요? 올렉산드르 이바노비치! 당신 목소리를 들으니 기쁩니다.
올렉산드르 이바노비치:	모든일이 평안하지요? 건강하십니까?
테탸나:	감사합니다. 모든 게 다 잘 되고 있어요. 당신은요?

Діалог 2

Мати Світлани:	Алло!
Микола:	Добрий вечір. Вибачте за пізній дзвінок. Це говорить Микола. Чи можна попросити Світлану до телефону?
Мати Світлани:	На жаль, зараз її немає вдома.
Микола:	Чи ви не скажете, коли їй можна подзвонити(зателефонувати)?
Мати Світлани:	Вона сьогодні пізно прийде. Можливо, їй що-небудь передати(переказати)?
Микола:	Так, передайте(перекажіть), будь ласка, що дзвонив(телефонував) Микола. Нехай завтра вона мені подзвонить (зателефонує).
Мати Світлани:	Добре, я передам(перекажу).
Микола:	Дякую вам. До побачення.

스비뜰라나의 어머니: 여보세요!
믹꼴라: 안녕하세요? 밤 늦게 전화 드려 죄송합니
다. 믹꼴라입니다. 스비뜰라나 좀 바꿔 주
시겠어요?
스비뜰라나의 어머니: 어쩌지요, 지금 집에 없는데요.
믹꼴라: 언제 그녀와 통화할 수 있을까요?

스비뜰라나의 어머니: 오늘 늦게 들어온다고 했어요. 뭐 전할 말이라도?

미꼴라: 미꼴라이가 전화했다고 전해주십시오. 내일 전화 좀 걸어달라고 해주세요.

스비뜰라나의 어머니: 알았어요. 그렇게 전하지요.

미꼴라: 감사합니다. 안녕히 계세요.

비상전화

Пожежна охорона 01	Швидка допомога 03
Міліція 02	Газ 04

우체국에서 (На пошті)

우체국 찾기
(Шукати пошту)

여기 어디에 제일 가까운 우체국이 있는지 말씀해 주시겠어요?
Чи ви не можете мені сказати(підказати), де тут
취 브 네 모줴떼 메니 스까자띄 (삐드까자띄), 데 뚜드
найближча пошта?
나미블리쥐차 뽀쉬따?

여기 어디에 제일 가까운 우체통이 있는지 말씀해 주시겠어요?
Чи ви не можете мені сказати(підказати), де тут
취 브 네 모줴떼 메니 스까자띄 (삐드까자띄), 데 뚜드
найближча поштова скринька?
나이블리쥐차 뽀쉬또바 스끄린까?

여기 어디에 제일 가까운 국제 우체국이 있는지 말씀해 주시겠어요?
Чи ви не можете мені сказати(підказати), де тут
취 브 네 모줴떼 메니 스까자띄 (삐드까자띄), 데 뚜드
міжнародна пошта?
미쥐나로드나 뽀쉬따?

(Послати поштою)

소포를 보내고 싶습니다.
Я хочу послати(відіслати) бандероль.
야 호츄 뽀스라띄 (비디스라띄) 반데론.

편지를 보내고 싶습니다.
Я хочу послати(відіслати) листа.
야 호츄 뽀스라띄 (비디스라띄) 리스따.

편지를 보내야 합니다.
Мені потрібно(відіслати) відправити лист.
메니 뽀뜨리브노 (비디스라띄) 비드쁘라비띄 리스뜨.

소포를 보내고 싶습니다.
Я хочу послати(відіслати) посилку.
야 호츄 뽀스라띄 (비디스라띄) 뽀실꾸.

소포를 보내야 합니다.
Мені потрібно відправити(відіслати) посилку.
메니 뽀드리브노 비드쁘라븨띄 (비디스라띄) 뽀실꾸.

전보를 보내고 싶습니다.
Я хочу послати(відіслати) телеграму.
야 호츄 뽀스라띄 (비디스라띄) 뗼레흐라무.

엽서를 보내고 싶습니다.
Я хочу послати(відіслати) листівку.
야 호츄 뽀스라띄 (비디스라띄) 리스띠우꾸.

팩스를 보내고 싶습니다.
Я хочу послати(відіслати) факс.
야 호츄 뽀스라띄 (비디스라띄) 파끄스.

여기서 팩스를 보낼 수 있나요?
Звідси можна відправити(відіслати) факс?
즈비드싀 모쥐나 비드쁘라븨띄 (비디스라띄) 파끄스?

(Плата за послуги поштового зв'язку)

미국으로 편지 부치는데 얼마입니까?
Скільки коштує відправити(відіслати) лист до Америку?
스낄끼 코쉬뚜예 비드쁘라비띠 (비디스라띠) 리스뜨 도 아메리꾸?

한국으로 편지 부치는데 얼마입니까?
Скільки коштує відправити(відіслати) лист до Кореї?
스낄끼 코쉬뚜예 비드쁘라비띠 (비디스라띠) 리스뜨 도 꼬레이?

중국으로 편지 부치는데 얼마입니까?
Скільки коштує відправити(відіслати) лист до Китаю?
스낄끼 코쉬뚜예 비드쁘라비띠 (비디스라띠) 리스뜨 도 끼따유?

미국으로 소포 부치는데 얼마입니까?
Скільки коштує відправити(відіслати) посилку в Америку?
스낄끼 코쉬뚜예 비드쁘라비띠 (비디스라띠) 뽀슬꾸 브 아메리꾸?

한국으로 소포 부치는데 얼마입니까?
Скільки коштує відправити(відіслати) посилку в Корею?
스낄끼 코쉬뚜예 비드쁘라비띠 (비디스라띠) 보쓸꾸 브 꼬레유?

중국으로 소포 부치는데 얼마입니까?
Скільки коштує відправити(відіслати) посилку в Китай?
스낄끼 코쉬뚜예 비드쁘라비띠 (비디스라띠) 뽀슬꾸 브 끼따이?

얼마입니까?
Скільки з мене?
스낄끼 즈 메네?

100흐리브냐 입니다.
З вас 100 гривень.
즈 바스 스또 흐리벤.

한국까지 편지가 얼마나 걸립니까?
Як довго йде лист до Кореї?
약 도브호 이데 리스뜨 도 꼬레이?

미국까지 편지가 얼마나 걸립니까?
Скільки часу йде лист до США?
스낄끼 차수 이데 리스뜨 도 스샤?

키예프에서 서울까지 소포가 며칠 걸립니까?

Скільки днів йде посилка від Києва до Сеулу?

스낄끼　　　드니브 이데 뽀쉴까　　비드 끄이예바 도　세울루?

약 3주 걸립니다.

Приблизно три тижні.

쁘리블리즈노　　뜨리 띄쥐니.

우편 종류

(Вид пошти)

저는 미국으로 중요한 편지를 보내려 합니다.

Я хочу відправити важливий лист до США.

야 호츄　비드쁘라비띠　바쥐리비이　리스뜨 도　쓰솨.

이 편지를 항공우편으로 보내 주세요.

Цей лист відправте авіапоштою.

쩨이　리스뜨 비드쁘라우떼　아비아뽀쉬또유.

이 편지를 특급우편으로 보내 주세요.

Цей лист відправте експрес -поштою.

쩨이　리스뜨 비드쁘라우떼　에끄스쁘레스-뽀쉬또유.

이 편지를 등기로 보내 주세요.

Цей лист відправте рекомендованою поштою.

쩨이　리스뜨 비드쁘라우떼　레꼬멘도반노유　　뽀쉬또유.

이 편지를 일반우편으로 보내 주세요.

Пошліть, будь ласка, звичайною поштою.

뽀쉬리뜨,　　부드　라스까,　즈븨차이노유　뽀쉬또유.

엽서, 봉투, 우표사기

(Купівля листівок, конвертів, марок)

봉투를 사고 싶습니다.

Я хочу купити конверт.

야 호츄　꾸삐띠　꼰베르뜨.

10흐리브냐 짜리 우표를 사고 싶습니다.

Я хочу купити марку на десять гривень.

야 호츄　꾸삐띠　마르꾸　나 데싸뜨　흐리벤.

봉투와 우표가 필요합니다.
Мені треба купити конверти та марки.
메니 뜨레바 꾸삐띠 꼰베르띄 따 마르끼.

어떤 우표가 필요합니까?
Яка марка вам потрібна?
약까 마르까 밤 뽀뜨리브나?

10 꼬삐이까 짜리 우표가 필요합니다.
Марка за 10 копійок.
마르까 자 데쌰뜨 꼬삐오끄.

국제우편 우표가 필요합니다.
Марка для міжнародного листа.
마르까 드냐 미쥐나로드노호 리스따.

어떤 엽서가 필요합니까?
Яка листівка вам потрібна?
약까 리스띠우까 밤 뽀뜨리브나?

키예프 전경이 담긴 엽서를 주세요.
Листівка з видом Києва.
리스띠브까 즈 븨돔 끄이예바

명화 그림이 들어간 엽서를 주세요.
Листівка з художньою репродукцією.
리스띠우까 즈 후도쥐노유 레쁘로두끄찌예유.

어떤 봉투가 필요합니까?
Який конверт вам потрібний?
약끼 꼰베르뜨 밤 뽀뜨리브늬이?

일반 봉투를 주세요.
Конверт для простого листа.
꼰베르즈 드냐 쁘로스또호 리스따.

그림이 그려진 봉투를 주세요.
Конверт з картинкою.
꼰베르즈 즈 까르띤꼬유.

우표가 붙어있지 않은 봉투를 주세요.
Конверт без марки.
꼰베르뜨 베즈 마브끼.

Діалог 1

Лариса:	Я хочу(бажаю) відправити лист до Кореї швидко, як тільки можливо.
Службовець:	Можна відправити його експрес-поштою.
Лариса:	Скільки днів йде лист експрес-поштою?
Службовець:	Дні три.
Лариса:	Відправте його експрес-поштою, будь ласка.
Службовець:	Добре! Заповніть цей бланк.
Лариса:	Скільки з мене?
Службовець:	100 гривень
Лариса:	Ось будь ласка.

라리사: 한국으로 편지를 가능하면 빨리 보내고 싶은데요.
우체국 직원: 특급우편으로 보낼 수 있습니다.
라리사: 특급 우편은 며칠 걸립니까?
우체국 직원: 3일 정도요.
라리사: 특급우편으로 보내주세요.
우체국 직원: 알겠습니다. 이 서식을 작성하세요.
라리사: 얼마지요?
우체국 직원: 100흐리브냐입니다.
라리사: 자, 여기 있습니다.

Діалог 2

Ганна:	Я хочу відіслати у Англію матрьошку та книги.
Службовець:	Заповніть цей бланк. Але краще відправте матрьошку окремо. Разом з книгами вона може зламатися.
Ганна:	Дякую за пораду! А скільки коштує упаковка?
Службовець:	Упаковка безкоштовна. Ви заповнили бланк? Нумо дайте подивитися. Ви пропустили дату відправлення.
Ганна:	Вибачте, ось вписала її.
Службовець:	З вас 50 гривень 30 копійок.
Ганна:	Ось, будь ласка.
Службовець:	Так, отримаєте квитанцію.
Ганна:	Дякую.

한나:	영국으로 마뜨료쉬까와 책을 보내고 싶은데요.
우체국 직원:	이 서식을 작성하세요. 그런데 마뜨료쉬까를 따로 보내는 게 좋겠습니다. 책과 함께 보내면 손상될 수도 있습니다.
한나:	충고 고맙습니다. 포장비는 얼마인가요?
우체국 직원:	포장은 무료입니다. 서식 다 작성했나요? 어디 봅시다. 발송 날짜를 빠뜨리셨네요.
한나:	죄송합니다. 여기 써넣었습니다.
우체국 직원:	50흐리브냐 30 꼬뻬이까입니다.
한나:	여기 있습니다.
우체국 직원:	자, 영수증을 받으세요.
한나:	감사합니다.

여기 어디에 인터넷 카페가 있습니까?
Де тут Інтернет-кафе?
데 뚜드 인떼르네뜨– 까페?

이 메일을 확인하고 싶습니다.
Я хотів(-а) перевірити свій і-мейл.
야 호띠브 (라) 뻬레비리띄 이븨이 이–메일.

인터넷에 접속하고 싶습니다.
Я хотів(-а) підключитися до Інтернету.
야 호띠브 (라) 삐드크류취띄싸 도 인떼르네뚜.

컴퓨터를 사용하고 싶습니다.
Я хотів(-а) скористатися комп'ютером.
야 호띠브 (라) 스꼬리스따띄싸 꼼쀼떼롬.

프린터를 사용하고 싶습니다.
Я хотів(-а) скористатися принтером.
야 호띠브 (라) 스꼬리스따띄싸 쁘린떼롬.

스캐너를 사용하고 싶습니다.
Я хотів(-а) скористатися сканером.
야 호띠브 (라) 스꼬리스따띄싸 스까네롬.

컴퓨터가 있습니까?
Чи є у вас є комп'ютер?
취이 예 우 바스 예 꼼쀼떼르?

멕켄토시 컴퓨터가 있습니까?
Чи є у вас комп'ютер Макінтош?
취 예 바스 꼼쀼떼르 막낀또쉬?

PC가 있습니까?
Чи є у вас ПК?
취 예 우 바스 쁘꼬?

분당 얼마입니까?
Скільки коштує хвилина?
스낄꼬이 꼬슈뚜예 흐빌리나?

30분에 얼마입니까?
Скільки коштує півгодини?
스낄끄이　꼬슈뚜예　삐브호드늬?

시간 당 얼마입니까?
Скільки коштує година?
스낄끄이　꼬슈뚜예　호드나?

한 페이지에 얼마 입니까(출력시)?
Скільки коштує сторінка?
스낄끄이　꼬슈뚜예　스또린까?

어떻게 접속합니까?
Як підключитися?
약　비드끄류취띄싸?

어떤 ID와 비밀번호를 사용하십니까?
Яке ім'я користувача і пароль ви використовуєте?
약께 임야　꼬리스뚜바차　이 빠롤　브이 브이꼬리스또부예떼?

인터넷에 접속하려면 몇 번에 전화합니까?
По якому номеру телефону дзвонити для підключення
뽀 야꼬무　노메루　떼레포누　즈본늬띄　드냐 비드끄류첸냐
до Інтернету?
도 인떼르네뚜?

영어 알파벳으로 입력해 주십시오.
Включіть, будь ласка,(англійський) алфавіт.
끄류치뜨,　부드　라스까, (안흐리이스끼이)　알파비뜨.

영어 자판이 있습니까?
Чи є(англійська) клавіатура?
취　예(안흐리이스까)　끄라비아뚜라?

망가졌습니다.
Зламався.
즈라마우싸.

끝났습니다.
Я закінчив(-а).
야 자낀치브　(-라).

당신과 이메일하고 싶습니다.

Я хочу з вами(тобою) переписуватися по електронній
야 호추   즈 바믜 (또보유)   뻬레쁵수바띄싸   뽀 엘레끄뜨론니이
пошті.
뽀쉬띠.

당신 이메일 주소는 무엇입니까?

Яка у вас(тебе) електронна адреса?
약까 우 바스(떼베)   엘레끄뜨론나   아드레사?

제 이메일 주소는 jina@naver.com 입니다.

Моя електронна адреса jina@naver.com.
모야   엘레끄뜨론나   아드레사   jina@naver.com.

전자우편으로 텍스트를 보내고 싶습니다.

Я хочу відіслати текст по електронній пошті.
야 호추   비디스라띄   떼끄스뜨 뽀 엘레끄뜨론니이 뽀쉬띠.

응용회화

Діалог 1

Зінаїда: Михайло, ти втомився? Ти такий блідий!

Михайло: Це тому, що я всю ніч працював в Інтернеті.

Зінаїда: А в Україні скільки чоловік користується
Інтернетом?

Михайло: Число українських користувачів Мережі
перевищило 2 мільйони чоловік.

Зінаїда: Величезна кількість! У нас в Кореї число
користувачів Інтернету теж збільшується
швидкими темпами. Корея займає перше місце
у світі по кількості користувачів Інтернету.

Михайло: Я добре знаю, що Корея-одна з ІТ-держав.

지나이다: 미하일로, 피곤하니? 얼굴이 안됐다.
미하일로: 밤새도록 인터넷을 했기 때문이야.
지나이다: 그런데 우크라이나는 인터넷 사용자가 몇 명이니?
미하일로: 우크라이나 네티즌 수가 200만 명이 넘었대.
지나이다: 상당히 많구나! 우리나라 한국도 인터넷 사용자가 빠르게 증가하고 있어. 인터넷 사용자 수에서 세계 1위래.
미하일로: 한국이 IT강국이라는 것을 잘 알고 있어.

Діалог 2

Соня: Важко повірити, що за такий короткий термін Інтернет вже став невід'ємною частиною життя сотні мільйонів людей на планеті. А як ти думаєш? Чому Інтернет такий популярний у всьому світі?

Юрій: Назву декілька причин.

По-перше, Інтернет-наймасовіше і оперативне джерело інформації.

По-друге, Мережа-найбільше у світі джерело розваг.

По-третє, Інтернет-найпрогресивніший засіб спілкування та комунікації.

По-четверте, Інтернет-найсприятливіший простір для бізнесу.

По-п'яте, Інтернет-це ідеальний інструмент для реклами.

Нарешті, Інтернет-це величезний простір для творчості.

Соня: Молодець! Ти справжній фахівець з Інтернету.

소냐: 그렇게 짧은 시간 동안에 인터넷이 지구상의 수 억 사람
　　　들의 생활에서 절대적인 부분을 차지하고 있다는 것이 믿
　　　기 힘들어. 유리, 너는 어떻게 생각하니? 전 세계적으로
　　　인터넷이 그렇게 인기를 누리는 이유가 뭐니?
유리: 몇 가지 이유를 말해줄게.
　　　첫째, 인터넷은 가장 대중적이고 실용적인 정보 출처야.
　　　둘째, 네트워크는 세계에서 가장 큰 오락 망이야.
　　　셋째, 인터넷은 의사소통과 통신의 가장 진보적인 수단이
　　　야.
　　　넷째, 인터넷은 비즈니스를 하기 위한 가장 호혜적인 공
　　　간이야.
　　　다섯째, 인터넷은 광고를 위한 가장 이상적인 공간이야.
　　　마지막으로, 인터넷은 창작을 위한 거대한 공간이야.
소냐: 멋진데! 넌 진짜 인터넷 전문가다!

⑳ 필수질문 ABC
ABC

은행 (Банк)

여기 어디에 은행이 있는지 말씀해 주시겠어요?
Чи ви не скажете(підкажете) мені, де тут банк?
취 브이 네 스까제떼 (삐드까제떼) 메니, 데 뚜드 반끄?

여기 어디에 환전소가 있는지 말씀해 주시겠어요?
Чи ви не скажете(підкажете), де тут обмінний пункт?
취 브이 네 스까제떼 (삐드까제떼), 데 뚜드 오브민늬이 뿐끄뜨?

여기 어디에 ATM이 있는지 말씀해 주시겠어요?
Чи ви не скажете(підкажете), де тут банкомат?
취 브이 네 스까제떼 (삐드까제떼), 데 뚜드 반꼬마뜨?

오늘 환율이 어떻게 되는지 말씀해 주시겠어요?
Чи не могли б ви мені сказати, який сьогодні обмінний
취 네 모흐리 브 브이 메니 스까자띄, 약끼 쇼호드니 오브민늬이
курс?
꾸르스?

여행자 수표를 현금으로 바꾸고 싶습니다.
Я б хотів(-а) перевести у готівку цей травел-чек.
야 브 호띠브 (라) 뻬레베스띄 우 호띠우꾸 쩨이 뜨라벨- 쩨크.

신분증을 보여 주세요.
Покажіть, будь ласка, ваше посвідчення особи.
보까쥐뜨, 부드 라스까, 바쉐 뽀스비드첸냐 오쏘븨.

여권을 보여 주세요.
Покажіть, будь ласка, ваш паспорт.
보까쥐뜨, 부드 라스까, 바쉬 빠스뽀르뜨.

여기에 서명하십시오.

Підпишіться тут, будь ласка.

삐드삑쉬뜨싸　　뚜드, 부드　라스까.

제 카드가 ATM에 꼈습니다.

Моя картка застрягла у банкоматі.

모야　까르뜨까　자스뜨랴흐라　우 반꼬마티.

사진 좀 찍어 주시겠어요?

Чи не могли б ви нас сфотографувати?

취　네　모흐리　브 브이 나스 스포또흐라푸바띄?

정말 친절하세요.

Це дуже люб'язно.

쩨　두줴　류뱌즈노.

이 버튼을 누르세요.

Натисніть на цю кнопочку.

나띄스니뜨　나 쮸　크노뽀츠꾸.

거리/빛 밝기는 여기 이렇게 조정합니다.

Відстань/Діафрагма регулюється ось так.

비드스딴/　디아프라흐마　레후류예뜨싸　　오스 따크.

찍어도 되나요?

Чи можна вас сфотографувати?

취　모쥐나　바스 스포또흐라푸바띄?

우리 휴가에 대한 좋은 추억이 될 겁니다.

Так, у нас буде добра(хороша) пам'ять про нашу відпустку.

딱크, 우 나스 부데　도브라 (호로샤)　　빰야뜨　쁘로 나슈　비드루쓰뜨꾸.

분실물 센터가 여기 어디에 있는지 말씀해 주시겠어요?

Чи ви не можете мені підказати(сказати), де тут бюро
취 브이 네 모줴떼   메니 삐드까자띄 (스까자띄), 데 뚜드 뷰로
знахідок?
즈나히도끄?

시계를 잃어 버렸어요.

Я втратив(-а)(загубив(-а)) годинник.
야 우뜨라띄브 (라) (자후비브   (라) 호딕닉끄.

기차에서 제 가방을 놓고 내렸어요.

Я забув(-а) свою сумочку в потягу.
야 자부우 (라) 스보유 수모츠꾸   우 뽀따후.

제 가방을 찾으면 연락주시겠습니까?

Чи ви можете мене повідомити в тому разі, якщо сумочка
취 브이 모줴떼   메네 뽀비도믜의   우 또무 라지, 약쉬초 수모취까
буде знайдена?
부데   지나이데나?

제 호텔 주소입니다.

Ось моя адреса готелю.
오스 모야 아드레사 호뗄류.

제 집 주소입니다.

Ось моя домашня адреса.
오스 모야 도마쉬냐   아드레사.

제 핸드폰 번호입니다.

Ось мій мобільний телефон.
오스   미이 모빌늬이   떼레폰.

여기 경찰서가 어디 있는 지 말씀해 주시겠어요?

Чи ви не могли б мені сказати, де тут міліційна дільниця
취 브이 네 모흘리 브 메니 스까자띠, 데 뚜드 미니찌이나 딜니챠

(міліційний відділок)?
밀리치이니이 비딜록

도난 신고하고 싶습니다.

Я хочу(бажаю) заявити про крадіжку.
야 호주 (바좌유) 자야브띠 쁘로 끄라디즤꾸.

피습사건 신고하고 싶습니다.

Я хочу(бажаю) заявити про напад.
야 호추 (바좌유) 자야브띠 쁘로 나빠드.

핸드백을 도난당했습니다.

У мене вкрали сумочку.
우 메네우끌라릐 수모츠꾸.

서류 가방을 도난당했습니다.

У мене вкрали гаманець.
우 메네 우끌라릐 하만네쯔.

카메라를 도난당했습니다.

У мене вкрали фотоапарат.
우 메네 우끌랄릐 포또아빠라뜨.

자동차를 도난당했습니다.

У мене вкрали машину.
우 메네 우끌랄릐 마쉬누.

여권을 도난당했습니다.

У мене вкрали паспорт.
우 메네 우끌랄릐 빠스뽀르뜨.

자동차가 부서졌습니다.

Зламали мою машину.
즈라말릐 모유 마쉬누.

자동차에서 카스테레오를 도난당했습니다.

З машини викрали автомобільний радіоприймач.

즈 마쉬늬　　비끄랄릐　　아우또모빌늬이　　라디오쁘르이마치.

제 아들을 잃어 버렸습니다.

Мій син загубився.

미이　슨　자후븨우싸.

제 딸을 잃어 버렸습니다.

Моя донька загубилася.

모야　돈까　자후븨라싸.

이 남자가 추군거렸습니다.

Цей чоловік пристає до мене.

쩨이　초로비끄　쁘르이스따예 도　메네.

도와주시겠어요?

Чи ви не могли б мені допомогти?

취　브이 네 모흐릐　브 메니　도쁘모흐띄?

언제 이런 일이 벌어졌나요?

Коли саме це сталося?

꼴릐　사메　쩨 스딸로싸?

당신의 성과 주소를 말씀하세요.

Ваше прізвище та адреса, будь ласка.

바세　쁘리즈븨싀체 따 아드레사, 부드　라스까.

상담실에 문의하세요.

Зверніться в своє консульство.

즈벨니뜨싸　　우 스모예 꼰술스뜨보.

화장실 (Туалет(вбиральня)

여기 어디에 화장실이 있습니까?

Де тут туалет(вбиральнею)?

데　뚜드 뚜알레뜨 (븨랄네유)?

화장실을 써도 될까요?

Чи можу я скористатися вашим туалетом(вбиральнею)?

취　모쥬　야 스꼬릐스따띄싸　　바쉼　뚜알레톰　　(브랄네유?)

화장실 열쇠를 주시겠어요?

Не дасте мені ключ від туалету(вбиральні)?

네 다스떼 베미 끌류츠 비드 뚜아레뚜 (브랄니)?

화장지를 주세요.

Дайте, будь ласка, туалетний папір.

다이떼, 부드 라스까, 뚜아레띄니이 빠비르.

위생대를 주세요.

Дайте, будь ласка, гігієнічні прокладка.

다이떼, 부드 라스까, 히히예니츠니 쁘로끌라드까.

우크라이나어 회화 사전

초판 1쇄 인쇄 | 2012년 11월 1일
초판 1쇄 발행 | 2012년 11월 14일

저 자 | 최승진
감 수 | 보로데메르 카디릴예예프(Володимир Кадирлєєв)
발행인 | 서덕일
발행처 | 도서출판 문예림
출판등록 | 1962년 7월 12일 제 2-110호
주소 | 서울 광진구 군자동 1-13호 문예하우스 101호
전화 | 02-499-1281~2
팩스 | 02-499-1283
http://www.bookmoon.co.kr
E-mail : book1281@hanmail.net

ISBN 978-89-7482-696-3 (13790)

· 잘못된 책은 구입하신 서점에서 교환하여 드립니다.